Charles Haddon Spurgeon
Kleinode göttlicher Verheißungen

CHARLES HADDON SPURGEON

Kleinode
göttlicher Verheißungen

R.Brockhaus

SCM

Stiftung Christliche Medien

SCM R.Brockhaus ist ein Imprint der SCM Verlagsgruppe,
die zur Stiftung Christliche Medien gehört, einer gemeinnützigen
Stiftung, die sich für die Förderung und Verbreitung christlicher
Bücher, Zeitschriften, Filme und Musik einsetzt.

3. Auflage 2022
© 2018 SCM R.Brockhaus in der SCM Verlagsgruppe GmbH
Max-Eyth-Straße 41 · 71088 Holzgerlingen
Internet: www.scm-brockhaus.de; E-Mail: info@scm-brockhaus.de

Umschlaggestaltung: Tabea Wippermann, Witten
Satz: Breklumer Print-Service
Druck und Verarbeitung: dimograf
Gedruckt in Polen
ISBN 978-3-417-26837-9
Bestell-Nr. 226.837

Er führt uns wie die Jugend.

Psalm 48,15

Wir brauchen Wegweisung! Zuweilen gäben wir alles, was wir besitzen, wenn man uns sagte, wohin wir uns wenden sollen. Wir haben den Willen, das Rechte zu tun, aber wir wissen nicht, welchem von zwei Wegen wir folgen sollen. Wenn uns doch jemand sagte, was wir tun sollen!

Der Herr, unser Gott, lässt sich dazu herab. Er kennt den Weg und will uns führen, bis wir das Ende unserer Reise in Frieden erreichen. Sicherlich wünschen wir keine unfehlbarere Leistung. Wir wollen uns ihr gänzlich unterordnen, dann werden wir nie unseren Weg verfehlen. Lasst ihn unseren Gott sein, so werden wir finden, dass er unsere Wege lenkt. Wenn wir seinem Gesetz folgen und zuerst lernen, bei jedem Schritt, den wir tun, uns auf ihn zu stützen, werden wir die rechte Straße im Leben nicht verfehlen.

Unser Trost ist, dass er, da er immer und ewiglich unser Gott ist, niemals aufhören wird, uns zur Seite zu sein. Bis zum Tode will er mit uns gehen, und dann sollen wir auf ewig bei ihm bleiben. Diese Verheißung göttlicher Leitung schließt lebenslange Sicherheit ein: sofortige Errettung, Bewahrung bis zu unserer letzten Stunde und dann endlose Seligkeit. Sollte nicht jeder von uns dies in der Jugend suchen, in den mittleren Jahren sich darüber freuen und im Alter darin ruhen? So lasst uns heute hinaufblicken zu ihm mit der Bitte um sein Geleit, ehe wir es wagen, aus dem Hause zu gehen.

2. Januar

Der Mensch lebt nicht vom Brot allein, sondern von einem jeglichen Wort, das durch den Mund Gottes geht.
Matthäus 4,4

Wenn Gott es so gewollt hätte, könnten wir ohne Brot leben, wie Jesus es vierzig Tage lang tat; aber wir könnten nicht ohne sein Wort leben. Durch dieses Wort wurden wir geschaffen, und durch dieses Wort allein können wir am Leben erhalten werden, denn er trägt alle Dinge in seinem mächtigen Wort. Brot ist eine zweite, der Herr selbst ist die erste Bedingung für unsere Erhaltung. Er kann ebenso gut ohne die zweite wirken wie mit ihr, und wir dürfen ihn nicht auf eine Art des Wirkens beschränken. Lasst uns nicht zu begierig nach dem Sichtbaren sein, sondern auf den unsichtbaren Gott blicken! Wir haben Gläubige sagen hören, dass in tiefer Armut, wenn ihr Brotvorrat gering war, auch ihr Hunger gering gewesen sei, und anderen hat der Herr, wenn die gewöhnlichen Hilfsquellen versiegten, unerwartet Hilfe gesandt.

Aber das Wort des Herrn müssen wir haben. Mit diesem allein können wir dem Teufel widerstehen. Nehmt uns das Wort, und unser Feind wird uns in seiner Macht haben, denn wir werden bald ermatten. Unsere Seelen brauchen Speise, und es gibt keine für sie außerhalb des Wortes Gottes. Alle Bücher und alle Prediger der Welt können uns nicht ein einziges Mahl liefern; nur das Wort aus dem Munde Gottes kann den Mund eines Gläubigen füllen. Herr, gib uns jederzeit dieses Brot! Wir schätzen es höher als köstliche Leckerbissen.

Das Land, darauf du liegst, will ich dir geben.

1. Mose 28,13

Keine der Verheißungen ist nur für Einzelne bestimmt. Sie gelten allen Gläubigen. Wenn du, mein Bruder, dich im Glauben auf eine Verheißung niederlegen und darauf ruhen kannst, so ist sie dein. Hier nahm ein Mann den Platz, auf dem er sich niederließ und ruhte, in Besitz. Als er seine müden Glieder auf dem Boden ausstreckte und ein Stein sein Kissen war, dachte er wenig daran, dass er damit das Eigentumsrecht auf das Land erhielt. Und doch war es so. Er sah in seinem Traum jene wunderbare Leiter, die für alle wahren Gläubigen Erde und Himmel verbindet; und gewiss musste er ein Recht auf den Boden haben, den der Fuß der Leiter berührte, sonst hätte er nicht die himmlische Leiter erreichen können. Alle Verheißungen Gottes sind Ja und Amen in Christus. Und da er unser ist, ist jede Verheißung unser, wenn wir uns nur in ruhigem Glauben darauf niederlegen wollen.

Komm her, du Müder, gebrauche die Worte deines Herrn als Kissen! Lege dich in Frieden nieder! Träume nur von ihm! Jesus ist deine Leiter zum Licht. Siehe die Engel an ihr auf- und niedersteigen zwischen deiner Seele und deinem Gott und sei sicher, dass die Verheißung dein gottgegebenes Teil ist und dass es kein Raub sein wird, wenn du sie dir aneignest als ganz besonders zu dir gesprochen.

4. Januar

Ich will sie sicher niederliegen lassen.

Hosea 2,20

Ja, Gottes Kinder sollen Frieden haben. Die Stelle, aus der dieses Gnadenwort genommen ist, spricht von Frieden »mit den Tieren auf dem Felde, mit den Vögeln unter dem Himmel und mit dem Gewürm des Erdbodens«. Dies ist Friede mit irdischen Feinden, mit geheimnisvollen Übeln und kleinen Verdrießlichkeiten. Eins von diesen könnte uns schon vom Ruhen abhalten, aber keins soll es tun. Der Herr wird diese Dinge ganz zerstören, die sein Volk bedrohen: »Ich will Bogen, Schwert und Rüstung im Lande zerbrechen.« Der Friede wird in der Tat tief sein, wenn alle Werkzeuge der Unruhe zerbrochen sind.

Mit diesem Frieden wird Ruhe kommen. »Seinen Freunden gibt er es im Schlaf«, heißt es in Psalm 127,2. Völlig versorgt und göttlich beruhigt legen sich die Gläubigen in gelassener Stille nieder.

Diese Ruhe wird eine sichere sein. Ruhen ist eins, aber sicher ruhen ist ein anderes. Es ist sicherer für einen Gläubigen, in Frieden zu ruhen, als aufzusitzen und sich zu ängstigen.

»Er lasset mich niederliegen auf grünen Auen« (Ps. 23,2). Wir ruhen nie, bis der Tröster uns niederliegen heißt.

Ich stärke dich.

Jesaja 41,10

Wenn wir berufen werden, zu dienen oder zu leiden, so überschlagen wir unsere Stärke und finden sie geringer, als wir glaubten, und geringer, als uns nottut. Das soll uns jedoch nicht entmutigen, solange wir ein Wort wie dieses haben, an das wir uns halten können; denn es bürgt uns dafür, dass wir alles haben werden, was wir nur brauchen. Gott hat unerschöpfliche Kraft. Diese Kraft kann er uns mitteilen; und er hat verheißen, es zu tun. Er will die Speise unserer Seele sein und die Gesundheit unseres Herzens. Und so will er uns Kraft geben. Niemand vermag zu sagen, wie viel Kraft Gott einem Menschen mitteilen kann. Wenn die göttliche Stärke kommt, ist die menschliche Schwäche kein Hindernis mehr.

Erinnern wir uns noch an Zeiten der Arbeit und der Trübsal, in denen wir so viel besondere Kraft empfingen, dass wir über uns selber staunten? Inmitten von Gefahr waren wir gelassen, beim Verlust unserer Lieben waren wir ergeben, bei Verleumdung waren wir gefasst, und in Krankheit waren wir geduldig. Es ist tatsächlich so, dass Gott uns unerwartete Kraft gibt, wenn ungewöhnliche Prüfungen über uns kommen. Wir erheben uns über unser schwaches Ich hinaus. Feiglinge werden Männer, den Törichten wird Weisheit gegeben, und die Schweigsamen empfangen zu derselben Stunde, was sie reden sollen. Meine Schwachheit lässt mich zurückbeben, aber Gottes Verheißung macht mich tapfer. Herr, stärke mich »nach deinem Wort«!

6. Januar

Ich helfe dir.

Jesaja 41,10

Die gestrige Verheißung sicherte uns die Kraft zu für das, was wir zu tun haben, aber die heutige verbürgt uns Beistand in Fällen, wo wir nicht allein zu handeln vermögen. Der Herr sagt: »Ich helfe dir.« Die innere Kraft wird ergänzt durch äußere Hilfe. Gott kann uns Bundesgenossen in unserem Krieg erwecken, wenn es ihm wohlgefällig ist. Wenn er uns aber keinen menschlichen Beistand sendet, so will er selber an unserer Seite sein, und das ist noch besser. Unser erhabener Bundesgenosse ist besser als Legionen sterblicher Helfer.

Seine Hilfe kommt zur rechten Zeit: »Eine Hilfe in den großen Nöten, die uns getroffen haben.« Seine Hilfe ist sehr weise: Er weiß jedem eine passende und geeignete Hilfe zu geben. Seine Hilfe ist sehr wirksam, ob auch die Hilfe der Menschen eitel ist. Seine Hilfe ist mehr als Hilfe, denn er trägt alle Lasten und versorgt mit allem Nötigen. »Der Herr ist mit mir, darum fürchte ich mich nicht; was können mir Menschen tun?«

Weil er schon unsere Hilfe gewesen ist, fühlen wir Vertrauen zu ihm im Hinblick auf die Gegenwart und auf die Zukunft. Unser Gebet ist: »Herr, sei du mein Helfer!« Unsere Erfahrung ist: »Desgleichen hilft auch der Geist unserer Schwachheit auf.« Unsere Erwartung ist: »Ich hebe meine Augen auf zu den Bergen, von welchen mir Hilfe kommt.« Und unser Lied wird sein: »Du, Herr, hast mir geholfen.«

Du wirst noch Größeres denn das sehen.

Johannes 1,50

Dies wurde zu einem kindlich gläubigen Menschen gesagt, der bereit war, auf einen überzeugenden Beweggrund hin Jesus als den Sohn Gottes anzunehmen. Wer willig ist zu sehen, wird sehen. Weil wir aber unsere Augen schließen, werden wir so hoffnungslos blind.

Wir haben schon viel gesehen. Große und unerforschliche Dinge hat der Herr uns gezeigt, wofür wir seinen Namen preisen; aber es gibt noch größere Wahrheiten in seinem Wort, größere Tiefen der Erfahrung, größere Höhen der Gemeinschaft, größere Werke im Dienste Gottes, größere Enthüllungen der Macht, der Liebe und der Weisheit. Diese sollen wir noch sehen, wenn wir willig sind, unserem Herrn zu glauben. Die Fähigkeit, falsche Lehre zu erfinden, ist verderblich, aber die Gabe, die Wahrheit zu sehen, ist ein Segen. Der Himmel soll uns geöffnet, der Weg dahin soll uns im Menschensohn frei gemacht werden, und den Dienst der Engel, der zwischen dem oberen und dem unteren Reich stattfindet, sollen wir klarer wahrnehmen. Lasst uns die Augen für geistliche Dinge offen halten und erwarten, immer mehr zu sehen! Lasst uns glauben, dass unser Leben nicht in Nichts zusammenschrumpfen wird, sondern dass wir wachsen und Größeres und immer Größeres sehen werden, bis wir einst den großen Gott selber schauen und niemals wieder aus den Augen verlieren.

8. Januar

**Selig sind, die reinen Herzens sind;
denn sie werden Gott schauen.**

Matthäus 5,8

Nach Reinheit, Herzensreinheit sollen wir vor allem streben. Wir müssen innerlich durch den Geist und das Wort rein gemacht werden, dann werden wir äußerlich durch Hingabe und Gehorsam rein sein. Es besteht ein enger Zusammenhang zwischen den Neigungen und dem Verstand. Wenn wir das Böse lieben, können wir nicht verstehen, was gut ist. Wie können diejenigen einen heiligen Gott schauen, die unheilige Dinge lieben?

Welch ein Vorrecht ist es doch, Gott schon hier zu sehen! Ein Schimmer von ihm ist der Himmel hienieden! In Christus Jesus schauen die, die reinen Herzens sind, den Vater. Wir sehen ihn, seine Treue, seine Liebe, seinen Ratschluss, seine Herrschaft, seinen Bund mit uns, ja wir sehen ihn selber in Christus. Aber das erfassen wir nur in dem Maß, in welchem wir die Sünde aus dem Herzen fernhalten. Nur die, welche nach Gottseligkeit streben, können ausrufen: »Meine Augen sehen stets auf den Herrn!« Der Wunsch des Mannes Gottes »Lass mich deine Herrlichkeit sehen!« kann in uns nur erfüllt werden, wenn wir uns von aller Ungerechtigkeit reinigen. »Wir werden ihn sehen, wie er ist.« Und »ein jeglicher, der solche Hoffnung hat zu ihm, der reinigt sich«. Der Genuss gegenwärtiger Gemeinschaft und die Hoffnung auf ein seliges Schauen spornen uns an, nach Reinheit des Herzens und des Lebens zu streben. Herr, mache uns reinen Herzens, auf dass wir dich schauen!

Die Seele, die da reichlich segnet, wird gelabt.

Sprüche 11,25

Wenn ich wünsche, dass es meiner Seele wohl geht, darf ich meine Vorräte nicht aufspeichern, sondern muss an die Armen austeilen. Karg und genau sein ist der Weg der Welt zum Wohlstand, aber es ist nicht Gottes Weg, denn er spricht: »Einer teilt reichlich aus und hat immer mehr; ein anderer kargt, wo er nicht soll, und wird doch ärmer.« Der Weg des Glaubens ist geben, um zu gewinnen. Ich muss dies wieder und wieder versuchen, und ich darf erwarten, dass mir als gnädiger Lohn für meine Freigebigkeit so viel Wohlstand geschenkt wird, wie mir gut ist.

Es kann auch geschehen, dass ich reich werde. Aber ich werde nicht zu reich! Zu große Reichtümer könnten mich so schwerfällig machen, wie korpulente Personen es gewöhnlich sind, mir den Geschmack für die Segnungen Gottes rauben oder Krankheiten der Seele verursachen. Nein, wenn ich genug habe, um gesund zu sein, kann ich mich wohl begnügen; und wenn der Herr mir ein genügendes Auskommen gewährt, kann ich zufrieden sein.

Aber es gibt einen geistigen und geistlichen Reichtum, den ich sehr begehre. Er ist die Folge der Freigebigkeit für meines Gottes Sache, für seine Gemeinde und für meine Mitmenschen. Ich will nicht karg sein, sonst möchte mein Herz Hunger leiden. Ich will mitteilsam und freigebig sein, denn dann werde ich meinem Herrn ähnlicher werden. Er gab sich selbst für mich; soll ich ihm irgend etwas vorenthalten?

10. Januar

Wer reichlich tränkt, der wird auch getränkt werden.

Sprüche 11,25

Wenn ich an andere denke, so wird der Herr an mich denken, und in der einen oder anderen Weise wird er mich belohnen. Wenn ich mich des Dürftigen annehme, wird der Herr sich meiner annehmen. Wenn ich auf kleine Kinder achthabe, wird der Herr mich als sein Kind behandeln. Wenn ich seine Herde weide, wird er mich weiden. Wenn ich seinen Garten begieße, wird er aus meiner Seele einen gut begossenen Garten machen. Dies ist des Herrn Verheißung; meine Sache ist es, die Bedingung zu erfüllen und dann zu warten, dass er die Verheißung erfüllt.

Ich mag mich um mich selber sorgen, bis ich krank werde. Ich mag meine Gefühle beobachten, bis ich nichts mehr fühle, und ich mag meine eigene Schwachheit beklagen, bis ich fast zu schwach zum Klagen bin. Es wird mir viel nützlicher sein, uneigennützig zu werden und aus Liebe zu meinem Herrn anzufangen, für die Seelen der Menschen um mich her zu sorgen. Mein Wasserbehälter wird leer und leerer; kein frischer Regen kommt, um ihn zu füllen. Was soll ich tun? Ich will den Hahn aufdrehen und das Wasser auslaufen lassen, um die welkenden Pflanzen um mich her zu tränken. Was sehe ich? Meine Zisterne scheint sich während des Fließens zu füllen. Eine geheime Quelle ist am Werk. Solange alles stillstand, war der frische Born versiegelt; aber wenn mein Vorrat fließt, um andere zu tränken, denkt der Herr an mich. Gelobt sei sein Name!

Wenn es kommt, dass ich Wolken über die Erde führe, so soll man meinen Bogen sehen in den Wolken.

1. Mose 9,14

Gerade jetzt sind Wolken genug da, aber uns ist nicht bange, dass die Welt durch eine Sintflut zerstört wird. Wir sehen den Regenbogen oft genug, um von solchen Befürchtungen frei zu sein. Der Bund, den der Herr vorzeiten machte, steht fest, und wir zweifeln nicht daran. Warum sollten wir also denken, dass die Leidenswolken, die jetzt unseren Himmel verdunkeln, mit unserem Untergang enden werden? Lasst uns solche grundlosen und unwürdigen Befürchtungen aufgeben!

Der Glaube sieht stets den Bogen des Bundes, wo die Vernunft die Wolke der Trübsal sieht. Gott hat einen Bogen, mit dem er Pfeile des Verderbens abschießen könnte; aber sieh, er ist aufwärts gerichtet! Es ist ein Bogen ohne Pfeil und Sehne; es ist ein Bogen, der zur Schau aufgehängt ist und nicht mehr zum Krieg gebraucht wird. Es ist ein Bogen von vielen Farben, der Freude und Wonne darstellt, und nicht ein Bogen, der blutrot von Gemetzel oder schwarz von Zorn aussieht. Lasst uns guten Muts sein! Niemals verdunkelt Gott unseren Himmel so, dass er seinen Bund ohne einen Zeugen lässt; und selbst wenn er es täte, wollten wir ihm vertrauen, da er sich nicht ändern, nicht lügen oder in irgendeiner anderen Weise versäumen kann, seinen Bund des Friedens zu halten.

12. Januar

Der Herr verstößt nicht ewiglich.

Klagelieder 3,31

Er mag eine Zeit lang verstoßen, aber nicht auf ewig. Eine Frau mag ihr Geschmeide auf einige Tage ablegen, aber sie wird es nicht vergessen oder gar in den Kehricht werfen. Es ist nicht des Herrn Art zu verstoßen, die er liebt, denn: »Wie er hatte geliebt die Seinen, die in der Welt waren, so liebte er sie bis ans Ende.« Manche sprechen von In-der-Gnade-Sein und Aus-der-Gnade-Sein, als wären wir Kaninchen, die in ihre Höhle hinein- und wieder herauslaufen. So ist es nicht! Des Herrn Liebe ist eine viel ernstere und bleibendere Sache.

Er erwählte uns von Ewigkeit, und er wird uns die Ewigkeit hindurch lieben. Er liebte uns so, dass er für uns starb, und wir können deshalb gewiss sein, dass seine Liebe niemals sterben wird. Seine Ehre ist so mit der Errettung des Gläubigen verknüpft, dass er ihn ebenso wenig verwerfen kann, wie er sein eigenes Gewand als König der Herrlichkeit wegzuwerfen vermag. Nein, nein! Als Haupt verstößt der Herr Jesus nie seine Glieder, als Bräutigam nie seine Braut.

Dachtest du je, du seist verstoßen? Warum dachtest du so Arges von dem Herrn, der sich mit dir verlobt hat? Wirf diese Gedanken hinaus und lass sie nie wieder in deiner Seele Raum finden! »Gott hat sein Volk nicht verstoßen, welches er sich zuvor ersehen hat« (Röm. 11,2). Er hasst das Verstoßen (Mal. 2,16).

Wer zu mir kommt, den werde ich nicht hinausstoßen.

Johannes 6,37

Gibt es ein Beispiel dafür, dass unser Herr einen Kommenden weggestoßen hat? Wenn es so etwas gibt, möchte ich es gern wissen; aber es hat keins gegeben, und es wird nie eins geben. Unter den verlorenen Seelen in der Hölle ist keine, die sagen kann: »Ich ging zu Jesus, und er wies mich ab.« Es ist nicht möglich, dass du oder ich der Erste sein könnte, dem Jesus sein Wort bricht. Lasst uns keinen so dunklen Verdacht hegen!

Wenn wir jetzt mit unseren augenblicklichen Nöten zu Jesus gehen, können wir gewiss sein, dass er uns anhören und uns nicht hinausstoßen wird. Ihr, die ihr schon oft dort gewesen, und ihr, die ihr noch nie dorthin gegangen seid, lasst uns zusammen gehen. Und wir werden sehen, dass er die Tür seiner Gnade vor keinem von uns verschließen wird.

»Dieser nimmt die Sünder an«, er weist keinen zurück. Wir kommen in Schwachheit und Sünde zu ihm, mit zitterndem Glauben, wenig Kenntnis und geringer Hoffnung; aber er stößt uns nicht hinaus. Wir kommen im Gebet, und dies Gebet ist schwach und unvollkommen; wir kommen mit Bekenntnis, und dies Bekenntnis ist mangelhaft, wir kommen mit Lob, und dies Lob ist viel zu gering für sein Verdienst. Aber dennoch nimmt er uns an. Wir kommen krank, unrein, schwach und unwert, aber er verstößt uns keineswegs. Lasst uns heute wieder zu ihm gehen, der uns niemals hinausstößt!

14. Januar

**Kommt her zu mir alle, die ihr mühselig und
beladen seid; ich will euch erquicken.**

Matthäus 11,28

Wer errettet ist, findet Ruhe in Jesus. Die nicht errettet
sind, werden erquickt werden, wenn sie zu ihm kommen, denn hier verheißt er es. Nichts kann freier sein als
eine Gabe; lasst uns fröhlich annehmen, was er fröhlich
gibt! Ihr sollt sie nicht kaufen noch borgen, sondern sie
als Geschenke annehmen. Ihr müht euch ab unter der
Peitsche des Ehrgeizes, der Habgier, der Lüste oder der
Sorge, er will euch aus dieser eisernen Knechtschaft befreien und euch Ruhe geben. Ihr seid beladen, ja schwer
beladen mit Sünde, Angst, Sorge, Reue, Todesfurcht;
aber wenn ihr zu ihm kommt, will er euch entlasten.
Er trug die schier erdrückende Last unserer Sünde, damit wir sie nicht länger tragen mussten. Er machte sich
zum großen Lastenträger, damit jeder Schwerbeladene
sich nicht mehr unter dem furchtbaren Druck zu beugen braucht.

Jesus gibt Ruhe. Es ist so! Willst du es glauben? Willst
du die Probe versuchen? Willst du das sofort tun? Komm
zu Jesus, indem du jede andere Hoffnung aufgibst, an
ihn denkst, Gottes Zeugnis über ihn glaubst und ihm
alles anvertraust. Wenn du so zu ihm kommst, wird die
Ruhe, die er dir geben wird, tief, sicher, heilig und beständig sein. Er gibt eine Ruhe, die bis in den Himmel
reicht. Und er gibt sie noch heute allen, die zu ihm
kommen.

**Denn er wird des Armen nicht so ganz vergessen, und die
Hoffnung der Elenden wird nicht verloren sein ewiglich.**

Psalm 9,19

Armut ist ein hartes Erbteil; aber die, die auf den Herrn
trauen, werden durch den Glauben reich gemacht. Sie
wissen, dass sie nicht von Gott vergessen sind; und obwohl es scheinen mag, als seien sie bei der Verteilung
der guten Dinge dieser Erde übersehen worden, hoffen
sie doch auf eine Zeit, wo all dieses ausgeglichen sein
wird. Lazarus wird nicht immer unter den Hunden an
des reichen Mannes Tür liegen, sondern er wird seinen
Lohn im Himmel finden.

Gerade jetzt gedenkt der Herr seiner armen, aber ihm
teuren Kinder. »Ich bin arm und elend, der Herr aber
sorgt für mich«, sagte jemand in alter Zeit. Und so ist
es auch. Die gottesfürchtigen Armen haben große Hoffnungen. Sie hoffen, dass der Herr sie mit allem, was
zum Leben und göttlichen Wandel dient, versorgt; sie
hoffen, dass ihnen alle Dinge zum Besten dienen; sie
hoffen auf eine besonders nahe Gemeinschaft mit ihrem Herrn, der auch nichts hatte, wo er sein Haupt hin-
legen konnte; sie hoffen, dass er wiederkommt und sie
an seiner Herrlichkeit teilnehmen werden. Diese Hoffnung kann nicht verloren sein, denn sie ist aufbewahrt
in Christus Jesus, der ewiglich lebt; und weil er lebt,
sollen auch sie leben. Der arme Fromme singt manches
Lied, das der reiche Sünder nicht verstehen kann. Deshalb lasst uns, wenn wir hier unten karge Kost haben,
an den königlichen Tisch droben denken!

16. Januar

Und es soll geschehen, wer den Namen des Herrn anrufen wird, der soll errettet werden.

Joel 3,5

Warum rufe ich nicht seinen Namen an? Warum laufe ich zu diesem und jenem Nachbarn, wenn Gott so nahe ist und meinen schwächsten Ruf hören will? Warum sitze ich nieder und mache Entwürfe und erfinde Pläne? Warum werfe ich nicht sogleich mich und meine Last auf den Herrn? Der gerade Weg ist der beste; warum laufe ich nicht sogleich zu dem lebendigen Gott? Vergeblich werde ich anderswo Befreiung suchen; aber bei Gott werde ich sie finden, denn hier habe ich sein königliches »soll«, und das gibt mir Gewissheit.

Ich brauche nicht zu fragen, ob ich ihn anrufen darf oder nicht, denn das Wort »wer« ist ein sehr weites und umfassendes. »Wer« meint mich; denn es meint jeden, der Gott anruft. Ich will deshalb der Weisung des Textes folgen und sogleich den Herrn anrufen, der eine so weitreichende Verheißung gegeben hat.

Meine Not ist dringend, und ich sehe nicht, wie ich errettet werden könnte; aber das ist nicht meine Sache. Er, der die Verheißung gibt, wird Mittel und Wege finden, sie zu erfüllen. An mir ist's, seinen Geboten zu gehorchen, aber nicht, ihm Ratschläge zu geben. Ich bin sein Diener, nicht sein Sachwalter. Ich rufe ihn an, und er wird mich erretten.

Er sprach: Ich will mit dir sein.

2. Mose 3,12

Wenn der Herr seinen Knecht mit einer Botschaft aussandte, so wollte er ihn natürlich nicht allein gehen lassen. Die furchtbare Gefahr, die damit verbunden, und die große Kraft, die dazu erforderlich war, würden es lächerlich gemacht haben, wenn Gott einen armen, einsamen Hirten gesandt hätte, dem mächtigsten König der Welt die Stirn zu bieten, und ihn dann alleingelassen hätte. Man könnte es sich gar nicht vorstellen, dass ein weiser Gott dem armen Moses den Pharao und die ungeheuren Streitkräfte Ägyptens gegenüberstellen würde. Darum spricht er: »Ich will mit dir sein!«, als wenn es außer aller Frage wäre, dass er ihn nicht allein senden wolle.

Für mich wird dieselbe Regel anwendbar sein. Wenn ich im Auftrag des Herrn gehe, in schlichtem Vertrauen auf seine Kraft und nur auf seine Ehre bedacht, dann ist es gewiss, dass er mit mir sein wird. Dass er mich sendet, verpflichtet ihn, mich zu unterstützen. Ist dies nicht genug? Was brauche ich mehr? Wenn alle Engel und Erzengel mit mir wären, könnte es mir gelingen, aber wenn er mit mir ist, muss es gelingen. Ich muss mich nur bemühen, dieser Verheißung würdig zu handeln. Ich darf nicht schüchtern, verzagt, unachtsam, vermessen sein. Was für ein Mann sollte der sein, der Gott zur Seite hat! Es ziemt sich, dass ich mich in solcher Gesellschaft männlich zeige und Gottes Auftrag furchtlos ausführe.

18. Januar

**Wenn er sein Leben zum Schuldopfer
gegeben hat, so wird er Samen haben.**

Jesaja 53,10

Unser Herr Jesus ist nicht vergeblich gestorben. Sein
Tod war ein Opfertod. Er starb als unser Stellvertreter,
weil der Tod die Strafe für unsere Sünden war. Und weil
seine Stellvertretung von Gott angenommen wurde, hat
er die errettet, für die er sein Leben zum Schuldopfer
gab. Durch den Tod wurde er dem Weizenkorn gleich,
das viel Frucht bringt. Für ihn muss eine stete Folge
von Kindern da sein; er ist der »Ewig-Vater«. Er soll sagen: »Siehe, hier bin ich und die Kinder, die du mir gegeben hast.«

Ein Mann wird geehrt in seinen Söhnen, und Jesus hat
seinen Köcher voll von diesen »Pfeilen des Starken«.
Ein Mann wird dargestellt in seinen Kindern, und das
wird Christus in den Christen. In seinen Nachkommen
scheint eines Mannes Leben verlängert und fortgesetzt
zu sein. Und so wird das Leben Jesu in den Gläubigen
fortgesetzt.

Jesus lebt, denn er sieht seine Nachkommen. Er richtet sein Auge auf uns. Er hat Freude an uns. Er erkennt
in uns die Frucht der Arbeit seiner Seele. Lasst uns froh
sein, dass unser Herr sich stets an dem Ergebnis seines
schweren Opfers erfreut und dass er niemals aufhören
wird, seine Augen an der Ernte seines Todes zu weiden.
Diese Augen, die einst um uns weinten, betrachten uns
jetzt mit Wohlgefallen. Ja, er blickt auf die, die auf ihn
blicken. Unsere Augen begegnen sich. Welche Freude!

**Denn so du mit deinem Munde bekennst Jesus,
dass er der Herr sei, und glaubst in deinem Herzen,
dass ihn Gott von den Toten auferweckt hat,
so wirst du gerettet werden.**

Römer 10,9

Es muss Bekenntnis mit dem Munde da sein. Habe ich das abgelegt? Habe ich offen meinen Glauben an Jesus als den Heiland, den Gott von den Toten auferweckt hat, bekannt, und habe ich es in Gottes Weise getan? Lasst uns diese Frage redlich beantworten!

Es muss auch Herzensglaube da sein! Glaube ich aufrichtig an den auferstandenen Herrn Jesus? Vertraue ich auf ihn als meine einzige Hoffnung zur Seligkeit? Kommt dies Vertrauen von Herzen? Lasst uns darauf antworten als vor Gott!

Wenn ich in Wahrheit behaupten kann, dass ich Christus bekannt und an ihn geglaubt habe, dann bin ich errettet. Der Spruch sagt nicht: »Es mag so sein«, sondern es ist klar wie die Sonne am Himmel: »Du wirst gerettet.« Als ein Gläubiger und ein Bekennender darf ich meine Hand auf diese Verheißung legen und sie vor Gott geltend machen in diesem Augenblick und das ganze Leben hindurch, in der Stunde des Todes und am Tage des Gerichts.

Ich muss von der Schuld der Sünde, der Macht der Sünde, der Strafe der Sünde und schließlich von dem ganzen Wesen der Sünde errettet werden. Gott hat es gesagt: »Du wirst gerettet.« Ich glaube es. Ich werde gerettet. Ich bin gerettet. Ehre sei Gott von Ewigkeit zu Ewigkeit!

20. Januar

Wer überwindet, dem will ich zu essen geben von dem Holz des Lebens, das im Paradies Gottes ist.

Offenbarung 2,7

Niemand darf am Tage der Schlacht die Flucht ergreifen oder sich weigern, in den heiligen Krieg zu ziehen. Wir müssen kämpfen, wenn wir herrschen wollen, und wir müssen den Krieg fortführen, bis wir jeden Feind überwunden haben. Sonst ist diese Verheißung nicht für uns, da sie nur für den ist, der »überwindet«. Wir sollen die falschen Propheten überwinden, die in die Welt gekommen sind, und alle Übel, die ihre Lehren begleiten. Wir sollen die Schwäche unseres Herzens überwinden und seine Neigung, von unserer ersten Liebe abzuweichen. Lies das Ganze, was der Geist der Gemeinde zu Ephesus sagt!

Wenn wir durch die Gnade das Feld behalten, was geschehen wird, wenn wir unserem siegreichen König treulich folgen, dann dürfen wir mitten in das Paradies Gottes hineingehen. Es wird uns gestattet, an dem Cherub und seinem flammenden Schwert vorüberzugehen und zu jenem bewachten Baume zu kommen, dessen Frucht dem, der sie isst, ewiges Leben bringt. Wir sollen so jenem endlosen Tode entgehen, der das Gericht über die Sünde ist, und jenes ewige Leben gewinnen, das das Siegel der Unschuld, die Frucht gottseliger Hingabe ist. Komm, mein Herz, fasse Mut! Den Streit fliehen heißt die Freuden des neuen und besseren Edens verlieren; bis zum Sieg kämpfen heißt mit Gott im Paradies wandeln.

Die Ägypter sollen es innewerden, dass ich der Herr bin.

2. Mose 7,5

Die ungöttliche Welt ist schwer zu belehren. Ägypten kennt den Herrn nicht und wagt deshalb, seine Götzen aufzurichten. Es erkühnt sich sogar zu fragen: »Wer ist der Herr?« Jedoch der Herr hat im Sinn, stolze Herzen zu brechen, ob sie wollen oder nicht. Wenn seine Gerichte über ihren Häuptern donnern, ihren Himmel verdunkeln, ihre Ernten zerstören und ihre Söhne erschlagen, dann beginnen sie, etwas von Gottes Macht innezuwerden. Es werden noch Dinge auf Erden geschehen, die Zweifler in die Knie bringen sollen! Lasst uns nicht den Mut verlieren durch ihre Lästerungen, denn der Herr vermag für seinen Namen Sorge zu tragen und wird dies auch in sehr wirksamer Weise tun!

Die Errettung seines Volkes war ein anderes kräftiges Mittel, Ägypten wissen zu lassen, dass der Herr der lebendige und wahre Gott ist. Keiner aus seinem Volk starb durch eine der zehn Plagen. Keiner von den erwählten Nachkommen ertrank im Roten Meer. Ebenso wird die Errettung der Erwählten und die gewisse Verherrlichung aller wahren Gläubigen die hartnäckigsten Feinde Gottes zu dem Eingeständnis zwingen, dass Gott »der Herr« ist.

Oh, dass seine überzeugende Macht durch den Heiligen Geist die Predigt des Evangeliums begleite, bis alle Völker sich vor dem Namen Jesu beugen und ihn »Herr« nennen!

22. Januar

Wohl dem, der sich des Dürftigen annimmt!
Den wird der Herr erretten zur bösen Zeit.

Psalm 41,2

An die Armen zu denken und sie auf dem Herzen zu tragen, ist die Pflicht des Christen. Denn Jesus stellte sie uns zur Seite, als er sagte: »Arme habt ihr allezeit bei euch.«

Viele geben ihr Geld den Armen rasch und gedankenlos; noch mehr geben ihnen überhaupt nichts. Gottes köstliche Verheißung gehört denen, die sich der Armen annehmen, ihre Lage untersuchen, Pläne zu ihrem Wohl entwerfen und sie mit Überlegung ausführen. Wir können durch Sorgfalt mehr tun als durch Geld und am meisten durch beides zusammen. Denen, die sich der Armen annehmen, verheißt der Herr seinen gnädigen Beistand in Zeiten des Leides. Er will uns aus der Not herausreißen, wenn wir anderen helfen, die in Not sind. Wir werden ganz außergewöhnliche Fürsorge des Herrn erfahren, wenn er sieht, dass wir versuchen, für andere zu sorgen. Wir werden Zeiten der Not haben, wie freigebig wir auch sein mögen; aber wenn wir wohltätig sind, dürfen wir Anspruch auf besondere Errettung geltend machen, und der Herr wird sein Wort und seine Handschrift nicht verleugnen. Geizige Menschen mögen sich selber helfen, aber hilfsbereiten und freigebigen Gläubigen wird der Herr helfen. Wie ihr anderen getan habt, so wird der Herr euch tun. Leert eure Taschen aus!

**Er lege seine Hand auf des Brandopfers Haupt, so
wird es angenehm sein und ihn versöhnen.**

3. Mose 1,4

Wenn das Opfer durch dieses Auflegen der Hand dem
zugerechnet wurde, der es darbrachte, wie viel mehr
wird Jesus unser werden durch das Auflegen der Glaubenshand!

»Mein Glaube legt die Hand, o Jesu, auf dein Haupt,
wenn ich die Sünd' bekannt und reuig dir geglaubt.«

Wenn ein Opfertier an seiner statt angenommen werden
konnte, um Gott zu versöhnen, wie viel mehr wird
der Herr Jesus unsere volle und all genügsame Sühne
sein! Einige streiten wider die große Wahrheit der Stellvertretung;
aber was uns betrifft, so ist sie unsere Hoffnung,
unsere Freude, unser Ruhm, unser alles. Jesus ist
angenommen an unserer statt, um uns zu versöhnen,
und wir sind »angenommen in dem Geliebten«.

Möge jeder von uns Sorge tragen, sogleich seine Hand
auf des Herrn vollbrachtes Opfer zu legen, damit es ihm
durch diese Annahme zugutekomme! Wenn er es schon
einmal getan hat, tue er es wieder. Wenn er es noch
niemals getan hat, dann strecke er unverzüglich seine
Hand aus. Jesus ist jetzt dein, wenn du ihn jetzt haben
willst. Stütze dich auf ihn, stütze dich mit deinem ganzen
Gewicht auf ihn, so ist er über allen Zweifel hinaus
dein. Du bist mit Gott versöhnt, deine Sünden sind
ausgetilgt, und du bist des Herrn Eigentum!

24. Januar

Er wird behüten die Füße seiner Heiligen.

1. Samuel 2,9

Der Weg ist schlüpfrig, und unsere Füße sind schwach. Aber der Herr wird sie behüten. Wenn wir uns durch gehorsamen Glauben ihm hingeben und seine Heiligen werden, dann will er selber unser Hüter sein. Er wird nicht nur seinen Engeln Befehl geben, uns zu behüten, sondern er selbst wird unsere Schritte bewahren.

Er will unsere Füße vor dem Fallen behüten, sodass wir unsere Kleider nicht beflecken, unsere Seelen nicht verwunden und dem Feind keine Ursache zum Lästern geben.

Er will unsere Füße behüten, dass sie nicht vor Müdigkeit anschwellen oder von dem rauen, weiten Weg Blasen bekommen.

Er will unsere Füße vor Verwundungen behüten. Unsere Schuhe sollen Eisen und Erz sein, sodass wir, selbst wenn wir auf die Schneide des Schwertes oder auf tödliche Schlangen treten, nicht bluten und nicht vergiftet werden.

Er will auch unsere Füße aus dem Netz ziehen. Wir sollen nicht durch die Tücke unserer boshaften und listigen Feinde verstrickt werden.

Mit einer solchen Verheißung lasst uns laufen ohne Müdigkeit und wandeln ohne Furcht. Er, der unsere Füße behütet, wird es sehr wirkungsvoll tun.

**Er wird vor den Leuten bekennen und sagen:
»Ich hatte gesündigt und das Recht verkehrt; aber
es ist mir nicht vergolten worden. Er hat meine
Seele erlöst, dass sie nicht führe ins Verderben,
sondern mein Leben das Licht sähe.«**

Hiob 33,27-28

Dies ist ein Wort der Wahrheit aus der Erfahrung eines
Mannes Gottes, und es kommt einer Verheißung gleich.
Was der Herr getan hat und tut, das wird er weiter tun,
solange die Welt steht. Der Herr will alle aufnehmen,
die mit einem aufrichtigen Bekenntnis ihrer Sünde zu
ihm kommen. Ja, er schaut immer nach solchen aus,
die um ihrer Fehler willen in Not sind.

Können wir nicht die hier gebrauchten Worte bestätigen? Haben wir nicht gesündigt, persönlich gesündigt,
sodass wir sagen müssen: »Ich habe gesündigt«? Vor-
sätzlich gesündigt und das Recht verkehrt? Gesündigt
so, dass wir die Entdeckung machten, es sei kein Gewinn dabei, sondern ewiger Verlust? Dann lasst uns
mit diesem ehrlichen Geständnis zu Gott gehen! Er
verlangt nicht mehr. Wir können nicht weniger tun.

Lasst uns seine Verheißung im Namen Jesu in Anspruch nehmen! Er will uns von dem Abgrund der Hölle erlösen, der sich vor uns auftut; er will uns Leben
und Licht schenken. Warum sollten wir verzweifeln?
Warum auch nur zweifeln? Der Herr spottet nicht über
demütige Seelen. Er meint, was er sagt. Den Schuldigen
kann vergeben werden. Die, die Hinrichtung verdienen,
können Begnadigung erlangen. Herr, wir bekennen uns
schuldig und bitten dich: Vergib uns!

26. Januar

**Ich bin der Herr, der die Zeichen der
Wahrsager zunichtemacht.**

Jesaja 44,24.25

Wie sollte dies alle albernen und abergläubischen Befürchtungen mit der Wurzel ausrotten! Selbst wenn irgendetwas Wahres an Zauberei und an Omen wäre, so könnte es doch nicht das Volk Gottes berühren. Die, die Gott segnet, können alle Teufel nicht verfluchen.

Ungöttliche Menschen wie Bileam mögen listig Pläne ersinnen, um das Volk des Herrn zu vernichten; aber mit all ihrer Heimlichkeit und Schlauheit sind sie doch dazu verurteilt, dass ihnen alles fehlschlägt. Ihr Pulver ist noch nass, die Spitze ihres Schwertes ist stumpf. Sie kommen zusammen; aber da der Herr nicht mit ihnen ist, kommen sie vergeblich zusammen. Wir können ruhig sitzen und sie ihre Netze legen lassen, denn wir werden nicht darin gefangen werden. Ob sie Beelzebub zu Hilfe rufen und alle seine Schlangenlist aufwenden, es wird ihnen nichts nützen; der Zauber wird nicht wirken, die Wahrsagerei wird sie betrügen. Was für ein Segen ist das! Wie beruhigt es das Herz! Wahre Beter ringen mit Gott, aber niemand soll mit ihnen ringen und die Oberhand gewinnen. Gottes Kinder haben Macht bei Gott und siegen; aber niemand soll Macht haben, sie zu besiegen. Wir brauchen weder den bösen Feind selber zu fürchten noch irgendeinen jener geheimen Gegner, deren Worte voll Betrug und deren Pläne dunkel und unergründlich sind. Sie können denen nicht schaden, die auf den lebendigen Gott vertrauen. Wir trotzen dem Teufel und allen seinen Legionen.

**Daselbst werdet ihr gedenken an euer Wesen und
an all euer Tun, darin ihr verunreinigt seid,
und werdet Missfallen haben über alle
eure Bosheit, die ihr getan habt.**

Hesekiel 20,43

Wenn wir von dem Herrn angenommen sind und Gnade, Friede und Sicherheit erlangt haben, dann werden wir dahin geführt, dass wir für alle unsere Fehler und Vergehen gegen unseren gnädigen Gott Buße tun. So köstlich ist die Buße, dass wir sie einen Diamant reinsten Wassers nennen können; sie ist dem Volke Gottes verheißen als eine der heiligsten Früchte der Errettung. Er, der die Buße annimmt, gibt auch die Buße, und er gibt sie nicht aus der »bitteren Büchse«, sondern sie ist wie eine jener Semmeln mit Honig, mit denen er sein Volk speiste. Der Gedanke an die mit Blut erkaufte Vergebung und die unverdiente Barmherzigkeit ist das beste Mittel, ein steinernes Herz zu erweichen. Ist unser Herz hart? Lasst uns an die Liebe des Bundes denken, dann werden wir die Sünde aufgeben, sie beklagen und verabscheuen. Ja, wir werden uns selbst verabscheuen, weil wir gegen so eine unendliche Liebe gesündigt haben. Lasst uns mit dieser Buße zu Gott kommen und ihn bitten, uns zu helfen, dass wir gedenken und bereuen und Buße tun und heimkehren! Dass wir doch die Rührungen heiligen Schmerzes empfinden könnten! Welche Erleichterung würde eine Flut von Tränen sein! Herr, schlage den Felsen oder sprich zu dem Felsen und lass die Wasser fließen!

28. Januar

Gott wird abwischen alle Tränen von ihren Augen.

Offenbarung 21,4

Dahin sollen wir kommen, wenn wir Gläubige sind. Der Schmerz wird aufhören, und die Tränen werden abgewischt werden. Wir leben in der Welt der Tränen, aber diese Welt vergeht. Es wird ein neuer Himmel und eine neue Erde sein, so sagt der erste Vers dieses Kapitels, und deshalb wird man dort nicht mehr über den Fall und das dadurch hervorgerufene Elend weinen. Lest den zweiten Vers und beachtet, wie er von der Braut und ihrer Hochzeit spricht! Die Hochzeit des Lammes ist eine Zeit grenzenloser Freude, und Tränen würden da nicht am Platze sein. Der dritte Vers sagt, dass Gott selbst bei den Menschen wohnen wird. Und ganz gewiss ist Wonne zu seiner Rechten ewiglich, und Tränen können nicht länger fließen.

Was wird das für ein Zustand sein, wenn kein Leid noch Geschrei noch Schmerzen mehr sein werden? Das wird herrlicher sein, als wir es uns jetzt vorstellen können. Augen, die ihr vom Weinen gerötet seid, haltet die heiße, salzige Flut zurück! Denn über ein kleines sollt ihr keine Tränen mehr kennen! Niemand kann Tränen so abwischen wie der Gott der Liebe. Und er kommt, um es zu tun. »Den Abend lang währt das Weinen, aber des Morgens die Freude.« Komm, Herr, und verziehe nicht, denn jetzt müssen noch beide, Männer und Frauen, weinen!

**Sieh zu, und höre alle diese Worte, die ich dir
gebiete, auf dass dir's wohl gehe und deinen Kindern
nach dir ewiglich, weil du getan hast, was recht
und gefällig ist vor dem Herrn, deinem Gott.**

5. Mose 12,28

Obwohl die Seligkeit nicht durch die Werke des Gesetzes kommt, werden doch die Segnungen, die dem Gehorsam verheißen sind, den gläubigen Knechten Gottes nicht versagt. Die Flüche nahm unser Herr hinweg, als er für uns zum Fluch gemacht wurde; aber kein einziger Segensspruch ist weggenommen worden.

Wir sollen auf den geoffenbarten Willen des Herrn merken und hören und unsere Aufmerksamkeit nicht nur auf Teile desselben richten, sondern auf »alle diese Worte«. Es darf kein Wählen und Aussuchen sein, sondern eine unterschiedslose Achtung vor allem, was Gott befohlen hat. Dies ist der Weg zum Wohlergehen für den Vater und für seine Kinder. Des Herrn Segen ist mit seinen Erwählten bis ins dritte und vierte Glied. Wenn sie aufrichtig vor ihm wandeln, wird er alle Menschen wissen lassen, dass sie Nachkommen sind, die der Herr gesegnet hat.

Kein Segen kann durch Unehrlichkeit oder Doppelzüngigkeit auf uns und die Unsrigen kommen. Gleichförmigkeit mit der Welt und Unheiligkeit kann uns und den Unsren nichts Gutes bringen. Es wird gut mit uns gehen, wenn wir vor Gott gut wandeln. Wenn wir mit Redlichkeit nicht vorwärtskommen, dann mit Schurkerei erst recht nicht. Das, was Gott Freude macht, wird auch uns Freude bringen.

30. Januar

**Siehe, ich bin mit dir und will dich
behüten, wo du hinziehst.**

1. Mose 28,15

Brauchen wir »Reise-Gnaden«? Hier sind zwei treffliche: Gottes Gegenwart und Gottes Bewahrung. An allen Orten bedürfen wir dieser beiden, und an allen Orten sollen wir sie haben, wenn wir gehen, weil die Pflicht uns ruft, und nicht nur, weil wir es gern tun. Warum sollten wir einen Umzug in ein anderes Land als eine traurige Notwendigkeit betrachten, wenn er uns von Gottes Willen auferlegt wird? In allen Ländern ist der Gläubige gleichermaßen ein Pilger und ein Fremdling, und dennoch ist in jedem Land der Herr seine Heimat, wie er es seinen Heiligen zu allen Zeiten gewesen ist. Wir mögen den Schutz eines irdischen Monarchen entbehren, aber wenn Gott sagt: »Ich will dich behüten«, dann sind wir in keiner wirklichen Gefahr. Dies ist ein gesegneter Pass für einen Reisenden und ein himmlisches Geleit für einen Auswanderer.

Der Mann, dem diese Verheißung gegeben wurde, hatte nie zuvor seines Vaters Zelt verlassen. Er war ein Muttersohn gewesen und nicht ein Abenteurer wie sein Bruder. Dennoch ging er in die Ferne, und Gott ging mit ihm. Er hatte wenig Gepäck und keinen Begleiter; dennoch reiste kein Fürst je mit einer herrlicheren Leibwache. Selbst wenn er auf offenem Felde schlief, wachten Engel über ihn, und Gott der Herr redete mit ihm. Wenn der Herr uns gehen heißt, lasst uns mit unserem Herrn Jesus sprechen: »Stehet auf, lasst uns gehen!«

Mein Gott wird mich hören.

Micha 7,7

Freunde mögen untreu sein, aber der Herr wird sich nicht von der begnadigten Seele wenden; im Gegenteil, er wird alle ihre Wünsche erhören. Der Prophet spricht: »Bewahre die Tür deines Mundes vor der, die in deinen Armen schläft! ... des Menschen Feinde sind seine eigenen Hausgenossen.« Aber sogar in einem solchen Falle bleibt unser bester Freund treu, und wir können ihm all unseren Kummer erzählen.

Unsere Weisheit besteht darin, dass wir auf den Herrn blicken und nicht mit Männern oder Frauen streiten. Wenn unsere liebevollen Mahnungen von unseren eigenen Verwandten missachtet werden, so lasst uns auf den Gott unseres Heils harren, denn er wird uns erhören. Er wird uns nur umso mehr erhören, wenn andere unfreundlich zu uns sind und uns bedrücken. Und wir werden bald Ursache haben zu rufen: »Freue dich nicht über mich, meine Feindin! Wenn ich auch daniederliege, so werde ich wieder aufstehen!«

Weil Gott der lebendige Gott ist, kann er hören; weil er ein liebevoller Gott ist, will er hören; weil er unser Bundesgott ist, hat er sich verpflichtet, uns zu hören. Wenn jeder unter uns von ihm als »Mein Gott« sprechen kann, dann können wir mit völliger Gewissheit sagen: »Mein Gott wird mich hören.« Komm drum, du blutendes Herz, und schütte deine Schmerzen aus vor dem Herrn, deinem Gott! Ich will im Verborgenen das Knie beugen und leise in meinem Innern sagen: »Mein Gott wird mich hören.«

1. Februar

**Euch aber, die ihr meinen Namen fürchtet,
soll aufgehen die Sonne der Gerechtigkeit
und Heil unter ihren Flügeln.**

Maleachi 3,20a

Dies gnadenvolle Wort ist einmal erfüllt in der Geburt unseres glorreichen Herrn und wird in seiner Wiederkunft eine noch vollständigere Erfüllung finden. Aber es ist auch für den täglichen Gebrauch. Ist es dunkel um dich, lieber Leser? Du brauchst darum nicht zu verzweifeln: Die Sonne wird dennoch aufgehen. Wenn die Nacht am dunkelsten ist, ist der Tag am nächsten.

Die Sonne, die aufgehen wird, ist von keiner gewöhnlichen Art. Es ist die rechte Sonne – die Sonne der Gerechtigkeit, deren Strahlen alle Heiligkeit sind. Er, der kommt, um uns zu erfreuen, kommt sowohl auf dem Wege der Gerechtigkeit wie der Barmherzigkeit. Er will kein Gesetz brechen, nicht einmal, um uns zu erretten. Jesus offenbart ebenso sehr die Heiligkeit Gottes wie seine Liebe. Unsere Erlösung wird, wenn sie kommt, gesichert sein, weil sie gerecht ist.

Der einzige Punkt unserer Selbstprüfung sollte sein: »Fürchten wir den Namen des Herrn? Verehren wir den lebendigen Gott, und wandeln wir auf seinen Wegen?« Dann muss die Nacht für uns kurz sein, und wenn der Morgen kommt, ist alle Krankheit und aller Schmerz unserer Seele auf ewig vorüber.

Ist Jesus über uns aufgegangen? Dann lasst uns in der Sonne sitzen. Hat er sein Angesicht verborgen? Dann lasst uns seines Aufgangs harren. Er wird so gewiss weiterleuchten, wie die Sonne weiterleuchtet.

**Ihr sollt aus und ein gehen und
springen wie die Mastkälber.**

Maleachi 3,20b

Wenn die Sonne scheint, verlassen die Kranken ihre
Kammern und gehen umher, um frische Luft einzu-
atmen. Wenn die Sonne Frühling und Sommer bringt,
verlässt das Vieh seine Ställe und sucht Weide auf den
höheren Triften. Ebenso verlassen wir, wenn wir uns
der Gemeinschaft mit unserem Herrn bewusst sind,
die Höhle der Verzagtheit und wandeln umher in den
Feldern heiliger Zuversicht. Wir steigen zu den Bergen
der Freude empor und nähren uns auf süßer Weide, die
näher dem Himmel wächst als die Nahrungsmittel ir-
disch gesinnter Menschen.

»Hinausgehen« und »springen« ist eine doppelte Verheißung. Meine Seele, sei du begierig, beider Segnungen zu genießen. Weshalb solltest du eine Gefangene
sein? Stehe auf und gehe frei umher! Jesus sagt, dass
seine Schafe aus und ein gehen und Weide finden werden; gehe also hinaus und weide auf den reichen Triften
schrankenloser Liebe.

Warum willst du ein Kindlein in der Gnade bleiben?
Nimm zu! Junge Kälber wachsen schnell, und du hast
die auserlesene Fürsorge deines Erlösers. Nimm daher
zu in der Gnade und der Erkenntnis deines Herrn und
Heilandes.

Die Sonne der Gerechtigkeit ist über dir aufgegangen.
Sauge ihre Strahlen in dich ein wie die Blumen die der
irdischen Sonne! Öffne dein Herz, nimm zu und »wach-
se in allen Stücken zu ihm hin«!

3. Februar

**In der Welt habt ihr Angst; aber seid getrost,
ich habe die Welt überwunden.**

Johannes 16,33

Meines Herrn Worte über die Trübsal sind wahr. Ich
habe zweifellos meinen Anteil daran. Der Dreschflegel
ist nicht aufgehängt, und ich kann nicht hoffen, dass
er beiseitegelegt wird, solange ich auf dem Dreschbo-
den liege. Wie kann ich erwarten, in des Feindes Land
daheim zu sein, fröhlich in der Verbannung oder behag-
lich in der Wüste? Hier ist nicht meine Ruhe. Hier ist
der Ort des Schmelzofens, der Schmiede und des Ham-
mers. Meine Erfahrung stimmt mit den Worten meines
Herrn überein.

Ich beachte, wie er mich »getrost sein« heißt. Ich bin
so sehr geneigt, niedergeschlagen zu sein. Mein Mut
sinkt leicht, wenn ich schwer geprüft werde. Aber ich
darf diesem Gefühl nicht nachgeben. Wenn mein Herr
mich getrost sein heißt, darf ich nicht wagen, niedergedrückt zu sein.

Womit ermutigt er mich? Nun, mit seinem Sieg! Er
sagt: »Ich habe die Welt überwunden!« Sein Kampf war
viel schwerer als der meine. Ich habe noch nicht bis
aufs Blut widerstanden. Warum zweifle ich daran, zu
überwinden? Sieh, meine Seele, der Feind ist schon
einmal überwunden worden! Ich streite mit einem ge-
schlagenen Feind. O Welt, Jesus hat dich schon besiegt,
und in mir wird er dich durch seine Gnade wiederum
überwinden! Deshalb bin ich getrost und singe meinem
siegreichen Herrn ein Loblied.

Ich will euch nicht als Waisen lassen; ich komme zu euch.

Johannes 14,18

Er verließ uns, und dennoch sind wir keine Waisenkinder. Er ist unser Trost und ist gegangen; aber wir sind nicht trostlos. Unser Trost ist, dass er zu uns kommen wird. Und das ist genug, um uns während seiner langen Abwesenheit aufrechtzuerhalten. Jesus ist schon auf dem Weg; er spricht: »Ich komme bald«; er naht sich uns eilend. Er spricht: »Ich komme«, und niemand kann sein Kommen verhindern oder um eine Viertelstunde aufhalten. Er sagt ausdrücklich: »Ich komme zu euch.« Und er wird es tun. Sein Kommen ist ein Kommen zu und für uns, die Seinen. Das soll unser Trost sein, solange wir Leid tragen, dass der Bräutigam noch nicht erscheint.

Wenn wir das freudige Gefühl seiner Gegenwart verlieren, trauern wir. Aber wir dürfen nicht traurig sein wie die, die keine Hoffnung haben. Unser Herr hat sich im Augenblick des Zorns ein wenig vor uns verborgen, aber er wird mit voller Huld zu uns zurückkehren. Er verlässt uns in gewissem Sinne, aber nur scheinbar. Wenn er sich uns entzieht, so hinterlässt er uns ein Pfand, dass er wiederkehren wird. O Herr, komme bald! Es ist kein Leben in diesem irdischen Dasein, wenn du nicht da bist. Wir seufzen nach der Rückkehr deines freundlichen Lächelns. Wann willst du zu uns kommen? Wir sind gewiss, dass du erscheinen wirst; aber sei schnell wie ein Reh oder wie ein junger Hirsch. Verziehe nicht, o Herr, unser Gott!

5. Februar

Wenn ich das Blut sehe, will ich an euch vorübergehen.
2. Mose 12,13

Dass ich selbst das kostbare Blut sehe, dient zu meinem Trost, aber dass der Herr es sieht, das verbürgt meine Sicherheit. Wenn ich nicht imstande bin, es zu sehen, so blickt doch der Engel des Herrn darauf und geht an mir vorüber. Wenn ich nicht so ruhig bin, wie ich sein sollte, weil mein Glaube trüb ist, so bin ich doch ebenso sicher, weil des Herrn Auge nicht trüb ist und er beständig das Blut des großen Opfers anschaut. Welch eine Freude ist das!

Der Herr sieht den tiefen Sinn, die unendliche Fülle alles dessen, was der Tod seines lieben Sohnes bedeutet. Er sieht es und denkt mit stiller Befriedigung daran, dass die Gerechtigkeit erfüllt und all seine unvergleichlichen Eigenschaften verherrlicht sind. Er sah, was er geschaffen hatte, und sprach: »Es ist sehr gut!«, aber was sagt er von dem Gehorsam seines geliebten Sohnes, einem Gehorsam selbst bis zum Tode? Niemand kann seine Freude an Jesus beschreiben und seine Ruhe in dem süßen Geruch, den Jesus darbrachte, als er sich selber ohne Flecken Gott opferte.

Nun lasst uns in stiller Sicherheit ruhen! Wir haben Gottes Opfer und Gottes Wort, das ein Gefühl vollkommener Geborgenheit in uns schafft. Er will, er muss an uns vorübergehen, weil er unseren herrlichen Stellvertreter nicht verschonte. Die Gerechtigkeit reicht der Liebe die Hand, um ewiges Heil für alle Blutbesprengten zu sichern.

**Wenn du der Stimme des Herrn, deines Gottes,
gehorchen wirst, gesegnet wirst du sein in der Stadt.**

5. Mose 28,1.3

Die Stadt ist voll Sorgen, und wer von Tag zu Tag dort
zu tun hat, der merkt, dass sie ein aufreibender Ort ist.
Sie ist voll Lärm, Getümmel, Aufregung und schwerer
Arbeit. Mannigfach sind ihre Versuchungen, Schäden
und Plagen. Aber mit dem göttlichen Segen hineingehen bricht den Schwierigkeiten die Spitze ab; dort bleiben mit diesem Segen heißt Freude an ihren Aufgaben
finden und Kraft, die ihren Anforderungen entspricht.

Ein Segen in der Stadt mag uns nicht groß machen,
aber er wird uns gut erhalten; er mag uns nicht reich
machen, aber er wird uns ehrlich bleiben lassen. Ob wir
Gepäckträger oder Angestellte, Geschäftsführer, Kaufleute oder obrigkeitliche Beamte sind, die Stadt wird
uns Gelegenheit zu nützlichem Wirken bieten. Es ist
gut fischen, wo ganze Schwärme Fische sind, und es
ist hoffnungsvoll, in einer großen Menschenmenge für
unseren Herrn zu arbeiten. Wir würden Adel leicht die
Ruhe des Landlebens vorziehen; aber wenn wir in die
Stadt berufen werden, dürfen wir ihr sicherlich den
Vorzug geben, weil sie Raum für unsere Tatkraft bietet.

Lasst uns heute Gutes erwarten um dieser Verheißung willen, und lasst es unsere Sorge sein, ein offenes
Ohr für die Stimme des Herrn zu haben und eine rasche
Hand, seine Aufträge zu erfüllen! Gehorsam bringt Segen. »Wer die Gebote hält, der hat großen Lohn.«

7. Februar

**Wirst du zurückkehren zu dem Allmächtigen,
so wirst du aufgebaut werden.**

Hiob 22,23

Eliphas sprach hier eine große Wahrheit aus, die der
Hauptinhalt mancher von Gott eingegebenen Worte ist.
Lieber Leser, hat die Sünde dich niedergerissen? Bist du
wie eine Ruine geworden? Hat sich die Hand des Herrn
wider dich erhoben, sodass du an Besitztum ärmer geworden und im Geist niedergebeugt bist? War es deine
eigene Torheit, die all diese Zerstörung über dich gebracht hat? Dann ist das Erste, was du tun musst, dass
du zum Herrn zurückkehrst. Mit tiefer Beugung und
aufrichtigem Glauben finde den Weg zurück aus deinem Abgleiten! Es ist deine Pflicht, denn du hast dich
abgekehrt von ihm, dem du zu dienen behauptetest.
Es ist weise, denn du kannst nicht wider ihn streiten
und dabei glücklich sein. Es ist unmittelbar notwendig,
denn das, was er getan hat, ist nichts im Vergleich zu
dem, was er zu deiner Züchtigung tun kann, da er allmächtig ist.

Sieh, welch eine Verheißung dich einlädt! Niemand
als der Allmächtige kann die gefallenen Säulen deines
Glücks wieder aufrichten und die wankenden Mauern
wiederherstellen; aber er kann und will es tun, wenn du
zu ihm zurückkehrst. Schiebe es nicht auf! Dein nie-
dergebeugter Geist könnte ganz sinken, wenn du in der
Empörung beharrst; aber aufrichtiges Bekenntnis wird
dich erleichtern, und demütiger Glaube wird dich trösten. Beherzige dies, und alles wird gut sein.

Ich halte dich durch die rechte Hand meiner Gerechtigkeit.

Jesaja 41,10

Furcht vor dem Fallen ist heilsam. Waghalsigkeit ist kein Zeichen von Weisheit. Es kommen Zeiten für uns, in denen wir fühlen, dass wir untergehen müssen, wenn uns nicht ganz besondere Unterstützung zuteilwird. Hier haben wir Stütze. Gottes rechte Hand ist eine starke. Beachtet, es ist nicht nur seine Hand, obwohl diese Himmel und Erde an ihrem Ort erhält, sondern es ist seine Rechte, seine Macht mit Geschicklichkeit vereint, seine Macht, wo sie am vollkommensten ist. Aber das ist nicht alles! Es steht geschrieben: »Ich halte dich durch die rechte Hand meiner Gerechtigkeit.« Die Hand, die er gebraucht, um seine Heiligkeit aufrechtzuerhalten und seine königlichen Urteilssprüche zu vollziehen – diese Hand soll ausgestreckt werden, um die, die ihm vertrauen, zu halten. Furchtbar ist unsere Gefahr, aber freudevoll ist unsere Sicherheit. Den Menschen, den Gott hält, können alle Teufel nicht niederwerfen.

Unsere Füße mögen schwach sein, aber Gottes rechte Hand ist allmächtig. Der Weg mag rau sein, aber der Allmächtige ist unsere Stütze. Wir können kühn vorwärtsgehen. Wir werden nicht fallen. Lasst uns ständig bei dem Hilfe suchen, bei dem alle Dinge sich anlehnen! Gott wird seine Kraft nicht zurückziehen, denn er ist auch gerecht. Er wird sich zu seiner Verheißung bekennen, wird seinem Sohne und daher auch uns treu sein. Wie fröhlich sollten wir sein! Sind wir es nicht?

9. Februar

Ich will den dritten Teil durchs Feuer führen und läutern, wie man Silber läutert, und prüfen, wie man Gold prüft. Die werden dann meinen Namen anrufen, und ich will sie erhören. Ich will sagen: Es ist mein Volk, und sie werden sagen: Herr, mein Gott!

Sacharja 13,9

Die Gnade verwandelt uns in kostbares Metall, und dann kommen Feuer und Schmelzofen als notwendige Folge. Erschrecken wir davor? Möchten wir lieber für wertlos geachtet werden, um Ruhe zu haben, wie die Steine des Feldes? Das hieße das schlechtere Teil wählen, das Linsengericht, und das Erbteil des Bundes aufgeben. Nein, Herr, wir wollen lieber mit Freuden in den Schmelzofen geworfen als von deinem Angesicht verworfen werden.

Das Feuer läutert nur, es zerstört nicht. Wir sollen durch das Feuer hindurchgeführt, nicht darin gelassen werden. Der Herr wertet die Seinen wie Silber, und deshalb gibt er sich Mühe, sie von Schlacken zu reinigen. Wenn wir weise sind, werden wir den Läuterungsprozess eher willkommen heißen als uns dagegen wehren. Unser Gebet wird mehr dahin gehen, dass wir von schlechten Zusätzen befreit, als dass wir aus dem Schmelztiegel genommen werden möchten.

Herr, du prüfst uns tatsächlich! Wir sind fast aufgelöst durch die Wut der Flammen. Doch dies ist dein Weg, und dein Weg ist der beste. Erhalte uns in der Prüfung und vollende den Prozess unserer Läuterung, und wir wollen dein sein in alle Ewigkeit!

**Denn du wirst sein Zeuge zu allen Menschen
sein von dem, das du gesehen und gehört hast.**
Apostelgeschichte 22,15

Paulus war erwählt, den Herrn vom Himmel herab sprechen zu sehen und zu hören. Diese göttliche Erwählung war ein hohes Vorrecht für ihn selbst; aber sie war nicht bestimmt, bei ihm zu enden. Sie sollte Einfluss auf andere haben, ja auf alle Menschen. Paulus ist es, dem ganz Europa das Evangelium verdankt.

Jeder von uns soll nach seinem Maß Zeuge dessen sein, was der Herr uns geoffenbart hat, und es ist gefährlich für uns, wenn wir die köstliche Offenbarung verbergen. Zuerst müssen wir sehen und hören, sonst werden wir nichts zu erzählen haben; aber wenn wir das getan haben, müssen wir begierig sein, unser Zeugnis abzulegen. Es muss persönlich sein: Du wirst Zeuge sein. Es muss für Christus sein: Du wirst für ihn Zeuge sein. Es muss beständig sein, sodass vieles andere dadurch ausgeschlossen wird. Unser Zeugnis darf nicht vor wenigen Auserlesenen abgelegt werden, die uns freudig zustimmen, sondern vor allen Menschen – vor allen, die wir erreichen können, jung oder alt, reich oder arm, gut oder schlecht. Wir dürfen niemals schweigen wie die, die von einem stummen Geist besessen sind; denn der vorliegende Spruch ist ein Gebot und eine Verheißung, derer wir eingedenk sein müssen. – »Du sollst sein Zeuge sein.« »Ihr werdet meine Zeugen sein«, spricht der Herr.

11. Februar

**Ich will meinen Geist auf deinen Samen gießen
und meinen Segen auf deine Nachkommen.**

Jesaja 44,3

Unsere Kinder haben den Geist Gottes nicht von Natur, wie wir deutlich wahrnehmen. Wir sehen vieles in ihnen, was uns für ihre Zukunft fürchten lässt, und das treibt uns zu angstvollem Gebet. Gerät ein Sohn auf verkehrte Wege, so flehen wir mit großem Ernst, dass Gott ihn zurückbringen möge. Wir sähen lieber, dass unsere Töchter Beterinnen als dass sie Königinnen wären. Dieser Spruch sollte uns sehr ermutigen. Er folgt auf die Worte: »Fürchte dich nicht, mein Knecht!«, und kann alle Furcht bannen.

Der Herr will seinen Geist geben, will ihn reichlich geben, will ihn ausgießen, will ihn kräftig geben, sodass es ein wirklicher und ewiger Segen sein soll. Unter diesem göttlichen Ausgießen sollen unsere Kinder vortreten und es wahrmachen: »Dieser wird sagen: Ich bin des Herrn, und jener wird genannt werden mit dem Namen Jakob.«

Dies ist eine von den Verheißungen, derentwegen »der Herr sich fragen lassen will«. Sollten wir nicht zu festgesetzten Zeiten und in bestimmter Weise für unsere Kinder beten? Wir können ihnen keine neuen Herzen geben, aber der Heilige Geist kann es, und ihn können wir leicht darum anflehen. Der himmlische Vater hat Wohlgefallen an den Gebeten von Vätern und Müttern. Haben wir irgendwelche Lieben außerhalb der Arche? Lasst uns nicht ruhen, bis sie durch des Herrn Hand mit uns darinnen sind!

Alles Land, das du siehst, will ich dir geben und deinem Samen ewiglich.

1. Mose 13,15

Ein besonderer Segen bei einer denkwürdigen Gelegenheit. Abraham hatte einen Familienstreit beigelegt. Er hatte gesagt: »Lass doch nicht Zank sein zwischen mir und dir, denn wir sind Brüder!« Und deshalb empfing er den Segen, der den Friedfertigen gehört. Der Herr und Geber des Friedens lässt gern seine Gnade denen kundwerden, die Frieden suchen und erstreben. Wenn wir nähere Gemeinschaft mit Gott wünschen, müssen wir uns näher an die Pfade des Friedens halten.

Wie großzügig und großmütig war das Verhalten, dem jungen Verwandten die Wahl des Landes zu überlassen? Wenn wir um des Friedens willen uns selber verleugnen, will der Herr uns das mehr als ersetzen. So weit wie der Patriarch sehen kann, darf er das Land als Eigentum beanspruchen. Und wir dürfen durch den Glauben das Gleiche tun. Er musste auf den wirklichen Besitz warten, aber der Herr bestimmte ihm und seiner Nachkommenschaft das Land als Erbteil. Unbegrenzte Segnungen gehören uns durch den Bund Gottes mit uns. Alles ist unser. Wenn wir dem Herrn wohlgefallen, dann lässt er uns überall umherblicken und sehen, dass alles unser eigen ist; das Gegenwärtige oder das Zukünftige, alles ist unser. Wir aber sind Christi, Christus aber ist Gottes.

13. Februar

Gesegnet wirst du sein auf dem Acker!

5. Mose 28,3

Wie oft ist uns der Herr begegnet, wenn wir in der freien Natur allein waren! Die Hecken und die Bäume können von unserer Freude zeugen. Wir schauen von Neuem nach solchem Segen aus.

So wurde Boas gesegnet, als er sein Korn erntete und seine Arbeiter ihn mit frommen Wünschen begrüßten. Möge der Herr allen Gedeihen geben, die den Pflug führen! Jeder Landmann kann diese Verheißung vor Gott geltend machen, wenn er in der Tat der Stimme des Herrn, seines Gottes, gehorcht.

Wir gehen auf das Feld, um zu arbeiten, wie Vater Adam es tat; und da der Fluch durch die Sünde des ersten Adam auf den Acker fiel, ist es ein großer Trost für uns, durch den zweiten Adam einen Segen zu finden.

Wir gehen auf das Feld, um uns Bewegung im Freien zu machen, und sind froh in dem Glauben, dass der Herr diese Bewegung segnen und uns Gesundheit geben wird, die wir zu seiner Ehre gebrauchen wollen.

Wir gehen auf das Feld, um die Natur zu studieren, und es ist nichts in der Kenntnis der sichtbaren Schöpfung, was nicht durch den Segen Gottes zum höchsten Nutzen geheiligt werden kann. Und schließlich gehen wir auf das Feld, um unsere Toten zu begraben. Ja, andere werden, wenn die Reihe an sie kommt, uns zu dem Gottesacker auf das Feld bringen. Aber wir sind gesegnet, ob wir am Grabe weinen oder in ihm schlafen.

**Wer auf den Herrn vertraut,
den wird die Güte umfangen.**

Psalm 32,10

Oh, schöner Lohn des Vertrauens! Mein Herr, gewähre ihn mir völlig! Mehr als alle anderen Menschen fühlt der Vertrauende sich als Sünder; und siehe, die Güte des Herrn ist für ihn bereitet. Er weiß, dass er selbst kein Verdienst hat; aber die Güte kommt und hält Haus für ihn in freigebigster Weise. O Herr, gib mir diese Güte, so wie ich dir vertraue!

Beachte, meine Seele, was für eine Leibwache du hast! Wie ein Fürst mit Soldaten umgeben ist, so bist du von Güte umfangen. Vorn und hinten und an allen Seiten sind diese berittenen Wachen der Gnade. Wir wohnen im Mittelpunkt eines Reiches der Güte, denn wir wohnen in Christus Jesus.

Oh, meine Seele, in welch einer Atmosphäre atmest du! Wie die Luft dich umfängt, so umfängt dich die Güte deines Herrn. Für den Gottlosen gibt es viel Plage, aber für dich so viele Güter, dass deine Plage nicht der Erwähnung wert ist. Der Psalmist spricht: »Freut euch des Herrn und seid fröhlich, ihr Gerechten, und jauchzet, alle ihr Frommen!« Im Gehorsam gegen dieses Gebot soll mein Herz in Gott triumphieren, und ich will meine Freude verkünden. Wie du mich mit Barmherzigkeit umgeben hast, will ich auch deine Altäre, o mein Gott, mit Liedern des Dankes umgeben.

15. Februar

Der Herr denkt an uns und segnet uns.

Psalm 115,12

Ich kann mein Siegel auf den ersten Satz drücken. Könnt ihr es nicht? Ja, der Herr hat an uns gedacht, für uns gesorgt, uns getröstet, uns befreit und uns geleitet. In all seinen Fügungen hat er an uns gedacht und niemals unsere kleinen Angelegenheiten übersehen. Er denkt an uns, und zwar unser ganzes Leben lang, ohne eine einzige Unterbrechung. Zu besonderen Zeiten jedoch haben wir dies deutlicher verspürt und möchten es uns jetzt mit überfließender Dankbarkeit ins Gedächtnis zurückrufen. Ja, ja: Der Herr hat an uns gedacht.

Der zweite Satz ist eine logische Folgerung aus dem ersten. Da Gott unveränderlich ist, wird er in der Zukunft an uns denken, wie er es in der Vergangenheit getan hat. Und sein An-uns-Denken ist dem Segnen gleich. Aber wir haben hier nicht nur eine Schlussfolgerung der Vernunft, sondern die von Gott eingegebene Erklärung: Wir haben es auf die Autorität des Heiligen Geistes hin. – »Er wird uns segnen.« Dies bedeutet Großes und Unerforschliches. Gerade die Unbestimmtheit der Verheißung deutet ihren unendlichen Umfang an. Er wird uns auf seine eigene göttliche Weise segnen, und das von Ewigkeit zu Ewigkeit. Möge deshalb ein jeder von uns sagen: »Lobe den Herrn, meine Seele!«

Ich will nicht tun nach meinem grimmigen Zorn, noch Ephraim wieder verderben. Denn ich bin Gott und nicht ein Mensch.

Hosea 11,9

Auf diese Weise tut der Herr seine verschonende Güte kund. Es mag sein, dass der Leser jetzt unter schwerem Missfallen Gottes steht und dass ihm alles mit schleunigem Gericht droht. Möge dieser Spruch ihn vor Verzweiflung bewahren! Der Herr fordert dich auf, deine Wege zu überdenken und deine Sünden zu bekennen. Wenn er ein Mensch gewesen wäre, so hätte er dich ausgestoßen. Wenn er jetzt nach Menschenweise handeln wollte, so würde er mit einem Wort und einem Schlag ein Ende mit dir machen, aber es ist nicht so, denn »so viel der Himmel höher ist als die Erde, so sind auch meine Wege höher als eure Wege«.

Du nimmst mit Recht an, dass er zornig ist; aber er will nicht ewiglich zürnen. Wenn du dich von der Sünde zu Jesus kehrst, so will Gott sich von seinem Zorn abkehren. Weil er Gott ist und nicht ein Mensch, kannst du noch Vergebung haben, obwohl du vielleicht bis an den Hals in Missetaten steckst. Du hast es mit Gott zu tun und nicht mit einem harten Menschen, nicht einmal mit einem bloß gerechten Menschen. Kein menschliches Wesen könnte Geduld mit dir haben. Du würdest die Geduld eines Engels erschöpfen, wie du die deines trauernden Vaters erschöpft hast; aber Gott ist langmütig. Komm und stelle ihn sogleich auf die Probe! Bekenne, glaube und kehre um von deinem bösen Weg, so wirst du errettet werden!

17. Februar

**Ihr aber seid getrost und tut eure Hände nicht ab,
denn euer Werk hat seinen Lohn.**

2. Chronik 15,7

Gott hatte große Dinge für sein Volk Juda getan,
aber doch waren sie schwache Menschen. Ihre Füße
schwankten auf den Wegen des Herrn, und ihre Herzen
waren sehr unentschlossen, sodass sie gewarnt werden
mussten, der Herr würde mit ihnen sein, solange sie
mit ihm wären; er würde sie aber verlassen, wenn sie
ihn verließen. Sie wurden auch an das Schwesterreich
erinnert, wie schlecht es diesem in seiner Empörung
ergangen und wie gnädig der Herr ihm gewesen sei, als
es Buße zeigte. Des Herrn Absicht war es, sie in seinem
Weg zu festigen und in der Gerechtigkeit stark zu machen. Ebenso sollte es mit uns sein. Gott verdient es,
dass wir ihm mit aller Energie dienen, deren wir fähig
sind.

Wenn der Dienst Gottes etwas wert ist, dann ist er alles wert. Wir werden unseren besten Lohn in des Herrn
Werk finden, wenn wir es mit entschlossenem Fleiß
tun. Unsere Arbeit ist nicht vergeblich in dem Herrn,
das wissen wir. Halbherziges Tun wird keinen Lohn
bringen; aber wenn wir unsere ganze Seele in die Sache
hineinlegen, werden wir guten Erfolg sehen.

Dieser Spruch wurde dem Schreiber dieses Abschnitts
während eines schrecklichen Sturms gesandt und gab
ihm den Wink, mit voller Kraft zu segeln, in der Gewissheit, den Hafen sicher und mit köstlicher Fracht
zu erreichen.

Er tut, was die Gottesfürchtigen begehren, und hört ihr Schreien und hilft ihnen.

Psalm 145,19

Sein Heiliger Geist hat dieses Begehren in uns gewirkt, und deshalb wird er es erfüllen. Es ist sein Leben in uns, was uns zum Schreien treibt, und deshalb will er es hören. Die, die ihn fürchten, sind Menschen, die unter dem heiligsten Einfluss stehen, und deshalb ist ihr Begehren, Gott zu verherrlichen und sich seiner auf ewig zu erfreuen. Gleich den Männern der Bibel sind sie Männer des Begehrens, und der Herr wird ihre Wünsche verwirklichen.

Heiliges Begehren ist Gnade im Halm, und der himmlische Ackersmann wird ihn pflegen, bis er zur vollen Kornähre wird. Gottesfürchtige Menschen begehren, heilig zu sein, nützlich zu sein, anderen zum Segen zu werden und so ihren Herrn zu ehren. Sie begehren das zum Unterhalt Nötige, Hilfen unter Lasten, Leitung in schwierigen Fällen, Befreiung aus Nöten; und zuweilen ist dies Begehren so stark und ihre Not so dringend, dass sie in Angst aufschreien wie kleine Kinder vor Schmerzen, und dann greift der Herr kräftig ein und tut alles, was diesem Wort entsprechend nötig ist, »und hilft ihnen«.

Ja, wenn wir Gott fürchten, haben wir nichts anderes zu fürchten; wenn wir zu dem Herrn schreien, ist unsere Rettung gewiss.

Lieber Leser, lege diesen Spruch auf deine Zunge und behalte ihn den ganzen Tag im Mund, dann wird er dir wie »Semmel mit Honig« sein.

19. Februar

**Ich habe dich betrübt, aber ich will
dich nicht mehr betrüben.**

Nahum 1,12

Es gibt eine Grenze für die Trübsal. Gott sendet sie, und
Gott nimmt sie hinweg. Seufzt ihr und fragt: »Wann
wird das Ende sein?«, dann denkt daran, dass unsere
Leiden gewiss und für immer enden werden, wenn dies
arme, irdische Leben vorüber ist. Lasst uns ruhig harren und geduldig den Willen des Herrn ertragen, bis er
kommt!

Inzwischen nimmt unser Vater im Himmel die Rute
hinweg, wenn seine Absicht bei ihrem Gebrauch völlig
erreicht ist. Wenn er unsere Torheit ausgetrieben hat,
wird es keine Schläge mehr geben. Oder wenn die Trübsal gesandt ist, um uns zu prüfen, damit unsere Gna-
dengaben Gott verherrlichen, so wird sie enden, wenn
der Herr uns zu seinem Preis ein Zeugnis hat ablegen
lassen. Wir möchten nicht wünschen, dass die Trübsal
aufhöre, ehe wir nicht Gott alle Ehre gegeben haben,
die wir ihm geben können.

Es mag heute ganz still werden. Wer weiß, wie bald
jene tobenden Wogen einem ganz ruhigen Meer Platz
machen und die Seevögel auf den sanften Wellen sitzen
werden? Nach langer Drangsal wird der Dreschflegel
aufgehängt, und der Weizen ruht in der Kornkammer.
Wir mögen noch, ehe viele Stunden vergehen, ebenso
glücklich sein, wie wir jetzt traurig sind. Es ist nicht
schwer für den Herrn, Nacht in Tag zu verwandeln. Er,
der die Wolken sendet, kann ebenso leicht den Himmel
aufklären. Lasst uns guten Muts sein! Vor uns liegt etwas Besseres. Lasst uns im Voraus ein Danklied singen!

Der Herr wird dich immerdar führen.

Jesaja 58,11

Was fehlt dir? Hast du dich verirrt? Bist du in einen dunklen Wald geraten und kannst deinen Pfad nicht finden? »Stehet fest und sehet zu, was für ein Heil der Herr heute an euch tun wird!« Er kennt den Weg, und er wird dich darauf leiten, wenn du zu ihm schreist.

Jeder Tag bringt seine eigene Plage. Wie gut zu fühlen, dass die Führung des Herrn niemals ein Ende hat! Wenn wir unseren eigenen Weg wählen oder uns mit Fleisch und Blut beraten, stoßen wir des Herrn Führung von uns weg. Wenn wir aber den Eigenwillen aufgeben, wird er jeden Schritt unseres Weges leiten, jede Stunde des Tages und jeden Tag des Jahres und jedes Jahr unseres Lebens. Wenn wir nur geführt sein wollen, werden wir auch geführt werden. Wenn wir unseren Weg dem Herrn befehlen, wird er unseren Gang leiten.

Aber beachtet, wem diese Verheißung gegeben ist! Lest den vorhergehenden Vers: »Wenn du den Hungrigen dein Herz finden lässt.« Wir müssen Mitgefühl für andere haben und ihnen nicht ein paar trockene Rinden geben, sondern etwas, was wir selber zu empfangen wünschen. Wenn wir für unsere Mitgeschöpfe in der Stunde ihrer Not freundliche Fürsorge zeigen, dann wird der Herr für das sorgen, was uns nottut, und sich zu unserem beständigen Ratgeber machen. Jesus ist nicht der Führer der Geizhälse noch derer, die den Armen unterdrücken, sondern der Freundlichen und Barmherzigen. Sie sind Pilgrime, die niemals ihren Weg verfehlen werden.

21. Februar

**Er segnet, die den Herrn fürchten,
beide, Kleine und Große.**

Psalm 115,13

Dies ist ein Wort der Aufmunterung für die Menschen, die niederen Standes und arm an Gütern sind. Unser Gott sieht sehr gnädig auf die, die wenig Besitz, wenig Talent, wenig Einfluss, wenig Ansehen haben. Gott sorgt für die kleinen Dinge in der Schöpfung und beachtet sogar den Sperling, der zu Boden fällt. Nichts ist klein vor Gott, denn er gebraucht die unbedeutendsten Mittel, um seine Absichten auszuführen. Lasst den Geringsten unter den Menschen von Gott einen Segen auf seine Kleinheit erbitten, und er wird finden, dass man in kleinen Verhältnissen sehr glücklich sein kann.

Unter denen, die den Herrn fürchten, sind Kleine und Große. Einige sind Kindlein, und andere sind Riesen. Aber sie alle sind gesegnet. Kleiner Glaube ist gesegneter Glaube. Zitternde Hoffnung ist gesegnete Hoffnung. Jede Gabe des Heiligen Geistes, auch wenn sie noch in der Knospe ist, trägt einen Segen in sich. Überdies, der Herr Jesus erkaufte beide, Kleine und Große, mit demselben teuren Blut, und er hat es übernommen, sowohl die Lämmer als auch die vollausgewachsenen Schafe zu behüten. Keine Mutter übersieht ihr Kind, weil es klein ist; nein, je kleiner es ist, desto zärtlicher pflegt sie es. Wenn der Herr irgendeinen Vorzug gibt, so heißt es bei ihm nicht: »Große und Kleine«, sondern »Kleine und Große«.

**Der Herr, der mich von dem Löwen und Bären errettet
hat, der wird mich auch erretten von diesem Philister.**

1. Samuel 17,37

Dies ist keine Verheißung, wenn wir nur die Worte betrachten; aber dem Sinne nach ist es eine, denn der Herr
bekräftigte dieses Wort, indem er es wahr machte. Hier
schloss ein Mann des Glaubens aus früheren Errettun-
gen, dass er in einer neuen Gefahr wiederum Hilfe empfangen werde. In Jesus sind alle Gottesverheißungen Ja
und Amen zum Lobe Gottes durch uns, und deswegen
wird sich des Herrn früheres Handeln gegen seine Gläubigen wiederholen.

Kommt also, lasst uns des Herrn frühere Güte und
Freundlichkeit in unser Gedächtnis zurückrufen! Wir
hätten vormals nicht hoffen können, durch eigene
Kraft errettet zu werden. Aber der Herr errettete uns.
Wird er uns nicht wiederum befreien? Wir sind gewiss,
dass er es tun wird. Darum wollen wir eilen, um gegen
alle Feinde Gottes zu kämpfen. Der Herr ist mit uns gewesen. Er ist jetzt mit uns, und er hat gesagt: »Ich will
dich nicht verlassen noch versäumen.« Warum zittern
wir? War das Vergangene ein Traum? Denkt an den toten Bären und den Löwen! Wer ist dieser Philister? Gewiss, er ist nicht ganz derselbe und ist weder Bär noch
Löwe; aber Gott ist derselbe, und es geht um seine Ehre
in dem einen Fall ebenso wie in dem anderen. Er errettete uns nicht von den wilden Tieren des Waldes, um
uns von einem Riesen töten zu lassen. Lasst uns guten
Muts sein!

23. Februar

So ihr in mir bleibt und meine Worte in euch bleiben, werdet ihr bitten, was ihr wollt, und es wird euch widerfahren.

Johannes 15,7

Natürlich müssen wir in Christus sein, um ihm zu leben, und wir müssen in ihm bleiben, um die Gabe dieser Verheißung von ihm beanspruchen zu können. In Jesus bleiben, das heißt, ihn niemals um einer anderen Liebe oder um irgendeines Gegenstandes willen verlassen, sondern in einer lebendigen, liebevollen, bewussten, willigen Verbindung mit ihm bleiben. Der Zweig ist nicht nur stets dem Stamme nahe, sondern empfängt beständig Leben und Fruchtbarkeit von ihm. In gewissem Sinne bleiben alle wahren Gläubigen in Christus; aber es gibt noch einen höheren Sinn, und diesen müssen wir kennen, ehe wir unbeschränkte Macht am Throne erhalten können. Das »Bitten, was ihr wollt« gilt Menschen, die mit Gott wandeln, die wie Johannes an des Herrn Brust liegen, deren Verbindung mit Christus zu einer ständigen Gemeinschaft mit ihm führt.

Das Herz muss in der Liebe bleiben, die Seele muss im Glauben gewurzelt, die Hoffnung muss mit dem Wort verschmolzen, der ganze Mensch mit dem Herrn verbunden sein, sonst wäre es gefährlich, uns Macht im Gebet anzuvertrauen. Die Blankovollmacht kann nur einem Menschen gegeben werden, der von sich sagen kann: »Doch nun nicht ich, sondern Christus lebt in mir.« O ihr, die ihr eure Gemeinschaft unterbrecht, was für Macht verliert ihr! Wenn ihr mächtig sein wollt in eurem Flehen, muss der Herr selber in euch bleiben und ihr in ihm!

**So ihr in mir bleibt und meine Worte in
euch bleiben, werdet ihr bitten, was ihr
wollt, und es wird euch widerfahren.**

Johannes 15,7

Beachtet wohl, dass wir Jesus reden hören müssen,
wenn wir erwarten, dass er uns reden hören soll. Wenn
wir kein Ohr für Christus haben, wird er auch kein Ohr
für uns haben. In dem Maß, wie wir hören, werden wir
gehört werden. Überdies muss das Gehörte in uns eingehen, in uns leben und in unserem Innern bleiben als
eine Kraft und Macht. Wir müssen die Wahrheit aufnehmen, die Jesus lehrte, die Gebote, die er uns gab,
und die Regungen seines Geistes in uns, sonst werden
wir keine Macht am Gnadenstuhl haben.

Welch ein grenzenloses Feld des Vorrechts ist uns geöffnet, wenn wir unseres Herrn Worte aufnehmen und
sie in uns bleiben! Wir sollen unseren Willen im Gebet
haben, weil wir unseren Willen schon dem Befehl des
Herrn übergeben haben. So werden Männer wie Elia ge-
schult, die Schlüssel des Himmels zu gebrauchen und
die Wolken des Segens zu verschließen oder zu öffnen.
Ein solcher Mann ist tausend gewöhnliche Christen
wert. Wünschen wir in Demut, Fürbitter für die Gemeinde und die Welt zu sein und vom Herrn empfangen zu können, was wir wollen? Dann müssen wir unser Ohr neigen zu der Stimme des Hochgelobten, seine
Worte bewahren und ihnen gut gehorchen. Wer wirksam beten will, muss »fleißig hören«.

25. Februar

Ihr aber sollt Priester des Herrn heißen.

Jesaja 61,6

Dies ist eine Verheißung, die allen Gläubigen gilt. Wenn wir so wandeln, wie es unseren Vorrechten entspricht, dann wird helles Gotteslicht auf unseren Wegen liegen. Die Menschen werden sehen, dass wir zu heiligem Dienst berufen sind und uns Priester des Herrn nennen. Wir mögen arbeiten oder Handel treiben wie andere, und wir werden dennoch einzig und allein Diener Gottes sein. Unser Hauptgeschäft soll es sein, das beständige Opfer des Gebets, des Lobes, des Zeugnisses und der Selbsthingabe dem lebendigen Gott durch Jesus Christus darzubringen.

Da dies unser Hauptziel ist, sollten wir alles Zerstreuende denen überlassen, die keinen höheren Beruf haben. »Lass die Toten ihre Toten begraben!« Es steht geschrieben: »Fremde werden hintreten und eure Herden weiden, und Ausländer werden eure Ackerleute und Weingärtner sein.« Sie mögen Finanzprobleme lösen, wissenschaftliche Fragen erörtern und den Streit der Kritiker beilegen; wir aber wollen uns einem Dienst widmen, wie er denen geziemt, die gleich dem Herrn Jesus zu einem beständigen Priestertum verordnet sind.

Lasst uns diese ehrenvolle Verheißung annehmen als eine, die zugleich eine heilige Pflicht mit sich bringt, und lasst uns die Kleider der Heiligen anlegen und den ganzen Tag dem Herrn dienen!

**Wahrhaftiger Mund besteht ewiglich; aber
die falsche Zunge besteht nicht lange.**

Sprüche 12,19

Die Wahrheit ist dauerhaft. Die Zeit stellt sie auf die Probe, aber sie besteht die Prüfung sehr gut. Wenn ich also die Wahrheit gesagt habe und im Augenblick deshalb leide, muss ich bereit sein zu warten. Wenn ich auf die Wahrheit Gottes vertraue und mich bemühe, sie zu verkünden, so mag ich viel Widerstand finden; aber ich brauche mich nicht zu fürchten, denn zuletzt muss doch die Wahrheit siegen.

Was für eine armselige Sache ist der zeitweilige Triumph der Falschheit! »Die falsche Zunge besteht nicht lange.« Sie ist wie ein Kürbis, der in einer Nacht aufwächst und in einer Nacht verdirbt; und je größer er wird, desto offensichtlicher ist sein Hinwelken. Andrerseits: Wie würdig eines unsterblichen Wesens sind das Bekenntnis und die Verteidigung der Wahrheit, die sich niemals ändern kann, des ewigen Evangeliums, das in der Wahrheit eines unwandelbaren Gottes gegründet ist! Ein altes Sprichwort sagt: »Wer die Wahrheit sagt, macht den Teufel zuschanden.« Wer die Wahrheit Gottes spricht, wird ganz gewiss alle Teufel der Hölle zuschanden machen und allen Schlangensamen, der jetzt seine Falschheiten auszischt, vernichten.

Oh, mein Herz, trage Sorge, dass du in kleinen wie in großen Dingen aufseiten der Wahrheit bist, aber besonders aufseiten dessen, durch den Gnade und Wahrheit zu den Menschen gekommen sind!

27. Februar

**Er wird sich nicht fürchten vor böser Kunde;
sein Herz ist fest und traut auf den Herrn.**

Psalm 112,7

Ungewissheit ist schrecklich. Wenn wir keine Nachrichten von zu Hause haben, sind wir geneigt, ängstlich zu werden, und lassen uns nicht überzeugen, dass »keine Nachrichten gute Nachrichten« sind. Der Glaube ist die Heilung für diesen Zustand der Traurigkeit; der Herr lässt durch seinen Geist heilige Heiterkeit in die Seele kommen, und alle Furcht ist verschwunden.

Nach Festigkeit des Herzens, von der der Psalmist redet, sollte man fleißig streben. Sie ist nicht der Glaube an diese oder jene Verheißung des Herrn, sondern der allgemeine Zustand unerschütterlichen Vertrauens auf unseren Gott, die Zuversicht, dass er uns weder selber Böses tun noch irgendeinem anderen gestatten wird, uns zu schaden. Sowohl das Unbekannte als das Bekannte in unserem Leben wird von dieser Zuversicht umschlossen. Lass den morgigen Tag sein, wie er will, unser Gott ist auch der Gott des morgigen Tages. Was für Ereignisse auch geschehen mögen, die uns unbekannt sind, unser Herr ist der Gott des Unbekannten und des Bekannten. Wir sind entschlossen, dem Herrn zu vertrauen, komme, was da wolle. Wenn das Allerschlimmste geschehen sollte, ist unser Gott immer noch der Größte und Beste. Darum wollen wir uns nicht fürchten, ob auch das Klingeln des Postboten uns erschrecken oder ein Telegramm uns um Mitternacht wecken sollte. Der Herr lebt; was können seine Kinder fürchten?

**Als die ihr wisset, dass ihr eine bessere und
bleibende Habe im Himmel habt.**

Hebräer 10,34

Unsere Habe auf Erden ist sehr unwesentlich, sie hat
im Grunde keine Wirklichkeit. Aber Gott hat uns die
Verheißung eines wirklichen Besitzes im Land der Herrlichkeit gegeben, und diese Verheißung hat eine so starke Überzeugungskraft, dass wir wissen, wir haben eine
bleibende Habe dort. Ja, »wir haben« sie schon jetzt.
Man sagt: »Ein Sperling in der Hand ist besser als eine
Taube auf dem Dach.« Aber wir haben unseren Sperling und die Taube dazu. Der Himmel ist schon jetzt
unser. Wir haben das verbriefte Recht darauf, wir haben das Pfand, wir haben die ersten Früchte desselben.
Der Himmel ist uns erkauft, verheißen und dem Wesen
nach schon gegeben, dies wissen wir.

Sollte nicht der Gedanke an die bessere Habe jenseits
dieser Zeit uns mit den gegenwärtigen Verlusten aussöhnen? Unser Taschengeld mögen wir verlieren, aber
der Schatz ist uns sicher. Wir haben die Schatten verloren, aber das Wesen bleibt, denn unser Heiland lebt,
und die Stätte, die er für uns bereitet hat, bleibt. Es
gibt ein besseres Land, eine bessere Habe, eine bessere
Verheißung, und all das wird uns durch einen besseren
Bund vermittelt; deshalb lasst uns besseren Muts sein
und zu dem Herrn sagen: »Ich will dich täglich loben
und deinen Namen rühmen immer und ewiglich!«

29. Februar

**Güte und Barmherzigkeit werden
mir folgen mein Leben lang.**

Psalm 23,6

Georg Neumark singt:

Wer nur den lieben Gott lässt walten
und hoffet auf ihn allezeit,
den wird er wunderbar erhalten
in aller Not und Traurigkeit.
Wer Gott, dem Allerhöchsten, traut,
der hat auf keinen Sand gebaut.

Das ist im Feuer der Trübsal erprobte Wahrheit. Güte
und Barmherzigkeit sind uns, zwei Schutzwachen
gleich, von Tag zu Tag gefolgt und haben die Nachhut
gebildet, wie die Gnade die Vorhut führt. Und da dieser besondere Tag einer der Tage unseres Lebens ist,
werden die zwei Schutzengel auch heute bei uns sein.
Die Güte, die uns mit dem Nötigsten versorgen, und
die Barmherzigkeit, die unsere Sünden tilgen soll – diese Zwillingsschwestern werden heute jeden unserer
Schritte begleiten und von nun an jeden Tag, bis Tage
nicht mehr sein werden. Lasst uns deshalb dem Herrn
an diesem Tag mit besonderer Hingebung des Herzens
dienen und sein Lob höher und lieblicher singen denn
je! Könnten wir nicht heute der Sache Gottes oder den
Armen eine außergewöhnliche Gabe darbringen? Mit
der Erfindungskraft der Liebe lasst uns diesen 29. Februar zu einem Tag machen, dessen ewiglich gedacht
werden soll!

Höret des Herrn Wort, die ihr euch fürchtet vor seinem Wort: Eure Brüder, die euch hassen und sondern euch ab um meines Namens willen, sprechen: »Lasst sehen, wie herrlich der Herr sei, lasst ihn erscheinen zu eurer Freude«; die sollen zu Schanden werden.

Jesaja 66,5

Möglicherweise lässt sich dieser Spruch nicht einmal auf einen unter tausend Lesern dieses kleinen Buches über die Verheißungen anwenden; aber der Herr ermutigt diesen einen dadurch. Lasst uns für alle beten, die mit Unrecht aus der Gemeinschaft, die sie lieben, ausgestoßen sind! Möge der Herr zu ihrer Freude erscheinen!

Unser Wort wurde zu wahrhaft Frommen geredet, die vor dem Wort des Herrn zitterten. Diese wurden von ihren Brüdern gehasst und um ihrer Treue und Hingabe willen ausgestoßen. Wie bitter muss ihnen das gewesen sein, umso mehr, als sie um ihres Glaubens willen ausgestoßen wurden, angeblich mit der Absicht, Gott zu verherrlichen. Wie viel wird im Namen Gottes für den Teufel getan! Es ist ein Beispiel von der List der alten Schlange, dass sie den Namen des Herrn gebraucht, um ihren Biss giftiger zu machen.

Dass der Herr für sie eintreten wird, ist die Hoffnung solcher verfolgter Kinder Gottes. Er erscheint als der Anwalt und Verteidiger seiner Auserwählten; und das bedeutet eine gänzliche Befreiung der Gottesfürchtigen und Schande für ihre Unterdrücker. O Herr, erfülle dies Wort an denen, welche von Menschen verhöhnt werden!

2. März

Wenn du aber Almosen gibst, so lass deine linke Hand nicht wissen, was die rechte tut, auf dass dein Almosen verborgen sei; und dein Vater, der in das Verborgene sieht, wird dir's vergelten öffentlich.

Matthäus 6,3.4

Denen, die den Armen geben, um von Menschen gesehen zu werden, wird keine Verheißung erteilt. Sie haben ihren Lohn dahin und können nicht erwarten, zweimal bezahlt zu werden.

Lasst uns unsere Wohltätigkeit verbergen, sogar vor uns selbst. Gib ganz selbstverständlich so oft und so viel, dass du darauf, dass du den Armen geholfen hast, nicht mehr achtest als darauf, dass du deine regelmäßigen Mahlzeiten eingenommen hast. Gib deine Almosen, ohne dir auch nur zuzuflüstern: »Wie freigebig bin ich!« Versuche nicht, dich auf diese Weise zu belohnen! Überlass die Sache Gott, der niemals verfehlt, zu sehen, in sein Buch einzutragen und zu belohnen! Gesegnet ist der Mann, dessen Freundlichkeit im Verborgenen tätig ist! Seine unbekannten Wohltaten bringen ihm einen besonderen Segen. Dies Brot, verstohlen gegessen, ist süßer als die Festmahle der Könige. Wie kann ich mir heute diesen köstlichen Bissen verschaffen? Lasst mich ein wirkliches Fest der Mildtätigkeit und der Herzensfreundlichkeit haben!

Hier und dort droben wird der Herr persönlich dafür sorgen, dass der, der im Verborgenen Almosen gibt, belohnt wird. Das wird auf seine Weise und zu seiner Zeit sein, und er wird die allerbeste Belohnung wählen. Wie viel diese Verheißung bedeutet, wird erst die Ewigkeit zeigen.

**Denn du wirst meine Seele nicht dem Tode lassen
und nicht zugeben, dass dein Heiliger verwese.**

Psalm 16,10

Dieses Wort gilt eigentlich dem Herrn Jesus; aber es bezieht sich mit einer Veränderung auch auf alle, die in ihm sind. Unsere Seele soll nicht im Zustand der Trennung bleiben, und unser Leib soll, obgleich er verwesen wird, wiederum auferstehen.

Diesmal aber wollen wir die Gedanken des Lesers mehr auf die allgemeine Bedeutung lenken. Wir mögen in tiefe Schwermut sinken, dass es scheint, als wären wir in den Abgrund der Hölle gestürzt; aber wir sollen nicht dort gelassen werden. Es mag scheinen, als stünden wir mit Herz und Seele und Bewusstsein an des Todes Pforte; aber wir können nicht dort bleiben. Der Tod der Freude und Hoffnung in unserem Innern mag sehr weit gehen, aber er kann nicht in die Grube dunkelster Verzweiflung führen. Wir mögen sehr tief sinken, aber nicht tiefer, als der Herr es zulässt. Wir mögen eine Zeit lang in dem tiefsten Kerker des Zweifels bleiben, aber wir sollen dort nicht umkommen. Der Hoffnungsstern ist immer noch am Himmel, wenn die Nacht am schwärzesten ist. Der Herr wird uns nicht vergessen und uns nicht dem Feind ausliefern. Lasst uns in Hoffnung ruhen! Wir haben es mit einem zu tun, dessen Barmherzigkeit ewiglich währt. Ganz gewiss: Aus Tod, Finsternis und Verzweiflung werden wir dennoch zu Leben, Licht und Freiheit auferstehen.

4. März

Wer mich ehrt, den will ich auch ehren.

1. Samuel 2,30

Mache ich es zum großen Zweck meines Lebens und zur Regel meines Verhaltens, Gott zu ehren? Wenn das der Fall ist, so will er mich auch ehren. Ich mag eine Zeit lang keine Ehre von Menschen empfangen, aber Gott selber wird mir in sehr wirksamer Weise Ehre antun. Zuletzt wird es sich zeigen, dass es der sicherste Weg zur Ehre ist, wenn man unbedingt nach Gottes Willen handelt, auch wenn man deswegen zunächst Schmach erleiden muss.

Eli hatte den Herrn nicht durch gutes Regiment in seinem Haus geehrt, und seine Söhne hatten den Herrn nicht durch ein ihrem heiligen Amt geziemendes Verhalten geehrt, und deshalb ehrte der Herr sie auch nicht, sondern nahm das Amt aus der Familie hinweg und machte einen anderen zum Regenten des Landes. Wenn ich die Meinigen geadelt sehen will, muss ich den Herrn in allen Dingen ehren. Gott mag den Gottlosen gestatten, weltliche Ehren zu gewinnen, aber die Würde, die er gibt, nämlich Preis und Ehre und unvergängliches Wesen, behält er denjenigen vor, die durch heiligen Gehorsam danach trachten, ihn zu ehren.

Was kann ich heute tun, um den Herrn zu ehren? Ich will seinen Ruhm fördern durch Wort und Wandel. Ich will ihn auch mit meinen Gütern ehren und indem ich ihm irgendeinen besonderen Dienst darbringe. Lasst mich niedersitzen und nachdenken, wie ich ihn ehren kann, da er mich ehren will.

Das Haus der Gerechten wird gesegnet!

Sprüche 3,33

Der Gerechte fürchtet den Herrn, und deshalb steht er unter göttlichem Schutz bis hin zu dem Dach, das ihn und die Seinen bedeckt. Sein Heim ist eine Stätte der Liebe, eine Schule heiliger Erziehung und ein Ort himmlischen Lichts. Es ist ein Hausaltar darin, an dem der Name des Herrn täglich geehrt wird. Deshalb segnet der Herr seine Wohnung. Ob es nun eine niedrige Hütte oder ein stattliches Herrenhaus ist, des Herrn Segen richtet sich nach den Bewohnern und nicht nach der Größe der Wohnung.

Am meisten gesegnet ist das Haus, in dem Hausherr und Hausfrau gottesfürchtige Menschen sind; aber auch ein Sohn oder eine Tochter oder selbst ein Diener kann Segen über den ganzen Haushalt bringen. Der Herr bewahrt, segnet und versorgt oft eine Familie um einiger Mitglieder willen, die vor seinen Augen gerecht sind, weil seine Gnade sie dazu gemacht hat. Wenn Jesus unser ständiger Gast ist wie bei den Schwestern in Bethanien, dann werden wir gesegnete Menschen sein.

Lasst uns darauf achten, in allen Dingen gerecht zu sein, in unserem Geschäft, in unserem Urteil über andere, in unserem Verhalten gegen unsere Nächsten und in unserem ganzen Leben und Wandel. Ein gerechter Gott kann nicht ungerechte Handlungen segnen.

6. März

In dir finden die Waisen Gnade.

Hosea 14,4

Dies ist ein trefflicher Grund, alles andere Vertrauen wegzuwerfen und sich allein auf den Herrn zu verlassen. Wenn ein Kind keinen natürlichen Beschützer mehr hat, tritt unser Gott hinzu und wird sein Vormund. So mag sich auch ein Mann, wenn er alles verloren hat, worauf er sich verlassen hatte, auf den lebendigen Gott werfen und in ihm alles finden, was er braucht. Waisen sind auf die Vaterschaft Gottes angewiesen, und er sorgt für sie. Der Schreiber dieser Blätter weiß, was es heißt, an nichts als an dem Arm Gottes zu hangen, und er legt bereitwillig Zeugnis ab, dass kein Vertrauen so gut durch Tatsachen verbürgt ist oder so sicher durch Erfolg belohnt wird wie das Vertrauen auf den unsichtbaren, aber ewig lebendigen Gott.

Manche Kinder, die Väter haben, sind darum nicht viel besser dran als Waisen, aber die Vaterlosen in Gottes Hut sind reich. Besser, keinen anderen Freund haben als alle Gönner der Erde und keinen Gott. Schmerzlich ist es, wenn das Geschöpf uns entrissen wird; aber solange der Schöpfer die Quelle der Gnade für uns bleibt, sind wir nicht wahrhaft verwaist. Mögen vaterlose Kinder dieses Gnadenwort heute vor Gott geltend machen und alle, die der sichtbaren Stütze beraubt worden sind, ebenfalls! Herr, lass mich Barmherzigkeit finden vor dir! Je dürftiger und hilfloser ich bin, desto zuversichtlicher wende ich mich an dein liebevolles Herz.

Der Herr löst die Gefangenen.

Psalm 146,7

Er hat es getan! Denkt an alle die vielen Beispiele der Heiligen Schrift! Er kann es immer noch tun. Er zerbricht die ehernen Riegel und zerreißt die eisernen Fesseln. Jawohl, das tut er! An tausend Orten kommen die, die irgendwie gebunden sind, heraus ans Licht und in die Freiheit. Jesus verkündet immer noch den Gebundenen, dass ihre Gefängnisse geöffnet werden. In diesem Augenblick fliegen Türen auf, und Fesseln fallen zu Boden.

Er wird dich gern frei machen, lieber Freund, wenn du gerade jetzt in den Banden von Leiden, Zweifeln und Furcht trauerst. Es wird für Jesus eine Freude sein, dir Freiheit zu geben. Es wird ihm ebenso große Freude machen, dich zu lösen, als dir, gelöst zu werden. Du hast nicht das eiserne Band zu zerreißen, der Herr selber wird es tun. Vertraue ihm nur, so wird er dein Befreier sein! Glaube an ihn trotz der steinernen Mauern und der eisernen Handschellen! Der Satan kann dich nicht halten, die Sünde kann dich nicht fesseln, selbst die Verzweiflung kann dich nicht binden, wenn du jetzt an den Herrn Jesus glauben willst, an seine freie Gnade und an seine volle Macht, zu erretten.

Biete dem Feinde Trotz und lass das vorliegende Wort dein Befreiungslied sein: »Der Herr löst die Gefangenen!«

8. März

Gesegnet wird sein dein Korb und dein Vorrat.

5. Mose 28,5

Gehorsam bringt Segen auf alles, was unser Fleiß für uns erntet. Die Frucht im Korb, die für den sofortigen Gebrauch bestimmt ist, soll ebenso gesegnet sein wie das, was wir für längere Zeit aufbewahren. Vielleicht ist unser Besitz und Einkommen nur gering. Wir haben ein wenig Frühstück und einen kärglichen Bissen zum Mittagsmahl in unserem Korb, wenn wir morgens auf die Arbeit gehen. Das ist gut, denn der Segen Gottes ist dem Korb verheißen. Wenn wir von der Hand in den Mund leben, jeden Tag das tägliche Brot bekommen, so sind wir ebenso gut daran wie Israel; denn als der Herr es speiste, gab er ihm jedes Mal nur für einen Tag genug. Was brauchte es mehr? Was brauchen wir mehr?

Aber wenn wir ein Geschäft haben, wie viel mehr bedürfen wir des Herrn, es zu segnen! Denn mit dem Besitz kommt die Sorge des Erwerbens, die Sorge des Bewahrens, die Sorge des Verwaltens, die Sorge des Gebrauchens; und wenn der Herr unseren Besitz nicht segnet, werden diese Sorgen an unseren Herzen nagen, bis unsere Güter unsere Götter werden und unsere Sorgen zu fressenden Geschwüren.

O Herr, segne unsere Habe! Setze uns in den Stand, sie zu deiner Ehre zu gebrauchen! Hilf uns, weltliche Dinge an dem ihnen gebührenden Platz zu halten, damit das Bergen unserer Schätze nie das Bergen unserer Seele gefährde!

Sucht der Stadt Bestes, dahin ich euch habe lassen wegführen, und betet für sie zum Herrn, denn in ihrem Frieden werdet ihr Frieden haben.

Jeremia 29,7

Nach dem in diesem Spruch liegenden Gebot sollten wir alle, die wir des Herrn Fremdlinge sind, wünschen, den Frieden und das Wohlergehen des Volkes, unter dem wir wohnen, zu fördern. Insbesondere sollte unsere eigene Nation und unsere Stadt durch unsere beständige Fürbitte gesegnet sein. Ein ernstliches Gebet für sein Vaterland geziemt dem Munde jedes Gläubigen wohl.

Lasst uns eifrig beten um das große Gut des Friedens, daheim sowie auswärts! Wenn Zwietracht ein Blutvergießen in unseren Gassen verursachen oder Krieg im Ausland unsere tapferen Soldaten erschlagen sollte, würden wir alle das Unglück beklagen. Lasst uns deshalb um Frieden beten und fleißig die Grundsätze fördern, durch die die Menschen im eigenen Land und in anderen Ländern durch Freundschaftsbande verknüpft werden.

Uns selbst ist Ruhe verheißen, zugleich mit dem Frieden des Volkes, und das ist uns sehr erwünscht; denn dann können wir unsere Kinder in der Furcht des Herrn aufziehen und auch das Evangelium ohne Behinderung predigen. Lasst uns deshalb viel beten für unser Vaterland, indem wir unsere Sünden bekennen und um Vergebung und Segen für unser Volk bitten um Jesu willen!

10. März

**Ich bin gekommen in die Welt ein Licht, auf dass,
wer an mich glaubt, nicht in der Finsternis bleibe.**

Johannes 12,46

Diese Welt ist dunkel wie die Mitternacht; Jesus ist
gekommen, damit wir durch den Glauben Licht haben
und nicht länger in der Dunkelheit sitzen, die die übrige Menschheit bedeckt.

»Wer« ist ein sehr weiter Ausdruck; er meint dich
und mich. Wenn wir auf Jesus vertrauen, werden wir
nicht mehr in dem dunklen Schatten des Todes sitzen,
sondern in das warme Licht eines Tages eingehen, der
niemals enden wird. Warum kommen wir nicht sofort
an das Licht?

Eine Wolke mag zuweilen über uns hängen, aber wir
werden nicht in der Finsternis bleiben, wenn wir an Jesus glauben. Er ist gekommen, um uns helles Tageslicht
zu geben. Soll er vergeblich gekommen sein? Wenn
wir Glauben haben, haben wir das Vorrecht des Son-
nenlichts; lasst es uns genießen! Jesus ist gekommen,
um uns aus der Nacht des natürlichen Verderbens, der
Unwissenheit, des Zweifels, der Sünde, des Schreckens
zu befreien; und alle Gläubigen sollen wissen, dass er
nicht vergeblich gekommen ist, wie auch die Sonne
nicht aufgeht, ohne Wärme und Licht zu verbreiten.

Schüttle deine Niedergeschlagenheit ab, lieber Bruder! Bleibe nicht im Finstern, sondern komm ins Licht!
In Jesus ist deine Hoffnung, deine Freude, dein Himmel. Blicke auf ihn, auf ihn allein, und du wirst dich
freuen wie die Vögel beim Sonnenaufgang, ja wie die
Engel vor seinem Thron!

Diese Gemeinde soll innewerden, dass der Herr nicht durch Schwert noch Spieß hilft; denn der Streit ist des Herrn, und er wird euch geben in unsere Hände.

1. Samuel 17,47

Wenn es feststeht, dass der Streit des Herrn ist, können wir des Sieges ganz gewiss sein, und zwar des Sieges in einer Weise, die am besten die Macht Gottes zeigen wird. Der Herr wird zu sehr vergessen von allen Menschen, ja sogar von den Gläubigen. Wenn es daher eine Möglichkeit gibt, die Menschen sehen zu lassen, dass die große »erste Ursache« aller Dinge ihre Absichten ohne die Macht des Menschen ausführen kann, dann ist das eine unschätzbare Gelegenheit, die wohl benutzt werden sollte. Selbst Gottes Volk sieht zu sehr auf äußere Mittel. Es ist etwas Großes, wenn ein Mann kein Schwert in der Hand hat und dennoch weiß, dass Gott ein ganzes Heer der Feinde besiegen wird.

Wenn wir für Wahrheit und Gerechtigkeit streiten, lasst uns nicht so lange warten, bis wir Talent oder Reichtum oder irgendeine andere Form sichtbarer Macht zu unserer Verfügung haben, sondern lasst uns mit Steinen, wie wir sie im Bache finden, und mit unserer eigenen gewöhnlichen Schleuder gegen den Feind stürmen! Wäre es unser eigener Streit, dann dürften wir nicht zuversichtlich sein; aber wenn wir für Jesus aufstehen und allein in seiner Kraft kämpfen, wer kann uns widerstehen? Ohne eine Spur von Unschlüssigkeit lasst uns den Gegnern gegenübertreten, denn der Herr der Heerscharen ist mit uns! Wer kann da wider uns sein?

12. März

Freue dich deines Auszugs!

5. Mose 33,18

Die Segenssprüche des Alten Bundes gehören uns, denn wir sind das wahre Gottesvolk, das Gott im Geiste anbetet und sein Vertrauen nicht auf das Fleisch setzt. Sebulon soll sich freuen, weil der Herr seinen Auszug segnen will. Wir sehen auch für uns selber eine Verheißung in diesem Sinn verborgen. Wenn wir ausziehen, so wollen wir Anlass zur Freude erwarten.

Wir ziehen aus, um zu reifen, und die Vorsehung Gottes ist unser Geleit. Wir ziehen aus, um auszuwandern, und der Herr ist mit uns, beides, auf dem Land und auf dem Meer. Wir ziehen aus als Missionare, und Jesus spricht: »Siehe, ich bin bei euch alle Tage bis an der Welt Ende.« Wir ziehen aus Tag für Tag an unsere Arbeit, und wir können das fröhlich tun, denn Gott wird vom Morgen bis zum Abend mit uns sein.

Zuweilen überschleicht uns eine Furcht beim Ausziehen, denn wir wissen nicht, was uns begegnen wird; aber dieser Segen kann uns sehr wohl als ein Mittel der Ermutigung dienen. Wenn wir zum Weiterziehen packen, lasst uns diesen Spruch in unseren Reisekoffer legen, lasst uns ihn in unsere Herzen senken und ihn dabehalten, ja lasst uns ihn auf unsere Zunge legen, dass er uns singen mache! Lasst uns den Anker mit Gesang heben und mit einem Psalm in den Wagen steigen! Lasst uns zu dem fröhlichen Stamm gehören und auf all unseren Gängen den Herrn mit freudigem Herzen preisen!

Ich aber sprach: Ach Herr Herr, ich tauge nicht zu predigen; denn ich bin zu jung. Der Herr sprach aber zu mir: Sage nicht: »Ich bin zu jung«; sondern du sollst gehen, wohin ich dich sende, und predigen, was ich dich heiße.

Jeremia 1,6.7

Jeremia war jung und empfand eine natürliche Scheu, als er mit einer großen Botschaft vom Herrn gesandt wurde; aber trotzdem sollte er nicht sagen: »Ich bin zu jung.« Was er in sich selbst war, durfte gar nicht erwähnt werden, es musste untergehen in dem Gedanken, dass er erwählt sei, für Gott zu sprechen. Er hatte nicht eine Botschaft zu erdenken oder zu erfinden und sich selbst Hörer zu suchen, sondern er sollte das sagen, was Gott ihm auftrug, und da sprechen, wohin Gott ihn sandte. Und das alles sollte geschehen durch eine Kraft, die nicht seine eigene war.

Geht es einem jungen Prediger oder Lehrer, der diese Zeilen liest, ähnlich wie Jeremia? Gott weiß, wie jung du bist und wie gering deine Kenntnisse und deine Erfahrungen sind. Aber wenn es ihm gefällt, dich zu senden, darfst du nicht vor dem himmlischen Ruf zurückbeben. Gott will sich in deiner Schwachheit verherrlichen. Wenn du hundert Jahre wärest, wie viel würden deine Jahre dir helfen? Und wenn du alle Weisheit besäßest, dann könntest du dadurch nur stolz und vermessen werden. Halte dich an deine Botschaft, sie wird deine Wahrheit sein! Folge deinem Marschbefehl, er wird deine Klugheit sein!

14. März

Ich will euch trösten, wie einen seine Mutter tröstet.

Jesaja 66,13

Der Trost, den eine Mutter spendet! Er ist die Zärtlichkeit selbst! Wie geht die Mutter in ihres Kindes Kummer ein! Wie presst sie es an ihre Brust und versucht, all seinen Schmerz in ihr eigenes Herz zu nehmen! Ihr kann es alles sagen, und sie wird mit ihm fühlen, wie niemand anderes es kann. Von allen Tröstern liebt das Kind am meisten seine Mutter, und das ist selbst bei reifen Männern so.

Lässt sich der Herr herab, gleich einer Mutter zu handeln, so ist das unvergleichliche Güte. Wir sehen ohne Weiteres ein, dass er wie ein Vater ist; aber will er auch wie eine Mutter sein? Fordert uns das nicht zu heiliger Vertraulichkeit, zu rückhaltlosem Vertrauen, zu getroster Ruhe auf? Wenn Gott selbst der Tröster wird, kann kein Schmerz lange währen. Lasst uns ihm unsere Not sagen, wenn wir auch nicht viel mehr als Schluchzen und Seufzen hervorbringen. Er wird uns nicht um unserer Tränen willen verachten, so wenig, wie unsere Mutter es tat. Und er wird unsere Fehler beseitigen, nur in einer viel vollkommeneren Weise, als unsere Mutter es konnte. Wir wollen nicht versuchen, unseren Kummer allein zu tragen, das würde unfreundlich gegen einen so freundlichen und gütigen Herrn sein. Lasst uns den Tag mit unserem liebevollen Gott beginnen! Und warum sollten wir ihn nicht in derselben Gemeinschaft auch beschließen, da Mütter ihrer Kinder nicht müde werden?

So spricht der Herr: Ja, ich habe sie fern weg unter die Heiden lassen treiben und in die Länder zerstreut; doch will ich bald ihr Heiland sein in den Ländern, dahin sie gekommen sind.

Hesekiel 11,16

Verbannt vom Gottesdienst in der Gemeinde, sind wir doch nicht abgeschnitten von den Segensquellen, die aus dem Heiligtum Gottes fließen. Der Herr, der die Seinen da hinstellt, wo sie sich wie verbannt fühlen, will selbst bei ihnen sein und sie für alles entschädigen, was sie daheim in ihren feierlichen Versammlungen hätten haben können. Nehmt dies zu Herzen, ihr, die ihr zum Wandern berufen seid!

Gott ist für sein Volk eine Stätte der Zuflucht. Sie finden bei ihm Schutz vor allen Widersachern. Er ist auch ihre Stätte der Andacht. Er ist bei ihnen, sodass sie auf dem offenen Felde schlafen und doch beim Aufstehen sagen können: »Gewiss ist der Herr an diesem Ort.« Auch eine Stätte der Stille will er ihnen sein, wie das Allerheiligste, das die geräuschlose Wohnung des Heiligen war. Sie sollen ruhig sein und ohne Furcht vor allem Übel.

Gott selbst in Jesus Christus ist die Stätte der Barmherzigkeit. Die Arche des Neuen Bundes ist der Herr Jesus; Aarons Stab, das Manna und die Tafeln des Gesetzes sind in Christus unser Heiligtum. In Gott finden wir einen heiligen Schrein voller himmlischer Güter. Was brauchen wir mehr? O Herr, erfülle diese Verheißung und sei uns stets wie ein Heiligtum.

16. März

Welches ihr auch gelernt und empfangen und gehört und gesehen habt an mir, das tut; so wird der Gott des Friedens mit euch sein.

Philliper 4,9

Es ist gut, wenn ein Mensch so genau nachgeahmt werden kann, wie man Paulus nachahmen könnte. Dass Gott uns doch Gnade gäbe, ihn heute und allezeit nachzuahmen!

Wenn wir mit Gottes Hilfe tun, was Paulus uns lehrt, können wir die obige Verheißung für uns in Anspruch nehmen; und was für eine Verheißung das ist! Der Gott, der Frieden liebt, Frieden macht und Frieden atmet, wird mit uns sein. »Friede sei mit euch!« ist ein lieblicher Segen; aber weit mehr ist es, wenn »der Gott des Friedens« mit uns ist. Dann haben wir zugleich die Quelle und die Ströme, die Sonne und ihre Strahlen. Wenn der Gott des Friedens mit uns ist, werden wir den Frieden Gottes genießen, der höher ist als alle Vernunft, auch wenn äußere Umstände uns bedrohen. Wenn Menschen sich streiten, werden wir sicher Friedensstifter sein, wenn der Stifter des Friedens mit uns ist.

Auf dem Weg der Wahrheit findet man wirklichen Frieden. Wenn wir den Glauben aufgeben oder den Pfad der Gerechtigkeit verlassen in der Meinung, den Frieden zu fördern, täuschen wir uns sehr. Zuerst reinen Herzens, dann friedfertig im Sinn, das ist die Ordnung der Weisheit und der Erfahrung. Lasst uns Paulus nachahmen, dann werden wir den Gott des Friedens mit uns haben, wie er mit dem Apostel war.

Fürchte dich nicht vor ihnen; denn ich bin bei dir und will dich erretten, spricht der Herr.

Jeremia 1,8

Jedes Mal, wenn Furcht über uns kommt und uns schwankend macht, sind wir in Gefahr, in Sünde zu fallen. Den Dünkel müssen wir scheuen, aber auch die Feigheit. Wage es, ein Daniel zu sein! Unserem großen König sollen tapfere Krieger dienen.

Welch ein Ansporn zur Tapferkeit ist hier! Gott ist mit denen, die mit ihm sind. Gott wird niemals fern sein, wenn die Stunde des Kampfes kommt. Drohen dir die Menschen? Wer bist du, dass du dich vor einem sterblichen Menschen fürchten solltest? Wirst du deine Stelle verlieren? Dein Gott, dem du dienst, wird Brot und Wasser für seine Diener finden. Kannst du ihm nicht trauen? Gießen sie Spott über dich aus? Wird das deine Knochen brechen oder dein Herz? Trage es um Christi willen! Ja, freue dich dessen!

Gott ist mit den Wahrhaftigen, den Gerechten, den Heiligen und wird sie erretten. Er wird auch dich erretten. Denke daran, wie die drei heiligen Männer aus dem Feuerofen herauskamen! Deine Lage ist nicht so verzweifelt wie die ihre; aber wenn sie es wäre, würde der Herr dich hindurchtragen und dich weit überwinden lassen. Fürchte die Furcht! Sei bange vor der Bangigkeit! Dein schlimmster Feind ist in deiner eigenen Brust. Falle auf deine Knie und schreie um Hilfe, und dann stehe auf und sprich: »Ich will vertrauen und mich nicht fürchten!«

18. März

Das Gebet der Frommen ist ihm angenehm.

Sprüche 15,8

Dieses Wort ist ebenso gut wie eine Verheißung, denn es spricht eine Tatsache aus, die durch alle Zeiten hindurch die gleiche bleiben wird. Gott hat Wohlgefallen an den Gebeten der Frommen. Deshalb ist es unsere erste Sorge, fromm zu sein. Neige dich weder nach dieser noch nach jener Seite, sondern bleibe aufrecht; nicht krumm aus Heuchelei, nicht rückhaltlos durch Nachgiebigkeit gegen das Böse, stehe aufrecht in strenger Lauterkeit und Geradheit! Wenn wir uns mit List und Kunstgriffen zu helfen suchen, wird Gott uns nicht helfen. Wenn wir krumme Wege gehen, werden wir feststellen, dass wir nicht beten können, und wenn wir doch zu beten versuchen, werden wir den Himmel verschlossen finden.

Handeln wir aufrichtig und folgen so dem geoffenbarten Willen Gottes? Dann lasst uns viel beten und im Glauben beten! Wenn unser Gebet Gottes Freude ist, so lasst uns nicht karg sein mit dem, was ihm angenehm ist! Er sieht nicht auf die Grammatik, nicht auf die Metaphysik noch auf die Rhetorik unserer Gebete, wenn Menschen sie auch in all diesen Stücken tadeln. Er hat als Vater Wohlgefallen an dem Lallen seiner Kindlein, dem Stammeln seiner neugeborenen Söhne und Töchter. Sollten wir nicht Freude am Gebet haben, da der Herr Freude daran hat? Lasst uns Botschaften vor den Thron Gottes bringen! Der Herr gibt uns Gründe und Anregungen genug zum Beten, und wir sollten ihm dafür danken.

Der Herr gibt Gnade und Herrlichkeit.

Psalm 84,12

Gnade ist das, was wir in dieser Stunde brauchen, und sie ist allen zugänglich. Was kann freier sein als ein Geschenk? Heute sollen wir erhaltende, stärkende, heiligende, befriedigende Gnade empfangen. Gott hat bis jetzt täglich Gnade gegeben, und auch für die Zukunft reicht diese Gnade aus. Wenn wir nur wenig Gnade haben, muss der Fehler bei uns liegen; denn des Herrn Macht ist nicht verkürzt, und er säumt auch nicht, sie im Überfluss zu verleihen. Wir können bitten, so viel wir wollen, und brauchen niemals ein Nein zu fürchten. Er gibt großzügig jedermann und drückt es niemand auf.

Der Herr gibt vielleicht kein Gold, aber er gibt Gnade; er gibt vielleicht keinen Gewinn, aber Gnade will er geben. Er wird uns gewiss Prüfungen senden, aber er wird auch die entsprechende Gnade verleihen. Wir mögen berufen werden zu arbeiten und zu leiden, aber mit der Berufung wird alle dazu nötige Gnade kommen.

Was für ein »und« ist das in dem Spruch: »und Herrlichkeit«! Wir brauchen noch keine Herrlichkeit, und wir taugen noch nicht dafür; aber wir sollen sie zur rechten Zeit haben. Nachdem wir das Brot der Gnade gegessen haben, sollen wir den Wein der Herrlichkeit trinken. Wir müssen durch das Heilige, welches die Gnade ist, zu dem Allerheiligsten, welches die Herrlichkeit ist, gehen. Diese Worte »und Herrlichkeit« sind genug, um einen Mann vor Freude singen zu lassen. Eine kleine Weile – eine kleine Weile, und dann Herrlichkeit auf ewig!

20. März

**So denn Gott das Gras auf dem Felde also
kleidet, das doch heute steht und morgen in
den Ofen geworfen wird: sollte er das nicht
viel mehr euch tun, o ihr Kleingläubigen?**

Matthäus 6,30

Kleider sind kostspielig, und arme Gläubige mögen
sich Sorgen machen, woher ihr nächster Anzug kommen soll. Die Sohlen sind dünn; woher sollen wir neue
Schuhe bekommen? Seht, wie unser treuer Herr dieser
Sorge vorgebeugt hat! Unser himmlischer Vater kleidet
das Gras auf dem Feld mit unvergleichlicher Pracht,
sollte er nicht seine eigenen Kinder kleiden? Wir sind
gewiss, dass er es will. Es mag manchen Flicken und
manche Stopfstelle geben, aber Kleidung sollen wir haben.

Ein armer Prediger sah, dass seine Kleider fadenscheinig und so abgetragen waren, dass sie kaum noch zusammenhielten; aber als ein Diener des Herrn erwartete er, dass sein Herr ihm seine Livree geben würde. Es
traf sich, dass dem Schreiber dieser Zeilen, als er einen
Freund besuchte, die Kanzel dieses Mannes geliehen
wurde, und da kam ihm der Gedanke, eine Kollekte für
ihn zu halten, und seine Livree war da. Viele andere
Fälle haben wir gesehen, wo Menschen, die dem Herrn
dienten, es erlebten, dass er an ihre Kleidung dachte.
Er, der den Menschen so schuf, dass er nach dem Sündenfall Kleider brauchte, gab ihm diese auch in seiner
Barmherzigkeit; und die Kleider, die der Herr unseren
ersten Eltern gab, waren viel besser als die, die sie sich
selbst anfertigten.

Dann wirst du sicher wandeln auf deinem Weg, dass dein Fuß nicht straucheln wird.

Sprüche 3,23

Wenn wir als treue Nachfolger Jesu den Weg der Weisheit wandern, sollen wir auf ihm bewahrt bleiben. Wer bei Tageslicht auf der Landstraße wandelt, steht unter des Königs Schutz. Der Weg für jeden Menschen ist sein rechtmäßiger Beruf im Leben, und wenn wir fromm und in der Furcht vor Gott darauf wandeln, will er uns vor Übeln bewahren. Wir mögen nicht mit großem Aufwand reisen, aber wir werden sicher wandern. Wir mögen nicht fähig sein, zu laufen wie junge Männer, aber wir werden fähig sein, zu gehen wie gute Männer.

Unsere größte Gefahr liegt in uns selber. Unser schwacher Fuß strauchelt leider allzu gern. Lasst uns um mehr sittliche Kraft bitten, damit unser Hang zum Gleiten überwunden werde! Manche straucheln, weil sie den Stein im Wege nicht sehen. Die göttliche Gnade setzt uns in den Stand, die Sünde wahrzunehmen und ihr so aus dem Wege zu gehen. Lasst uns diese Verheißung geltend machen und auf den vertrauen, der seine Erwählten aufrecht hält!

Am gefährlichsten ist unsere eigene Sorglosigkeit! Aber der Herr Jesus hat uns davor gewarnt, indem er sagt: »Wachet und betet!«

Oh, dass Gott uns Gnade gäbe, heute zu wandeln, ohne ein einziges Mal zu straucheln! Es ist nicht genug, dass wir nicht wirklich fallen; unser Flehen sollte sein, dass wir nicht den kleinsten Fehltritt tun, sondern dereinst ihn anbeten können, der uns behütet hat ohne Fehl.

22. März

Den Demütigen gibt er Gnade.

Jakobus 4,6

Demütige Herzen suchen Gnade und erhalten sie auch. Demütige Herzen geben sich dem sanften Einfluss der Gnade hin, und deshalb wird sie ihnen immer reichlicher verliehen. Demütige Herzen suchen die Täler, in denen die Ströme der Gnade fließen, und darum trinken sie daraus. Demütige Herzen sind dankbar für Gnade und geben dem Herrn die Ehre dafür; deshalb verträgt es sich mit seiner Ehre, sie ihnen zu geben.

Komm, lieber Leser, nimm einen bescheidenen Platz ein! Achte dich selbst gering, damit der Herr viel aus dir macht! Vielleicht seufzt du: »Ich fürchte, ich bin nicht demütig.« Es mag sein, dass dies die Sprache wahrer Demut ist. Einige sind stolz darauf, dass sie demütig sind, und das ist eine der schlimmsten Arten des Stolzes. Wir sind bedürftige, unwürdige Geschöpfe und hätten Grund, demütig zu sein; darum wollen wir uns nicht überheben. Wir wollen uns demütigen, weil wir gegen die Demut gesündigt haben. Dann wird der Herr uns seine Huld empfinden lassen. Es ist die Gnade, die uns demütig macht und in dieser Demut einen Anlass findet, noch mehr Gnade zu schenken. Lasst uns herabsteigen, damit wir hinaufsteigen! Lasst uns arm im Geist sein, damit Gott uns reich macht! Lasst uns demütig sein, damit wir es nicht nötig haben, gedemütigt zu werden, sondern durch die Gnade Gottes erhoben werden können!

**Die Blinden will ich auf dem Wege
leiten, den sie nicht wissen.**

Jesaja 42,16

Denkt an den unendlich herrlichen Herrn, der die Blinden geleitet! Was für grenzenlose Herablassung schließt das ein! Ein Blinder kann keinen Weg finden, den er nicht kennt. Selbst wenn er ihn kennt, ist es schwer für ihn, diesen Weg zu gehen; aber auf einer Straße, die er nicht kennt, allein zu gehen, davon kann für ihn gar keine Rede sein. Wir sind von Natur blind für den Weg des Heils, und doch führt uns der Herr darauf, bringt uns zu sich und tut dann unsere Augen auf. Auch für die Zukunft sind wir blind und können keine Stunde voraussehen; aber der Herr will uns bis an das Ende unserer Reise geleiten. Gelobt sei sein Name!

Wir können uns nicht denken, in welcher Weise Errettung für uns möglich ist, aber der Herr weiß es, und er will uns leiten, bis wir jeder Gefahr entronnen sind. Glücklich sind die Menschen, die dem guten Hirten vertrauen und ihren Weg und sich selbst ihm gänzlich überlassen. Er wird sie den ganzen Weg führen, und wenn er sie heimgebracht hat in die Herrlichkeit und ihre Augen auftut, damit sie den Weg sehen, auf dem er sie geleitet hat, werden sie ihrem großen Wohltäter ein Danklied singen. Herr, führe dein armes, blindes Kind heute, denn ich weiß meinen Weg nicht!

24. März

**Aber der Herr ist treu; der wird euch
stärken und bewahren vor dem Argen.**

2. Thessalonicher 3,3

Den Menschen fehlt es oft ebenso sehr an Vernunft
wie an Glauben. Es gibt immer noch »unvernünftige
und arge Menschen«. Es ist unnütz, mit ihnen zu dis-
kutieren oder zu versuchen, in Frieden mit ihnen zu
leben. Sie sind im Grunde ihres Herzens falsch und un-
aufrichtig in dem, was sie reden. Was tun? Sollen wir
uns mit ihnen abmühen? Nein, wir wollen uns an den
Herrn halten, denn er ist treu! Keine Verheißung seines
Wortes wird je gebrochen werden. Seine Forderungen
an uns sind nicht unbillig, und unseren Ansprüchen
an ihn entzieht er sich nicht arglistig. Wir haben einen
treuen Gott.

Er will uns so stärken, dass gottlose Menschen unseren Untergang nicht herbeiführen werden, und er will
uns so bewahren, dass alle drohenden Übel uns keinen
wirklichen Schaden zufügen können. Welcher Segen
für uns, dass wir nicht mit Menschen zu streiten brauchen, sondern uns in dem Herrn Jesus bergen können,
der aufrichtig mit uns fühlt! Es gibt ein Herz, ein treu-
es Gemüt, eine unwandelbare Liebe; darin lasset uns
ruhen! Der Herr wird den Ratschluss seiner Gnade an
uns, seinen Knechten, erfüllen, und wir dürfen nicht
zulassen, dass auch nur ein Schatten von Furcht auf unsere Seele fällt. Nichts, was Menschen oder Teufel tun
können, vermag uns den Schutz und die Fürsorge Gottes zu rauben. Lasst uns heute den Herrn bitten, uns zu
stärken und uns in seiner Gnade zu erhalten!

**Legst du dich, so wirst du dich nicht
fürchten, sondern süß schlafen.**

Sprüche 3,24

Vielleicht hat der Herr einen meiner Leser für kürzere
oder längere Zeit ans Bett gefesselt. So möge er ohne
Traurigkeit in seine Kammer gehen mit dieser Verheißung im Herzen: »Legst du dich, so wirst du dich nicht
fürchten.«

Wenn wir abends zu Bett gehen, so möge dieses Wort
unser Kissen weich machen. Wir können uns nicht
selbst im Schlafe bewahren, aber der Herr will uns in
der Nacht behüten. Wer sich unter dem Schutz des
Herrn niederlegt, ist so sicher wie Könige und Königinnen in ihren Palästen, ja, noch viel sicherer! Wenn wir,
indem wir uns niederlegen, auch zugleich alle Sorgen
und allen Ehrgeiz niederlegen, werden wir Erquickung
auf unserem Lager finden, wie die Ängstlichen und
Habsüchtigen sie nie auf dem ihren fühlen. Böse Träume sollen verbannt sein, oder wenn sie kommen, werden wir ihren Eindruck auslöschen und wissen, dass es
nur Träume waren.

Wenn wir so schlafen, tun wir wohl daran. Wie süß
schlief Petrus, als selbst das Licht des Engels ihn nicht
weckte und dieser ihn kräftig an die Seite schlagen
musste, damit er erwachte. Und das, obwohl er verurteilt war, am nächsten Tage zu sterben. So haben Märtyrer geschlafen, ehe sie verbrannt wurden. »Er gibt seinen Freunden Schlaf.«

Um sanften Schlaf zu haben, muss unser Tun und
Denken, unser Temperament und unsere Liebe sanft
sein.

26. März

Der Herr wird ihn erquicken auf seinem Siechbette.

Psalm 41,4

Beachtet, dass dies eine Verheißung für die Menschen ist, die sich der Armen annehmen! Bist du einer von diesen? Dann eigne dir den Spruch an, aber sonst nicht!

Sieh, wie der Gott der Armen in der Stunde der Krankheit den Mann segnen wird, der für die Armen sorgt! Die ewigen Arme werden seine Seele stützen wie freundliche Hände und weiche Kissen den Körper des Kranken aufrechterhalten. Wie zart und teilnehmend zeigt sich Gott in diesem Bild. Wie nahe bringt es ihn unseren Schwachheiten und Krankheiten! Wer hörte dies je von Jupiter oder von den Göttern Indiens oder Chinas? Diese Sprache ist nur unserem Gott eigen; er ist es, der sich herablässt, die Frommen so liebend zu umsorgen. Wenn er mit der einen Hand schlägt, hält er mit der anderen aufrecht. Oh, es ist eine gesegnete Ohnmacht, wenn wir an des Herrn Brust fallen und dort ruhen dürfen! Die Gnade ist das beste Heilmittel und die göttliche Liebe das sicherste Reizmittel für einen Siechen. Sie macht die Seele riesenstark, selbst wenn die Knochen durch die Haut scheinen. Kein Arzt gleicht dem Herrn, kein Stärkungsmittel gleicht seiner Verheißung, kein Wein gleicht seiner Liebe.

Sollte ein Leser seine Pflicht gegen die Armen versäumt haben, so möge er heute einsehen, was er verliert, und sogleich ihr Freund und Helfer werden.

Nahet euch zu Gott, so naht er sich zu euch.

Jakobus 4,8

Je näher wir Gott kommen, desto gnädiger will er sich uns offenbaren. Wenn der verlorene Sohn zu seinem Vater kommt, läuft sein Vater ihm entgegen. Wenn die schüchterne Taube zur Arche zurückkehrt, streckt Noah seine Hand aus und nimmt sie zu sich. Wenn die zärtliche Ehefrau ihres Gatten Gesellschaft sucht, kommt er auf Flügeln der Liebe zu ihr. Komm also, lieber Freund, wir wollen zu Gott gehen, der uns so gnädig erwartet, ja, uns entgegenkommt!

Habt ihr je die Stelle in Jesaja 58,9 beachtet? Da scheint sich der Herr seinem Volk zur Verfügung zu stellen, indem er zu ihm spricht: »Hier bin ich!«; als wollte er sagen: »Was habt ihr mir zu sagen? Was kann ich für euch tun? Ich warte darauf, euch zu segnen.« Wie können wir zaudern näher zu treten? Gott ist nahe, um zu vergeben, um zu segnen, zu trösten, zu helfen, zu beleben, zu befreien. Es muss unsere ständige Sehnsucht sein, Gott nahezukommen. Dies getan, alles getan! Wenn wir uns anderen nahen, mögen sie in kurzer Zeit unserer müde werden und uns verlassen. Wer aber den Herrn allein sucht, der wird finden, dass er derselbe bleibt wie eh und je. Der Herr wird ihm näher und immer näherkommen durch immer völligere und beglückendere Gemeinschaft.

28. März

**Der Herr wird dich zum Haupt machen
und nicht zum Schwanz.**

5. Mose 28,13

Wenn wir dem Herrn gehorchen, will er unseren Widersachern beweisen, dass sein Segen auf uns ruht. Wenn
dies auch eine Verheißung des Gesetzes ist, so gilt sie
doch auch für das Volk Gottes des Neuen Bundes; denn
Jesus hat den Fluch hinweggenommen, den Segen aber
bekräftigt.

Der Gläubigen Sache ist es, durch heiligen Einfluss
die Menschen zu leiten. Sie sollen nicht der Schwanz
sein, der von anderen hin- und hergezogen wird. Wir
dürfen nicht dem Zeitgeist nachgeben, sondern müssen
unsere Zeitgenossen für Christus gewinnen. Wenn der
Herr mit uns ist, wird es uns nicht darum gehen, dass
das Evangelium geduldet wird, sondern darum, es auf
den Thron der Gesellschaft zu heben. Hat nicht unser
Herr Jesus die Seinen zu Priestern gemacht? Sie sollen
also lehren, statt von den Philosophen der Ungläubigen zu lernen. Sind wir nicht in Christus zu Königen
gemacht? Wie können wir dann die Knechte sündiger
Gewohnheiten, die Sklaven menschlicher Meinungen
sein?

Hast du, lieber Freund, die rechte Einstellung zur
Sache Jesu? Zu viele schweigen, weil sie schüchtern,
wenn nicht gar feige sind. Sollen wir es zulassen, dass
der Name des Herrn Jesus in den Hintergrund gedrängt
wird? Soll unser Glaube hinterherschleppen wie ein
Schwanz? Sollte er nicht vielmehr vorweggehen und
die bestimmende Kraft in uns und anderen sein?

Ich bin mit dir, und niemand soll sich unterstehen, dir zu schaden.

Apostelgeschichte 18,10

Solange der Herr in Korinth eine Aufgabe für Paulus hatte, wurde die Wut des Pöbels zurückgehalten. Die Juden widersetzten sich und lästerten; aber sie konnten weder die Predigt des Evangeliums noch die Bekehrung der Hörer verhindern. Gott hat Macht über die heftigsten Gemüter. »Wenn Menschen wider ihn wüten, so legt er Ehre ein.« Aber noch mehr tut er seine Güte kund, wenn er ihre Wut zurückhält; und er vermag sie zurückzuhalten. »Vor deinem mächtigen Arm erstarrten sie wie die Steine, bis dein Volk, Herr, hindurchzog.«

Gebt deshalb keiner Menschenfurcht Raum, wenn ihr wisst, dass ihr eure Pflicht tut! Geht geradeaus, wie Jesus es getan hätte! Und alle, die sich euch widersetzen, sollen wie ein zerstoßenes Rohr und wie ein glimmender Docht sein. Manchmal haben Menschen Ursache zur Furcht gehabt, weil sie selbst bange waren; aber ein unerschrockener Glaube schiebt die Furcht beiseite wie ein Riese die Spinngewebe auf seinem Weg. Niemand kann uns schaden, wenn der Herr es nicht zulässt. Er, der den Teufel mit einem Wort in die Flucht schlägt, kann sicherlich auch des Teufels Agenten im Zaum halten. Mag sein, dass sie euch schon mehr fürchten als ihr sie. Darum geht voran, und wo ihr Feinde erwartet, werdet ihr Freunde finden.

30. März

**Sorget nichts! Sondern in allen Dingen lasset eure
Bitten im Gebet und Flehen mit Danksagung
vor Gott kund werden. Und der Friede Gottes,
welcher höher ist denn alle Vernunft, bewahre
eure Herzen und Sinne in Christo Jesu!**

Philliper 4,6.7

Keine Sorge, sondern nur Gebet; keine Angst, sondern
viel freudige Gemeinschaft mit Gott! Tragt eure Wünsche dem Herrn eures Lebens, dem Hüter eurer Seele,
vor! Geht zu ihm mit zwei Teilen Gebet und einem Teil
Preis und Lob! Betet nicht voll Zweifel, sondern voll
dankbarer Zuversicht! Bedenkt, dass eure Bitten schon
gewährt sind, und dankt deshalb Gott für seine Gnade! Er reicht euch Gnade dar; vergeltet ihm mit Dank!
Verbergt nichts! Gestattet keinem Wunsch, bleischwer
in eurer Brust zu liegen! »Lasset eure Bitten kund werden!« Lauft nicht zu Menschen! Geht nur zu eurem
Gott, dem Vater unseres Herrn Jesus, der euch in ihm
liebt!

Das wird euch Gottes Frieden bringen. Ihr werdet
nicht imstande sein, den Frieden zu fassen, der euch
zuteilwird. Gott wird euch durch seine grenzenlose Liebe beglücken. Herzen und Sinne sollen durch Christus
Jesus in ein Meer der Ruhe versenkt werden. Es komme
Leben oder Tod, Armut oder Verleumdung, ihr sollt in
Jesus wohnen, hoch über jedem rauen Wind und jeder
dunklen Wolke. Wollt ihr nicht diesem liebevollen Gebot gehorchen?

Ja, Herr, ich glaube dir, aber ich bitte dich, mache
mich frei von meinem Unglauben!

Fürchte dich nicht vor plötzlichem Schrecken noch vor dem Sturm der Gottlosen, wenn er kommt! Denn der Herr ist deine Zuversicht, der behütet deinen Fuß, dass er nicht gefangen werde.

Sprüche 3,25.26

Wenn Gottes Gerichte hereinbrechen, will er damit nicht die Seinen erschrecken. Er hat sich nicht aufgemacht, den Gerechten ein Leid zuzufügen, sondern sie zu verteidigen.

Er will, dass sie Mut zeigen. Wir, die wir uns der Gegenwart Gottes freuen, sollten Geistesgegenwart beweisen. Da der Herr selbst plötzlich kommen kann, sollte nichts Plötzliches uns überraschen. Gelassenheit unter dem Toben und Brausen unerwarteter Übel ist eine köstliche Gabe göttlicher Liebe.

Der Herr will, dass seine Erwählten Unterscheidungsgabe an den Tag legen, sodass sie sehen, wie der Sturm der Gottlosen kein wirkliches Unglück für die Welt ist. Allein die Sünde ist ein Übel; die Strafe, die ihr folgt, ist wie ein Salz, das die Gesellschaft vor Fäulnis bewahrt. Wir sollten weit mehr Grauen haben vor der Sünde, die die Hölle verdient, als vor der Hölle, die aus der Sünde kommt.

Des Herrn Volk sollte auch große Seelenruhe bewahren. Satan und sein Schlangensamen sind voller List; aber alle, die mit Gott wandeln, sollen nicht in ihren trügerischen Schlingen gefangen werden. Gehe vorwärts, der du an Jesus glaubst, und lass den Herrn deine Zuversicht sein!

1. April

**Derselbe wird für sie sein, dass man darauf gehe,
dass auch die Toren nicht irren mögen.**

Jesaja 35,8

Der Weg der Nachfolge Jesu ist so gerade und deutlich,
dass auch die einfachste Seele nicht irregehen kann,
wenn sie ihm beständig folgt. Die Klugen der Welt drehen und wenden sich und machen dennoch törichte
Fehler und verfehlen gewöhnlich ihr Ziel. Weltliche
Klugheit ist eine armselige, kurzsichtige Sache, und
wenn die Menschen sie als ihren Weg wählen, werden
sie über dunkle Berge geführt. Begnadigte Seelen wissen
nichts Besseres zu tun, als den Weisungen des Herrn zu
folgen; und damit bleiben sie auf des Königs Straßen
und unter königlichem Schutz.

Lieber Leser, versuche keinen Augenblick, dich
durch Falschheit oder zweifelhafte Handlungen aus einer Schwierigkeit herauszuziehen. Bleibe mitten auf
der königlichen Straße der Wahrheit und Lauterkeit,
dann wirst du die beste Bahn verfolgen. In unserem Leben dürfen wir uns nie im Kreise drehen noch an listige
Ausflüchte denken. Sei gerecht und fürchte dich nicht!
Gehorche Jesus und achte nicht auf schlimme Folgen!
Wenn das schlimmste Übel durch Unrechttun vermie-
den werden könnte, so würden wir damit, dass wir es
versuchten, in ein Übel hineingeraten, das schlimmer
wäre, als irgendein anderes sein könnte. Gottes Weg
muss der beste sein. Folge ihm, auch wenn Menschen
dich für einen Toren halten, dann wirst du wahrhaft
weise sein!

**Dessen warte, damit gehe um, auf dass dein
Zunehmen in allen Dingen offenbar sei.**

1. Timotheus 4,15

Es ist tatsächlich Gottes Verheißung, dass wir durch
fleißiges Nachdenken über sein Wort und durch Hin-
gabe der ganzen Seele an unsere Arbeit für den Herrn
Fortschritte machen sollen, die alle sehen können.
Nicht durch hastiges Lesen, sondern durch ernsthaftes
Nachdenken ziehen wir Nutzen aus dem Worte Gottes.
Nicht dadurch, dass wir viel Arbeit nachlässig tun, son-
dern dadurch, dass wir viel über das nachdenken, was
wir unternehmen, werden wir wirklich Gewinn haben.
»In aller Arbeit ist Gewinn«, aber nicht in Hast und
Eile ohne wahre Energie des Herzens.

Wenn wir uns zwischen Gott und Mammon teilen
oder zwischen Christentum und unserem Ich, werden
wir keine Fortschritte machen. Wir müssen uns ganz
an heilige Dinge hingeben, sonst werden wir armselige
Händler in himmlischen Geschäften sein.

Bin ich ein Prediger? Lasst es mich ganz sein und nicht
meine Kräfte an nebensächliche Dinge verschwenden.
Was habe ich mit Geldgeschäften oder eitlen Vergnü-
gungen zu tun? Bin ich ein Christ? Lasst mich den
Dienst Jesu zu meiner Lebensarbeit und meinem einzigen Ziel machen. Wir müssen ganz und gar in Jesus
sein und dann ganz und gar für Jesus, sonst werden wir
weder Fortschritt noch Gewinn zu verzeichnen haben,
und weder die Gemeinde noch die Welt wird jenen
kräftigen Einfluss spüren, den wir nach dem Willen des
Herrn ausüben sollen.

3. April

Darum, dass dein Herz erweicht ist über den Worten, die du gehört hast, und hast dich gedemütigt vor dem Herrn, da du hörtest, was ich geredet habe wider diese Stätte und ihre Einwohner, dass sie sollen eine Verwüstung und ein Fluch sein, und hast deine Kleider zerrissen und hast geweint vor mir, so habe ich's auch erhört, spricht der Herr.

2. Könige 22,19

Viele verachten die Warnungen und kommen um. Glücklich ist der Mensch, der vor dem Wort des Herrn zittert. Der König tat das, und darum wurde ihm der Anblick des Unglücks erspart, das der Herr über sein Volk um seiner großen Sünden willen bringen wollte. Habt ihr ein solches zerbrochenes Herz? Findet sich bei euch diese Selbstdemütigung? Dann sollt auch ihr am Tage des Unglücks verschont werden. Gott kennzeichnet alle, die über die Sünden der Welt seufzen und jammern. Der Würgeengel hat Befehl, sein Schwert in der Scheide zu halten, bis die Auserwählten Gottes geborgen sind; und er erkennt sie am besten an ihrer Gottesfurcht und an ihrem Zittern vor dem Wort des Herrn. Sind die Zeiten bedrohlich? Rücken Aberglaube und Unglaube mit großen Schritten vor, und zitterst du bei dem Gedanken an Gottes Strafgericht? Dann finde Ruhe in unserer heutigen Verheißung. Gott will seine bewahrende Hand über dir ausbreiten. Die allergrößte Freude aber wäre es, wenn der Herr käme, dann hätten die Tage unseres Trauerns ein Ende.

4. April

Ich sage euch: Von nun an wird's geschehen, dass ihr sehen werdet des Menschen Sohn sitzen zur Rechten der Kraft und kommen in den Wolken des Himmels.

Matthäus 26,64

Ach, Herr, du warst zutiefst erniedrigt, als du wie ein Verbrecher vor deinen Verfolgern stehen musstest! Dennoch konnten die Augen deines Glaubens über die gegenwärtige Demütigung hinweg in deine künftige Herrlichkeit hineinsehen. »Dennoch – hernach«, was für Worte sind das! Ich möchte dein heiliges Voraussehen nachahmen und inmitten von Armut, Krankheit oder Verleumdung auch sprechen: »Dennoch – hernach.« Statt Schwachheit hast du alle Kraft, statt Schande alle Herrlichkeit, statt Verhöhnung alle Anbetung. Dein Kreuz hat nicht den Glanz deiner Krone getrübt, ebenso wenig hat das Anspeien die Schönheit deines Antlitzes entstellt. Nein, eher bist du um deiner Leiden willen noch mehr erhöht und geehrt.

So möchte auch ich Trost schöpfen aus dem Hernach. Ich möchte die gegenwärtige Trübsal bei dem künftigen Triumph vergessen. Hilf mir, indem du mich in deines Vaters Liebe und in deine eigene Geduld hineinführst, sodass ich nicht wanke, wenn ich um deines Namens willen verspottet werde, sondern mehr an das Hernach denke und deshalb umso weniger an das Heute. Ich werde bald bei dir sein und deine Herrlichkeit schauen. Darum schäme ich mich nicht, sondern sage in meiner innersten Seele: »Dennoch – hernach.«

5. April

Ich vergesse dich nicht.

Jesaja 44,21

Unser Herr kann seine Knechte nicht so vergessen, dass er aufhört, sie zu lieben. Er wählte sie nicht »auf Zeit«, sondern auf ewig. Als er sie berief, wusste er, was sie sein würden. Er vertilgt ihre Sünden wie eine Wolke, und wir dürfen gewiss sein, dass er sie nicht hinausstoßen wird um der Missetaten willen, die er ausgetilgt hat. Es wäre Lästerung, sich so etwas vorzustellen.

Er will sie nicht so vergessen, dass er aufhört, an sie zu denken. Vergäße Gott uns nur einen Augenblick, wäre das unser Verderben. Deshalb spricht er: »Ich vergesse dich nicht!« Menschen vergessen uns! Die, denen wir wohlgetan haben, wenden sich gegen uns. Wir haben keine bleibende Stätte in den wankelmütigen Herzen der Menschen, aber Gott wird nie einen seiner wahren Knechte vergessen. Er bindet sich an uns durch das, was er für uns getan hat. Wir sind zu lange geliebt und für einen zu großen Preis erkauft worden, als dass wir je vergessen werden könnten. Jesus sieht in uns das, wofür seine Seele gearbeitet hat, und das kann er nie vergessen. Der Vater sieht in uns die Braut seines Sohnes, und der Geist sieht in uns sein eigenes Werk. Der Herr denkt an uns. Heute sollen wir Hilfe und Stärkung finden. Dass wir doch den Herrn nie vergessen möchten!

Eure Traurigkeit soll in Freude verkehrt werden.
Johannes 16,20

Die besondere Traurigkeit der Jünger hatte ihren Grund im Tod und in der Abwesenheit ihres Herrn. Sie wurde aber in Freude verkehrt, als er von den Toten auferstand und sich in ihrer Mitte zeigte. So sollen alle Schmerzen der Heiligen verwandelt werden, selbst die schlimmsten, die aussehen, als müssten sie auf immer eine Quelle der Traurigkeit bleiben.

Also: Je mehr Schmerz, desto mehr Freude. Wenn wir Lasten des Schmerzes zu tragen haben, wird des Herrn Macht sie in Zentner der Freude verwandeln. Je bitterer das Leid, desto süßer der Trost; wenn das Pendel weit zur Linken schwingt, wird es nachher ebenso weit zur Rechten ausschlagen. Die Erinnerung an den Kummer wird das Gefühl der Wonne noch erhöhen, und der Glanz des Diamanten wird durch die dunkle Einfassung noch klarer ins Auge fallen.

Komm, mein Herz, sei getrost! Nach einer kleinen Weile werde ich so fröhlich sein, wie ich jetzt betrübt bin. Jesus sagt mir, dass meine Traurigkeit durch eine himmlische Arznei in Freude verwandelt werden soll. Ich sehe nicht, wie es geschehen kann, aber ich glaube es, und ich beginne im Vorgefühl davon zu singen. Diese Niedergeschlagenheit des Geistes dauert nicht lange; ich werde bald unter den Seligen sein, die den Herrn Tag und Nacht loben, und dann werde ich von der Gnade singen, die mich aus großer Trübsal befreit hat.

7. April

Ich lebe, und ihr sollt auch leben.

Johannes 14,19

Jesus hat das Leben derer, die an ihn glauben, so gewiss gemacht wie sein eigenes. So wahr das Haupt lebt, sollen die Glieder auch leben. Wenn Jesus nicht von den Toten auferstanden ist, dann sind wir tot in unseren Sünden; da er aber auferstanden ist, sind alle Gläubigen in ihm auferstanden. Sein Tod hat unsere Übertretungen hinweggetan und die Bande gelöst, die uns unter dem Todesurteil gefangen hielten. Seine Auferstehung beweist unsere Rechtfertigung; wir sind freigesprochen, und die Barmherzigkeit spricht: »So hat der Herr auch deine Sünde weggenommen; du wirst nicht sterben.«

Jesus hat das Leben der Seinen so ewig gemacht wie sein eigenes. Wie können sie sterben, solange er lebt, da sie eins mit ihm sind? Weil er nicht mehr stirbt und der Tod keine Herrschaft mehr über ihn hat, sollen auch sie nicht wieder zurückkehren zu den Gräbern ihrer alten Sünden, sondern mit dem Herrn in einem neuen Leben wandeln. Liebe Seele, wenn du sehr versucht bist, zu fürchten, dass du doch eines Tages durch die Hand des Feindes fallen wirst, so lass dies dich beruhigen! Du sollst niemals dein geistliches Leben verlieren, denn es ist mit Christus in Gott verborgen. Du zweifelst nicht an der Unsterblichkeit deines Herrn; deshalb denke auch nicht, dass er dich sterben lassen wird, da du eins mit ihm bist! Der Grund für dein Leben ist sein Leben, und um dieses kannst du keine Furcht haben; deshalb ruhe in deinem lebendigen Herrn!

**Des andern Tages aber in der Nacht stand der
Herr bei ihm und sprach: Sei getrost, Paulus!
Denn wie du von mir zu Jerusalem gezeugt
hast, also musst du auch zu Rom zeugen.**

Apostelgeschichte 23,11

Bist du ein Zeuge des Herrn? Und bist du vielleicht gerade jetzt in Gefahr? Dann denke daran, dass du nicht sterben wirst, bevor dein Werk getan ist! Wenn der Herr noch mehr Zeugnis hat, das du ablegen sollst, dann wirst du leben, bis du es abgelegt hast. Wer ist der, der das Rüstzeug zerbrechen kann, das der Herr noch gebrauchen will?

Wenn es für dich keine Arbeit mehr für deinen Meister zu tun gibt, kann es dich nicht traurig machen, dass er im Begriff ist, dich heimzunehmen und dich dahin zu stellen, wo deine Gegner dich nicht erreichen können. Dein Zeugen von Jesus ist deine Hauptarbeit, und darin kannst du nicht gehemmt werden, bis sie zu Ende geführt ist; deshalb sei guten Muts! Grausame Verleumdung, boshafte Missdeutung, das Versagen der Freunde, der Verrat dessen, dem du am meisten vertraut hast, und was sonst noch kommen mag – all das kann des Herrn Ratschluss über dich nicht hindern. Der Herr steht bei dir in der Nacht deines Schmerzes und spricht: »Du musst noch von mir zeugen.« Sei ruhig, sei voll Freude in dem Herrn!

Und wenn du diese Verheißung gerade jetzt nicht nötig hast, so wirst du sie vielleicht sehr bald brauchen. Bewahre sie auf! Denke auch daran, für Missionare und alle Verfolgten zu beten, dass der Herr sie behüten wolle.

9. April

**Großen Frieden haben, die dein Gesetz
lieben; sie werden nicht straucheln.**

Psalm 119,165

Wahre Liebe zu dem großen Buch wird uns großen Frieden von dem großen Gott bringen und uns ein großer Schutz sein. Lasst uns beständig mit dem Gesetz des Herrn leben, dann wird es unsere Herzen zur Ruhe bringen, wie nichts anderes es kann. Der Heilige Geist ist als Tröster durch das Wort tätig und gießt die Güte und Milde aus, die die Stürme der Seele stillen.

Nichts bringt den Menschen zum Straucheln, der das Wort Gottes reichlich in sich wohnen lässt. Er nimmt täglich sein Kreuz auf sich, und es wird ihm zur Freude. Auf die Feuerprobe ist er vorbereitet, und sie ist ihm nicht so fremd, dass sie ihn völlig niederschmettern könnte. Er strauchelt nicht im Glück wie so viele, und er wird nicht ganz gebrochen im Unglück wie andere; denn er lebt über den wechselnden Umständen des äußeren Lebens. Wenn sein Herr ihm irgendein großes Geheimnis des Glaubens vorlegt, bei dem andere rufen: »Das ist eine harte Rede; wer kann sie hören?«, so nimmt der Gläubige es ohne Weiteres an; denn seine Verstandesnöte sind für ihn überwunden durch die ehrfurchtsvolle Scheu vor dem Gesetz des Herrn, das ihm die höchste Autorität ist, vor der er sich freudig beugt. Herr, wirke in uns diese Liebe, diesen Frieden, diese Ruhe!

Mache dir eine eherne Schlange und richte sie zum Zeichen auf; wer gebissen ist und sieht sie an, der soll leben.

4. Mose 21,8

Das ist ein herrliches Vorbild des Evangeliums: Jesus, unter die Übeltäter gerechnet, hängt vor uns am Kreuz. Ein Blick auf ihn wird uns von dem Schlangenbiss der Sünde heilen, wird uns sofort heilen. »Wer sie ansieht, der soll leben.« Möge der Leser, der über seine Sünde trauert, die Worte beachten: »Wer sie ansieht, der soll leben!« Jeder, der auf Jesus schaut, wird das bestätigt finden. Ich habe es so gefunden. Ich blickte auf Jesus und hatte das Leben. Das weiß ich ganz gewiss. Leser, wenn du auf Jesus blickst, so wirst du auch leben. Es ist wahr, dass du von dem Gift anschwillst und keine Hoffnung siehst. Und es ist auch wahr: Es gibt keine andere Hoffnung. Aber diese Kur ist nicht zweifelhaft. »Wer gebissen ist und sieht sie an, der soll leben.«

Die eherne Schlange wurde nicht als Sehenswürdigkeit für die Gesunden aufgerichtet, ihre einzige Bestimmung war, denen zu dienen, die gebissen waren. Jesus starb als ein wirklicher Heiland für wirkliche Sünder. Ob der Biss dich zu einem Trunkenbold oder einem Dieb, einem Unkeuschen oder einem Gottesverächter gemacht hat, ein Blick auf den großen Heiland wird dich von diesen Krankheiten heilen und dich in der Nachfolge und im seligen Genießen Gottes leben lassen. Schau hin und lebe!

11. April

**Und wird keiner den andern noch ein Bruder
den andern lehren und sagen: »Erkenne den
Herrn«, sondern sie sollen mich alle kennen,
beide, klein und groß, spricht der Herr.**

Jeremia 31,34a

Wahrlich, was wir auch sonst nicht kennen, den Herrn
kennen wir! Heute ist diese Verheißung in unserer
Erfahrung wahr, und es ist keine kleine Verheißung.
Der geringste Gläubige unter uns kennt Gott in Jesus
Christus. Nicht so völlig, wie wir es wünschen, aber
doch wahrhaft und wirklich kennen wir den Herrn. Wir
kennen nicht nur Lehren über ihn, sondern wir kennen ihn. Er ist unser Vater und unser Freund. Wir sind
mit ihm persönlich bekannt. Wir können sagen: »Mein
Herr und mein Gott!« Wir stehen in enger Verbindung
mit Gott und verbringen manche glückliche Stunde in
seiner heiligen Gemeinschaft. Wir sind unserem Gott
nicht mehr fremd, sondern das Geheimnis des Herrn
ist unter uns.

Das ist mehr, als die Natur uns gelehrt haben könnte.
Fleisch und Blut haben uns Gott nicht offenbart. Jesus
Christus hat unsere Herzen gelehrt, den Vater zu kennen. Wenn also der Herr selbst sich uns kundgegeben
hat, ist dies nicht die Quelle aller selig machenden Erkenntnis? Gott kennen ist das ewige Leben. Sobald wir
zur Bekanntschaft mit Gott kommen, haben wir den
Beweis, dass wir zu einem neuen Leben erweckt sind.
Oh meine Seele, freue dich dieser Erkenntnis und lobe
deinen Gott den ganzen Tag hindurch!

**Ich will ihnen ihre Missetat vergeben und
ihrer Sünde nimmermehr gedenken.**

Jeremia 31,34b

Wenn wir den Herrn kennen, empfangen wir die Vergebung der Sünden. Wir kennen ihn als den Gott der Gnade, der an unseren Übertretungen vorübergeht. Was für eine freudige Entdeckung ist das!

Aber wie göttlich ist diese Verheißung ausgedrückt. Der Herr verheißt, unserer Sünde nicht mehr zu gedenken! Kann Gott vergessen? Er sagt, dass er es will, und er meint, was er sagt. Er will uns ansehen, als hätten wir niemals gesündigt. Das große Sühnopfer hat so völlig alle Sünde hinweggenommen, dass sie vor Gott nicht mehr besteht. Der Gläubige ist jetzt in Jesus Christus ebenso angenommen, wie es Adam in seiner Unschuld war; ja, noch mehr, er besitzt eine göttliche Gerechtigkeit, während die Adams nur eine menschliche war.

Der große Gott will unserer Sünden nicht so gedenken, dass er sie straft, oder so, dass er uns ein Atom weniger liebt um ihretwillen. Wie eine Schuld, wenn sie bezahlt ist, aufhört, eine Schuld zu sein, so tilgt der Herr die Missetat seines Volkes vollständig aus.

Wenn wir über unsere Übertretungen und Mängel trauern – und das ist unsere Pflicht, solange wir leben –, wollen wir uns zur selben Zeit freuen, dass sie nie wieder gegen uns in Erinnerung gebracht werden sollen. Das lässt uns die Sünde hassen. Gottes freie Vergebung lässt uns wünschen, ihn niemals wieder durch Ungehorsam zu betrüben.

13. April

**Welcher unseren nichtigen Leib verklären wird,
dass er ähnlich werde seinem verklärten Leibe.**

Philliper 3,21

Oft, wenn wir von Schmerz gefoltert und unfähig zum
Denken oder Anbeten sind, fühlen wir, dass dies in der
Tat »der Leib unserer Nichtigkeit« ist; und wenn wir
von den Leidenschaften, die aus dem Fleisch entspringen, versucht werden, halten wir das Wort »nichtig«
durchaus nicht für eine zu harte Übersetzung. Unser
Leib demütigt uns; und das ist ungefähr das Beste, was
er für uns tut. Oh, dass wir recht demütig wären, denn
unser Leib verbindet uns mit den Tieren und verkettet
uns sogar mit dem Staub!

Aber unser Heiland, der Herr Jesus, wird all das verwandeln. Wir sollen seinem eigenen verklärten Leib
ähnlich werden. Das wird bei allen geschehen, die an
Jesus glauben. Durch den Glauben sind ihre Seelen
verwandelt worden, und mit ihren Leibern wird eine
Erneuerung vorgehen, um sie für ihre wiedergebore-
nen Geister geeignet zu machen. Wie bald diese große
Verwandlung geschehen wird, können wir nicht sagen;
aber der Gedanke daran sollte uns helfen, die heutigen
Prüfungen und alle Leiden des Fleisches zu ertragen.
Über ein kleines sollen wir sein, wie Jesus jetzt ist.
Keine schmerzenden Stirnen mehr, keine geschwol-
lenen Glieder mehr, keine trüben Augen mehr, keine
ermattenden Herzen mehr. Der Greis soll nicht mehr
ein Bündel von Gebrechen, der Kranke nicht mehr eine
Masse von Qual sein. Sogar unser Fleisch soll ruhen in
der Hoffnung der Auferstehung!

Er erwählt uns unser Erbteil.

Psalm 47,5

Unsere Feinde würden uns ein trauriges Teil anweisen, aber wir sind ihnen nicht ausgeliefert. Der Herr wird uns unser Teil zumessen, und seine unendliche Weisheit bestimmt unseren Platz. Ein weiserer Geist als der unsere ordnet unser Schicksal. Das Anordnen aller Dinge ist Gottes Sache, und wir sind froh, dass es so ist; wir wählen, dass Gott für uns wählen möge. Wenn wir unseren eigenen Willen haben könnten, so würden wir wünschen, dass alles nach Gottes Willen ginge.

Da wir uns unserer eigenen Torheit bewusst sind, begehren wir nicht, unser eigenes Schicksal zu leiten. Wir fühlen uns sicherer und leichter, wenn der Herr unser Schiff steuert, als wir uns fühlen würden, wenn wir es nach unserem eigenen Urteil lenken könnten. Freudig überlassen wir die leidvolle Gegenwart und die unbekannte Zukunft unserem Vater, unserem Heiland, unserem Tröster.

Meine Seele, lege heute deine Wünsche Jesus zu Füßen! Wenn du in letzter Zeit eigenwillig und widerspenstig gewesen bist und nach deinem eigenen Sinn handeln wolltest, so lass jetzt dein törichtes Ich fahren und lege die Zügel in die Hände des Herrn! Sprich: »Er soll für mich wählen!« Wenn andere die unumschränkte Macht des Herrn bestreiten und den freien Willen des Menschen rühmen, so antworte du ihnen: »Er soll für mich wählen!« Als ein Wesen mit freiem Willen wähle ich, dass er die unumschränkte Herrschaft über mich haben soll.

15. April

Was die Gerechten begehren, wird ihnen gegeben.

Sprüche 10,24

Weil es ein gerechtes Begehren ist, kann Gott es ohne Schaden erfüllen. Es wäre weder gut für den Menschen selbst noch für die menschliche Gesellschaft im allgemeinen, wenn eine solche Verheißung dem Ungerechten gegeben wäre. Lasst uns des Herrn Gebote halten, und er wird gerechterweise auf unsere Wünsche achten.

Wenn die Gerechten etwas Ungerechtes begehren, wird es ihnen nicht gewährt werden. Aber dann ist es auch nicht ihr wirkliches Begehren; es ist ein Irrtum oder ein Versehen, und es ist gut, dass es ihnen abgeschlagen wird. Ihr gläubiges Begehren soll vor den Herrn kommen, und er wird nicht Nein dazu sagen.

Versagt uns der Herr die Erfüllung unserer Wünsche für kurze Zeit, so ermutigt die heutige Verheißung uns, weiterzubitten. Hat er sie uns ganz und gar versagt, wollen wir ihm immer noch danken; denn es war stets unser Verlangen, dass er versagen sollte, was nach seinem Urteil versagt werden muss.

Um einige Dinge bitten wir sehr kühn. Unser Hauptbegehren ist Herzensfrömmigkeit, Brauchbarkeit für den Dienst des Herrn, Bereitschaft für den Himmel. Dies sind mehr die Wünsche der Gnade als der Natur, mehr die Wünsche eines Gerechten als die eines Weltmenschen. Gott will uns diese Dinge nicht in kärglichem Maße gewähren, sondern überschwänglich für uns tun. »Habe deine Lust an dem Herrn: der wird dir geben, was dein Herz wünscht!«

**Zu der Zeit wird auf den Schellen der
Rosse stehen: Heilig dem Herrn!**

Sacharja 14,20

Glückliche Zeit, wenn alle Dinge geweiht sein werden
und die Schellen der Rosse von der Heiligkeit des Herrn
erklingen! Diese Zeit ist für mich gekommen. Lasse
ich nicht alle Dinge dem Herrn heilig sein? Wenn ich
meine Kleider anziehe oder ablege, sollen sie mich an
die Gerechtigkeit Jesu Christi, meines Herrn, erinnern.
Meine Arbeit soll dem Herrn getan sein. Dass heute
meine Kleider heilige Gewänder wären, meine Mahlzeiten Sakramente, mein Haus ein Gotteshaus, mein
Tisch ein Altar, meine Rede ein Opfer und ich selber
ein Priester! Herr, erfülle deine Verheißung und lass
nichts für mich gemein oder unrein sein!

Ich will das im Glauben erwarten. Wenn ich glaube,
dass es so sein wird, werde ich entsprechend handeln.
Da ich Jesu Eigentum bin, soll mein Herr Inventur machen von allem, was ich besitze, denn es ist ganz und
gar sein Eigen; und ich bin entschlossen, durch den Gebrauch, den ich heute davon mache, zu beweisen, dass
es ihm gehört. Vom Morgen bis zum Abend möchte ich
alle Dinge nach einer fröhlichen und heiligen Regel ord-
nen. Meine Schellen sollen läuten – warum sollten sie
es nicht? Sogar meine Rosse sollen Schellen haben. Wer
hat ein solches Recht, zu spielen und zu singen wie die
Heiligen? Aber all meine Schellen, mein Spielen, mein
Singen, mein Jubilieren soll in Heiligkeit getaucht sein
und den Ruf: »Heilig dem Herrn!« ertönen lassen.

17. April

Wenn jemands Wege dem Herrn wohlgefallen, so macht er auch seine Feinde mit ihm zufrieden.

Sprüche 16,7

So muss ich also danach trachten, dass meine Wege dem Herrn wohlgefallen. Selbst dann werde ich ja Feinde haben, und vielleicht umso gewisser, je mehr ich mich bemühe, das zu tun, was Recht ist. Aber was für eine Verheißung habe ich dann! »Wenn Menschen wüten, so legt Gott Ehre ein«, und er wird ihr Wüten dämpfen, dass es mich nicht ängstigen kann.

Er kann einen Feind hindern, mir Schaden zu tun, auch wenn dieser Lust dazu hätte. Oder er kann den Zorn des Feindes wandeln und den Feind zu einem Freunde machen; für beides haben wir im Worte Gottes und in der Geschichte von Jüngern Jesu mannigfache Beweise. Der Herr kann sogar einen wütenden Gegner in einen Bruder in Christus und einen Mitarbeiter umwandeln; denkt nur an die große Wendung im Leben des Apostels Paulus!

Glücklich der Mann, dessen Feinde Gott ruhig und umgänglich macht! Es ist mein Gebet, dass ich tiefen Frieden haben möge, wenn ich dem Tode, der der letzte Feind genannt wird, begegne. Meine große Sorge soll nun sein, dem Herrn in allen Dingen zu gefallen. Dass ich doch Glauben und Herzensfrömmigkeit hätte, denn daran hat der Höchste Wohlgefallen!

Ich will dich nicht verlassen noch von dir weichen.

Josua 1,5

Dieses Wort wird oft angeführt; es liegt dem neutestamentlichen Wort: »Ich will dich nicht verlassen noch versäumen!« zugrunde.

Liebe Freunde, ein Leben des Kampfes liegt vor uns, aber der Herr der Heerscharen ist mit uns. Sind wir berufen, ein großes, aber wankelmütiges Volk zu leiten? Diese Verheißung verbürgt uns alle Weisheit und Klugheit, deren wir bedürfen. Haben wir mit listigen und mächtigen Feinden zu streiten? Hier ist Stärke und Tapferkeit, Kühnheit und Sieg. Haben wir ein großes Erbteil zu gewinnen? Unter diesem Zeichen werden wir ans Ziel gelangen; der Herr selber ist mit uns.

Es wäre in der Tat ein Elend für uns, wenn der Herr uns verlassen könnte; weil dies aber unter keinen Umständen der Fall sein kann, sind die Stürme der Unruhe in den Wogen göttlicher Treue zur Ruhe gegangen. Bei keiner einzigen Gelegenheit will der Herr von uns weichen. Was immer geschieht, er will an unserer Seite sein. Freunde fallen von uns ab, ihre Hilfe ist nur ein Aprilschauer; aber Gott ist treu. Jesus ist ewig derselbe, und der Heilige Geist bleibt in uns.

Komm, mein Herz, sei heute ruhig und hoffnungsvoll! Wolken mögen sich sammeln, aber der Herr kann sie hinwegblasen. Da Gott mich nicht verlassen will, soll mein Glaube mich auch nicht verlassen; und da er nicht von mir weichen will, will auch ich nicht von ihm weichen. Dass ich im Glauben Ruhe fände!

19. April

Denn so spricht Gott der Herr: Siehe, ich will mich meiner Herde selbst annehmen und sie suchen.

Hesekiel 34,11

Das tut er am Anfang, wenn seine Erwählten wie irrende Schafe sind, die weder den Hirten noch die Hürde kennen. Wie wunderbar findet der Herr seine Erwählten heraus! Jesus ist groß als suchender Hirt wie als rettender Hirt. Obgleich viele von denen, die sein Vater ihm gegeben hat, der Höllenpforte so nahe gekommen sind, wie sie nur können, findet der spähende und forschende Herr sie doch und nimmt sich ihrer in Gnaden an. Er hat ja uns gesucht; lasst uns für die Menschen hoffen, die uns in unseren Gebieten ans Herz gelegt werden; er wird auch sie finden.

Der Herr wiederholt dieses Verfahren, wenn einige seiner Herde von der Weide der Wahrheit und Nachfolge abirren. Sie mögen in groben Irrtum, traurige Sünde und betrübliche Verhärtung hineingeraten; dennoch wird der Herr, der für sie bei seinem Vater Bürge geworden ist, nicht zulassen, dass eins sich so weit verirrt, dass es umkommt. Er wird sie durch seine Vorsehung und durch seine Gnade bis in fremde Länder, an die Stätten der Armut, in die verrufenen Höhlen, in die Tiefen der Verzweiflung hinein verfolgen; er wird keinen von denen verlieren, die ihm der Vater gegeben hat. Es ist eine Ehrensache für Jesus, die ganze Herde ohne eine einzige Ausnahme zu suchen und zu retten. Welch herrliche Verheißung, wenn ich gezwungen bin zu schreien: »Ich bin wie ein verirrtes und verlorenes Schaf!«

Der Gerechte wird seines Glaubens leben.

Römer 1,17

Ich kann nicht sterben. Ich kann an den Herrn, meinen Gott, glauben; ich glaube an ihn, und dieser Glaube wird mich lebendig erhalten. Ich möchte unter diejenigen gezählt werden, die in ihrem Wandel gerecht sind; aber selbst wenn ich vollkommen wäre, würde ich nicht versuchen, durch meine Gerechtigkeit zu leben. Ich würde mich an das Werk des Herrn Jesus anklammern und durch den Glauben an ihn und durch nichts anderes leben. Wenn ich imstande wäre, meinen Leib für den Herrn Jesus brennen zu lassen, so wollte ich doch nicht meinem eigenen Mut und meiner eigenen Beständigkeit trauen, sondern durch den Glauben leben.

Durch den Glauben leben ist weit sicherer und glücklicher als durch Gefühle oder durch Werke. Die Rebe hat ein besseres Leben am Weinstock, als sie es für sich allein haben würde, selbst wenn es ihr möglich wäre, getrennt vom Stamm zu leben. Leben, indem man sich an Jesus anklammert und alles von ihm empfängt, ist etwas sehr Schönes und Heiliges. Wenn sogar der Gerechte in dieser Art leben muss, wie viel mehr ich, der ich ein armer Sünder bin! Herr, ich glaube! Ich muss dir ganz vertrauen. Was kann ich anderes tun? Dir vertrauen ist mein Leben. Dabei will ich bleiben bis an mein Ende.

21. April

Deine Feinde sollen als Lügner erfunden werden.

5. Mose 33,29

Jener Erzfeind, der Teufel, ist ein Lügner von Anfang an; aber seine Lügen sind so einleuchtend, dass wir wie Mutter Eva dahin gebracht werden, ihm zu glauben.

Er sagt, dass wir aus der Gnade fallen, unserem Bekenntnis Unehre machen und dem Verderben der Abtrünnigen anheimfallen werden; aber im Vertrauen auf den Herrn Jesus werden wir auf unserem Weg beharren und beweisen, dass Jesus keinen verliert, den sein Vater ihm gegeben hat. Er sagt, dass uns an Brot fehlen wird und wir mit unseren Kindern verhungern werden; doch der Ernährer der Raben hat uns nicht vergessen, und er wird es nie tun, sondern uns »einen Tisch bereiten im Angesicht unserer Feinde«.

Er flüstert uns zu, dass der Herr uns nicht aus der Trübsal erretten wird, die sich in der Ferne zeigt, und droht uns damit, dass es den Rücken des Kamels brechen wird, wenn wir ihm noch ein Lot mehr aufladen. Der Lügner! Der Herr will uns nie verlassen noch versäumen. »Der erlöse ihn nun!«, ruft der falsche Feind; aber der Herr wird ihn zum Schweigen bringen, indem er uns zu Hilfe kommt.

Er hat große Freude daran, uns zu erzählen, dass der Tod uns zu mächtig sein wird. Was wirst du tun, wenn die Todesflut anschwillt? Aber auch da wird er sich als Lügner erweisen, und wir werden durch den Strom gehen und Siegespsalmen singen.

**Der Herr macht die Blinden sehend. Der Herr
richtet auf, die niedergeschlagen sind.**

Psalm 146,8

Bin ich niedergeschlagen? Gut, dann will ich dieses
Gnadenwort vor dem Herrn geltend machen. Es ist seine Weise, seine Gewohnheit, seine Verheißung, seine
Freude, die aufzurichten, die niedergeschlagen sind. Ist
es ein Gefühl der Sünde und die daraus folgende Niedergeschlagenheit, an der ich leide? Dann ist das Werk
Jesu dazu da, mich aufzurichten und mir Ruhe zu geben. Herr, richte mich auf um deiner Barmherzigkeit
willen!

Ist es ein trauriger Todesfall oder ein großer Verlust
an Vermögen? Auch hier hat der Tröster es übernommen zu trösten. Wie gut für uns, dass eine Person der
heiligen Dreieinigkeit der Tröster geworden ist! Es wird
ein wahrer Trost sein, da ein so Erhabener ihn zu seiner
besonderen Sorge gemacht hat.

Manche Menschen sind so niedergeschlagen, dass nur
Jesus sie von ihrer Schwachheit frei machen kann; aber
er kann und will es tun. Er kann uns aufrichten, dass
wir gesund, hoffnungsvoll und glücklich werden. Er hat
das in früheren Prüfungen oft getan, und er ist derselbe
Heiland und will seine Taten der Liebe und Güte wiederholen. Wir, die wir heute niedergeschlagen und voll
Traurigkeit sind, werden aufgerichtet werden, und die,
welche jetzt über uns spotten, werden sich noch schämen. Was für eine Ehre, von dem Herrn aufgerichtet
zu werden! Es ist der Mühe wert, niedergeschlagen zu
sein, um seine aufrichtende Macht zu erfahren.

23. April

**Wer Ohren hat, der höre, was der Geist den
Gemeinden sagt: Wer überwindet, dem soll
kein Leid geschehen von dem andern Tode.**

Offenbarung 2,11

Den ersten Tod müssen wir erdulden, es sei denn, dass
der Herr plötzlich zu seinen Kindern kommt. Lasst uns
bereit bleiben und ihn ohne Furcht erwarten, weil Jesus
den Tod aus einer finsteren Höhle zu einem Durchgang
verwandelt hat.

Zu fürchten ist nicht der erste, sondern der zweite
Tod, nicht das Scheiden der Seele vom Leib, sondern
die endgültige Trennung des ganzen Menschen von
Gott. Das ist der wahre Tod. Dieser Tod tötet Frieden,
Freude, Glück und Hoffnung. Hat uns Gott verlassen,
dann sind wir in Wahrheit »verlassen«. Solch ein Tod
ist weit schlimmer als das Ausgelöschtwerden; er ist
Dasein ohne das Leben, das dem Dasein seinen Wert
gibt.

Wenn wir nun durch Gottes Gnade in dem heiligen
Krieg bis zum Ende streiten und überwinden, so kann
kein zweiter Tod seine kalten Finger auf uns legen. Wir
werden keine Furcht vor Tod und Hölle haben, denn
wir werden eine unverwelkliche Krone des Lebens
empfangen. Wie gibt uns das Kraft für den Streit! Das
ewige Leben ist den Kampf eines ganzen Lebens wert.
Um dem Leid des zweiten Todes zu entgehen, lohnt es,
ein Leben lang darum zu ringen.

Herr, gib mir Glauben, damit ich überwinde, und
dann gewähre mir Gnade, unverletzt zu bleiben, auch
wenn mir Sünde und Satan auf den Fersen folgen!

**Bringet aber die Zehnten ganz in mein Kornhaus,
auf dass in meinem Hause Speise sei, und
prüfet mich hierin, spricht der Herr Zebaoth,
ob ich euch nicht des Himmels Fenster auftun
werde und Segen herabschütten die Fülle.**

Maleachi 3,10

Viele lesen diese Verheißung und machen sie geltend, ohne die Bedingungen zu beachten, an die der Segen gebunden ist. Wir können nicht erwarten, dass der Himmel aufgetan oder der Segen ausgeschüttet wird, wenn wir dem Herrn, unserem Gott, und seiner Sache gegenüber nicht unsere Schuldigkeit tun. Es gäbe keinen Mangel an Mitteln für heilige Zwecke, wenn alle Christen ihren gebührenden Anteil darbrächten.

Viele sind arm, weil sie Gott berauben. Auch viele Gemeinden bringen sich um die gnädigen Heimsuchungen des Geistes, weil sie ihre Prediger Hunger leiden lassen. Wenn keine irdische Speise für Gottes Diener da ist, brauchen wir uns nicht zu wundern, wenn ihre Predigt wenig Nahrung für unsere Seelen enthält. Wenn die Missionen nach Mitteln schmachten und das Werk des Herrn durch eine leere Kasse gehindert wird, wie können wir da große Gottesgaben für die Seelen erwarten?

Denke nach! Was habe ich in letzter Zeit gegeben? Bin ich knickerig gegen meinen Gott gewesen? Habe ich gegenüber meinem Heiland gegeizt? Das geht nicht an! Lasst mich meinem Herrn Jesus den Zehnten geben, indem ich den Armen helfe und sein Werk unterstütze! Dann werde ich seine Segensmacht in großem Maß erfahren.

25. April

**Ein Gerechter, der in seiner Frömmigkeit wandelt,
des Kindern wird's wohlgehen nach ihm.**

Sprüche 20,7

Sorge um unsere Familie ist natürlich; aber es wäre klug, wenn wir sie in Sorge um unser eigenes Verhalten verwandelten. Wenn wir fromm vor dem Herrn wandeln, werden wir mehr zum Segen unserer Nachkommen tun, als wenn wir ihnen große Besitztümer hinterlassen. Das heilige Leben eines Vaters ist das reichste Vermächtnis für seine Söhne.

Der Aufrichtige hinterlässt seinen Erben sein Beispiel, und dieses wird an sich schon eine Fundgrube wahren Reichtums sein. Wie viele können ihren Erfolg im Leben auf das Beispiel ihrer Eltern zurückführen!

Er hinterlässt ihnen auch seinen guten Ruf. Die Menschen haben sofort eine gute Meinung von uns, wenn sie hören, dass wir die Söhne eines vornehm denkenden Mannes sind. Oh, dass alle jungen Männer ihren Namen rein hielten!

Vor allem hinterlässt er seinen Kindern seine Gebete und den Segen eines Gottes, der die Gebete erhört, und das macht unsere Nachkommen zu Bevorzugten unter den Menschenkindern. Gott wird sie auch dann noch segnen und ihnen wohltun, wenn wir tot sind.

Unsere Frömmigkeit mag Gottes Mittel sein, unsere Söhne und Töchter zu erretten. Wenn sie die Wahrheit unseres Glaubens durch unser Leben bewiesen sehen, kann es ja nicht ausbleiben, dass sie sich für Jesus entscheiden. Herr, erfülle dieses Wort an meinem Haus!

**So wird der Herr, dein Gott, dich
segnen in allem, was du tust.**

5. Mose 15,18

Nach dem Gesetz sollte jeder Herr seinem leibeigenen Knecht zur rechten Zeit die Freiheit geben und ihn, wenn er seinen Dienst verließ, wohlversorgt ziehen lassen. Das sollte er von Herzen und fröhlich tun, und dann verhieß der Herr, das großmütige Verhalten zu segnen. Der Geist dieses Gebots und das ganze Gesetz Christi verpflichten uns, Arbeiter gut zu behandeln. Wir sollen daran denken, wie der Herr an uns gehandelt hat und dass wir darum allen Grund haben, andere freundlich zu behandeln. Es geziemt denen, die Kinder eines gnädigen Gottes sind, freigebig zu sein. Wie können wir erwarten, dass unser großer Herr uns in unserm Geschäft segnet, wenn wir die bedrücken, die uns dienen?

Was für ein Segen wird hier dem Freigebigen vor Augen gestellt! In allem gesegnet sein, was wir tun, das heißt in der Tat gesegnet sein. Der Herr wird uns das teils durch äußeres Wohlergehen, teils durch Zufriedenheit der Seele und teils durch das Bewusstsein seiner Huld, das die beste aller Segnungen ist, gewähren. Er kann uns fühlen lassen, dass wir unter seiner besonderen Obhut stehen und von seiner besonderen Liebe umgeben sind. Das macht das Erdenleben zu einem frohen Vorspiel des künftigen Lebens. Gottes Segen ist mehr als Reichtum. Und: »Der Segen des Herrn macht reich ohne Mühe« (Spr. 10,22).

27. April

Der Herr wird's für mich vollführen.

Psalm 138,8

Er, der das Werk angefangen hat, das in meiner Seele vor sich geht, wird es auch zu Ende führen. Der Herr kümmert sich um alles, was mich betrifft. Über alles, was jetzt gut, aber nicht vollkommen ist, will der Herr wachen, will es bewahren und zur Vollkommenheit führen. Welch ein Trost! Ich könnte das Werk der Gnade nicht selbst vollenden. Dessen bin ich ganz gewiss, denn ich versage jeden Tag und habe nur so lange durchgehalten, weil der Herr mir geholfen hat. Wenn der Herr mich verließe, wäre alle meine frühere Erfahrung nichts wert, und ich würde auf dem Weg umkommen. Aber der Herr will fortfahren, mich zu segnen. Er wird meinen Glauben, meine Liebe, meinen Charakter, mein Lebenswerk vollenden. Er will das tun, weil er ein Werk in mir begonnen hat. Er hat die Sehnsucht in mein Herz gelegt und bis zu einem bestimmten Grade auch schon erfüllt. Er lässt niemals ein Werk unvollendet; das würde nicht zu seiner Ehre gereichen und sähe ihm auch nicht ähnlich. Er weiß seine Gnadenabsicht auszuführen, und obwohl meine eigene böse Natur, die Welt und der Teufel sich verschworen haben, ihn zu hindern, zweifle ich doch nicht an seiner Verheißung. Er will sein Werk in mir vollenden, und ich werde ihn ewig loben. Herr, lass dein Gnadenwerk in mir heute ein Stück vorankommen!

Ich will unter ihnen wohnen und unter ihnen wandeln und will ihr Gott sein, und sie sollen mein Volk sein.

2. Korinther 6,16

Hier ist ein wechselseitiges Interesse. Eins gehört zum anderen. Gott ist das Erbteil seines Volkes, und das erwählte Volk ist das Erbteil seines Gottes. Die Heiligen finden in Gott ihr höchstes Gut, und sie sind für ihn ein besonderer Schatz. Welch eine Fundgrube von Trost liegt darin für jeden Gläubigen!

Dieser glückliche Zustand wechselseitigen Interesses führt zu wechselseitigem Gedenken. Gott wird immer an die Seinen denken, und sie werden immer an ihn denken. Heute will Gott alles für mich tun; was kann ich für ihn tun? Meine Gedanken sollten zu ihm eilen, denn er denkt an mich. Ich will darauf achten, dass sie das wirklich tun, und mich nicht mit der bloßen Einsicht begnügen, dass sie es tun sollten.

Das führt weiter zu wechselseitiger Gemeinschaft. Gott wohnt in uns, und wir wohnen in ihm; er wandelt mit uns, und wir wandeln mit Gott. Welch glückliche Gemeinschaft!

Dass ich Gnade hätte, den Herrn als meinen Gott anzusehen, ihm zu vertrauen und ihm zu dienen, wie seine Huld es verdient. Dass ich den Herrn im Geist und in der Wahrheit lieben, ihn verehren und ihm gehorchen könnte! Das ist meines Herzens Wunsch. Wenn ich das erreicht habe, werde ich meinen Himmel gefunden haben. Herr, hilf mir! Sei mein Gott, indem du mir hilfst, dich als meinen Gott zu erkennen, um Jesu willen!

29. April

Sprich nicht: Ich will Böses vergelten!
Harre des Herrn, der wird dir helfen!

Sprüche 20,22

Überstürze nichts! Lass den Zorn abkühlen! Sage nichts und tue nichts, um dich selbst zu rächen! Du wirst gewiss unklug handeln, wenn du den Stock aufhebst, um deinen eigenen Kampf auszutragen; und sicherlich wird man nicht den Geist des Herrn Jesus in dir erkennen. Es ist edler, zu vergeben und nicht mehr an die Beleidigung zu denken. Ein empfangenes Unrecht in deinem Herzen wachzuhalten und auf Rache zu sinnen, heißt alte Wunden offen halten und neue schlagen. Besser vergeben und vergessen.

Vielleicht meinst du, dass du entweder etwas tun oder großen Verlust erleiden musst; dann tue, was diese Verheißung dir rät: »Harre des Herrn, der wird dir helfen!« Dieser Rat wird dich keine sechs Schilling und acht Pence kosten, aber er ist viel mehr wert. Sei gelassen und ruhig. Harre des Herrn! Trage ihm deinen Kummer vor. Breite Rabsakes Brief vor dem Herrn aus, das wird allein schon deine belastete Seele erleichtern. Außerdem ist hier die Verheißung: »Der wird dir helfen.« Gott wird einen Weg finden, dich zu befreien. Wie er es tun wird, können weder du noch ich erraten, aber tun wird er etwas. Wenn der Herr dir hilft, wird das sehr viel mehr nützen, als wenn du dich in kleinliche Zänkereien einlässt und durch das Streiten mit den Unreinen dich mit Schmutz bedeckst. Sei nicht mehr zornig! Überlasse deine Sache dem ewigen Richter!

Wer überwindet, dem will ich zu essen geben von dem verborgenen Manna.

Offenbarung 2,17

Mein Herz, lass dich anspornen, in dem heiligen Kampf nicht zu ermatten, denn der Lohn des Sieges ist groß. Heute essen wir von der himmlischen Speise, die um unser Lager niederfällt, die Speise der Wüste, die Speise, die vom Himmel kommt, die Speise, die den Pilgern auf dem Weg zur ewigen Heimat nie mangelt. Aber in Jesus Christus wartet ein noch höherer Grad geistlichen Lebens auf uns und steht eine Speise für uns bereit, die wir bisher noch nicht genossen haben. In dem goldenen Gefäß, das sich im Allerheiligsten befand, war Manna enthalten, das nie verdarb, obwohl es jahrhundertelang dort aufbewahrt wurde. Niemand sah es je; es war mitsamt seinem Gefäß im Allerheiligsten verborgen. Ebenso ist das höchste Leben des Gläubigen mit Christus in Gott verborgen. Bald wird es uns zuteilwerden. Nachdem wir durch die Gnade unseres Herrn Jesus den Sieg gewonnen haben, sollen wir von des Königs Tisch essen und uns von seinen köstlichen Speisen nähren. Jesus will unsere Speise sein. Er ist unser »verborgenes Manna«, wie er auch das Manna der Wüste war. Er ist uns alles in allem, in unseren höchsten wie in unseren alltäglichsten Interessen. Er hilft uns streiten, gibt uns den Sieg und ist dann selbst unser Lohn. Herr, hilf mir überwinden!

1. Mai

Berge und Hügel sollen vor euch her frohlocken mit Ruhm und alle Bäume auf dem Felde mit den Händen klatschen.

Jesaja 55,12

Wenn die Sünde vergeben ist, so hat unser größter Schmerz ein Ende, und unser wahres Vergnügen beginnt. So groß ist die Freude, die der Herr dem Erlösten schenkt, dass sie überfließt; die ganze Natur ist für ihn mit Wonne erfüllt. In der Welt um uns her ist viel verborgene Musik, und ein erneuertes Herz weiß diese Musik hörbar zu machen und in Gesang zu wandeln. Die Schöpfung ist eine Orgel, und ein begnadigter Mensch entdeckt bald ihre Akkorde; er lässt seine Finger über die Tasten gleiten und erfüllt das ganze Weltall mit Wohlklang zum Lobe Gottes. Berge und Hügel bilden sozusagen den Bass des Chores, während die Bäume des Waldes und alle Blumen in den Gärten und auf den Wiesen den hellen, melodischen Sopran ertönen lassen.

Wenn das Wort Gottes unter uns wirkt und Seelen gerettet werden, dann scheint alles zu singen und zu klingen. Wenn wir die Bekenntnisse junger Gläubiger und die Zeugnisse fortgeschrittener Heiliger hören, sind wir so glücklich, dass wir den Herrn loben müssen, und dann scheint es, als ob Felsen und Hügel, Wälder und Felder unseren Lobgesang aufnähmen und die Welt in ein riesiges Orchester verwandelten. Herr, an diesem fröhlichen Maientag führe mich hinaus in deine klangvolle Welt, so reich an Lob wie eine Lerche in ihrem Jubilieren!

Wer auf den Geist sät, der wird von dem Geist das ewige Leben ernten.

Galater 6,8

Das Säen sieht aus wie ein vergebliches Tun, denn wir legen gutes Korn in den Boden, um es niemals wiederzusehen. Säen auf den Geist scheint etwas sehr Fantastisches, Träumerisches zu sein, denn wir verleugnen uns selbst und erhalten anscheinend nichts dafür. Doch wenn wir auf den Geist säen, indem wir uns befleißigen, für Gott zu leben, wenn wir dem Willen Gottes gehorchen und uns bemühen, seine Ehre zu fördern, werden wir nicht vergeblich säen. Das Leben, ja, das ewige Leben soll unser Lohn sein. Wir freuen uns dessen schon hier in der Erkenntnis Gottes, in der Gemeinschaft mit Gott und in der Freude an Gott. Dieses Leben fließt dahin, wie ein immer tiefer, immer breiter werdender Fluss, bis es uns in den Ozean endloser Seligkeit trägt, wo das Leben Gottes auf ewig unser Leben ist.

Lasst uns heute nicht auf unser Fleisch säen, denn die Ernte würde Verwesung, das Ende alles Fleisches, sein; sondern lasst uns mit heiliger Selbstüberwindung für die höchsten, reinsten und heiligsten Ziele leben und danach trachten, unseren hochgelobten Herrn zu ehren, indem wir der Führung seines Geistes widerspruchslos folgen! Was für eine Ernte wird es sein, wenn wir das ewige Leben ernten! Was für Garben endloser Seligkeit werden wir einbringen! Was für ein Fest wird die Ernte sein! Herr, lass uns solche Schnitter sein um deines Sohnes willen!

3. Mai

Wenn du hören wirst das Rauschen auf den Wipfeln einhergehen, so eile, denn der Herr ist dann ausgegangen vor dir her, zu schlagen das Heer der Philister.

2. Samuel 5,24

Es gibt Anzeichen für das Herannahen des Herrn, die auch uns in Bewegung bringen sollten. Der Geist Gottes weht, wo er will, und wir hören sein Sausen. Dann ist die Zeit, uns mehr als je aufzuraffen. Wir müssen die goldene Gelegenheit ergreifen und sie so gut nutzen, wie wir nur können. Unsere Aufgabe ist es, die Welt der Sünde zu allen Zeiten zu bekämpfen; aber wenn der Herr selbst vor uns ausgeht, dann sollten wir besonders tapfer in dem Streit sein.

Der Wind bewegt die Wipfel der Bäume, und für jene Männer war dies das Signal zu einem Angriff; bei ihrem Vormarsch wollte der Herr selbst ihre Gegner schlagen. Dass uns der Herr heute eine Gelegenheit gäbe, mit vielen unserer Freunde für ihn zu sprechen! Lasst uns wachsam sein und uns die hoffnungsvolle Gelegenheit zunutze machen, wenn sie kommt! Wer weiß, ob dies nicht ein Tag guter Botschaften, eine Zeit des Seelengewinnens sein wird! Lasst uns die Ohren offen halten, das Rauschen des Windes vernehmen, und unser Herz sei bereit, dem Signal zu gehorchen! Ist nicht diese Verheißung: »Dann ist der Herr ausgegangen vor dir her« genug Ansporn, uns als Männer zu beweisen? Da der Herr vor uns hergeht, dürfen wir nicht zurückbleiben.

**Freue dich nicht, meine Feindin, dass ich daniederliege!
Ich werde wieder aufkommen; und so ich im
Finstern sitze, so ist doch der Herr mein Licht.**

Micha 7,8

Hier kommt das Gefühl eines Mannes oder einer Frau
zum Ausdruck, die zu Boden getreten und unterdrückt
sind. Unser Feind mag unser Licht eine Zeit lang auslöschen, aber es gibt eine gewisse Hoffnung für uns in
dem Herrn; wenn wir auf ihn vertrauen und rechtschaffen und lauter bleiben, wird die Zeit des Daniederlie-
gens und der Finsternis bald vorüber sein. Der Druck
der Feinde währt nur einen Augenblick. Der Herr wird
bald ihr Lachen in Klagen verwandeln und unser Seufzen in Lobgesang.

Und selbst wenn der große Feind der Seelen eine
Weile über uns triumphieren sollte, wie er über bessere Männer, als wir es sind, triumphiert hat, so lasst
uns doch beherzt bleiben, denn wir werden ihn binnen
Kurzem überwinden! Wir werden aufstehen von unserem Fall, denn unser Gott ist nicht gefallen. Er wird uns
aufheben. Wir werden nicht in der Finsternis bleiben,
obwohl wir für den Augenblick darin sitzen; denn unser Herr ist die Quelle des Lichts, und er wird uns bald
einen freudevollen Tag bescheren. Lasst uns nicht verzweifeln oder auch nur zweifeln! Eine Umdrehung des
Rades, und die Untersten werden oben sein. Wehe denen, die jetzt lachen, denn sie werden trauern und weinen, wenn ihr Prahlen in ewige Verachtung verwandelt
worden ist! Aber gesegnet sind alle Trauernden, denn
sie sollen göttlich getröstet werden.

5. Mai

Der Herr, dein Gott, wird dein Gefängnis wenden.

5. Mose 30,3

Gottes Volk kann sich selbst durch die Sünde in Gefangenschaft begeben. Das ist eine sehr bittere Frucht. Sie stammt aus einer ungemein bitteren Wurzel. Wie hart ist die Knechtschaft, wenn das Kind Gottes unter die Sünde verkauft ist, von Satan in Ketten gehalten, seiner Freiheit, seiner Kraft im Gebet und seiner Freude am Herrn beraubt! Lasst uns wachen, damit wir nicht in solche Knechtschaft kommen!

Sollte uns dies aber widerfahren sein, so lasst uns keineswegs verzweifeln! Wir können nicht für immer in Sklaverei gehalten werden. Der Herr Jesus hat einen zu hohen Preis für unsere Erlösung bezahlt, als dass er uns in der Hand des Feindes lassen sollte. Der Weg zur Freiheit lautet: »Kehre wieder um zu dem Herrn, deinem Gott!« Wo wir zuerst das Heil fanden, werden wir es wiederfinden. Wenn wir am Fuße des Kreuzes Christi unsere Sünden bekennen, werden wir Vergebung und Befreiung finden. Überdies will der Herr, dass wir seiner Stimme gehorchen in allem, was er uns geboten hat; tun wir das von ganzem Herzen und von ganzer Seele, dann soll unsere Gefangenschaft bald ein Ende haben.

Oft wird Niedergeschlagenheit des Geistes und großes Elend der Seele von uns genommen, sobald wir unsere Götzen verlassen und uns im Gehorsam vor dem lebendigen Gott beugen. Wir brauchen keine Gefangenen zu sein. Wir können heute noch zur Freiheit in Christus zurückkehren.

Dein Herz folge nicht den Sündern, sondern sei täglich in der Furcht des Herrn. Denn es wird dir hernach gut sein, und dein Warten wird nicht trügen.

Sprüche 23,17.18

Wenn wir die Gottlosen glücklich sehen, sind wir geneigt, sie zu beneiden. Wenn ihre geräuschvolle Fröhlichkeit uns zu Ohren dringt und unser eigenes Herz schwer ist, denken wir leicht, dass sie besser daran seien als wir. Das ist töricht und sündhaft. Wenn wir sie besser kennen würden und besonders wenn wir an ihr Ende dächten, so würden wir sie bemitleiden.

Das Mittel gegen den Neid besteht darin, dass wir ständig im Bewusstsein der göttlichen Gegenwart leben, Gott ehren und Gemeinschaft mit ihm haben den ganzen Tag hindurch, wie lang der Tag auch scheinen mag. Wahrer Glaube hebt die Seele in eine höhere Region empor, wo das Urteil klarer wird und die Wünsche lauterer sind. Je mehr vom Himmel in unserem Leben ist, desto weniger werden wir von der Erde begehren. Die Furcht Gottes treibt allen Neid aus.

Der Neid erhält den Todesstreich durch eine ruhige Betrachtung der Zukunft. Der Reichtum und die Ehre der Gottlosen sind eitles Gepränge. Dieser pomphafte Schein funkelt eine Stunde lang und erlischt dann schnell. Ist der wohlhabende Sünder um seines Wohlergehens besser daran, wenn das Gericht ihn ereilt? Das Ende des Gottesfürchtigen ist Friede und Seligkeit, und niemand kann ihm seine Freude rauben; lasse er deshalb den Neid fahren und sich füllen mit ruhiger Zufriedenheit!

7. Mai

**Lass nichts von dem Bann an deiner Hand hangen,
auf dass der Herr von dem Grimm seines Zorns
abgewendet werde und gebe dir Barmherzigkeit
und erbarme sich deiner und mehre dich,
wie er deinen Vätern geschworen hat.**

5. Mose 13,18

Das Volk sollte götzendienerische Städte erobern, alle
Beute zerstören und alles, was durch Götzendienst verunreinigt war, als etwas Verbanntes betrachten, das mit
Feuer zu verbrennen war. Gegen Sünde aller Art müssen Christen in derselben Weise vorgehen. Wir dürfen
keine einzige böse Gewohnheit bestehen lassen. Wir
müssen Krieg führen bis aufs Messer mit Sünden aller
Art und Größe, ob es Sünden des Leibes, der Seele oder
des Geistes sind.

Wir sehen dies Aufgeben des Bösen nicht als etwas
an, womit wir uns Barmherzigkeit verdienen, sondern
betrachten es als eine Frucht der Gnade Gottes, die wir
um keinen Preis entbehren möchten.

Wenn Gott uns hilft, kein Erbarmen mit unseren
Sünden zu haben, so hat er doch großes Erbarmen mit
uns. Wenn wir dem Bösen gram sind, so ist Gott uns
nicht mehr gram. Wenn wir unsere Anstrengungen
gegen die Sünde verdoppeln, so vervielfältigt der Herr
unsere Segnungen. Der Weg des Friedens, des Wachstums, der Sicherheit, der Freude in Christus Jesus wird
gefunden, indem man den Worten folgt: »Lass nichts
von dem Bann an deiner Hand hangen!« Herr, reinige
mich heute! Erbarmen, Gedeihen, Wachstum und Freude wird sicher denen zuteilwerden, die mit Ernst die
Sünde abtun.

**Gehet ihr auch hin in den Weinberg, und
was recht sein wird, soll euch werden.**

Matthäus 20,7b

Ja, es gibt Arbeit im Weinberg Christi für alte Menschen. Es ist die elfte Stunde, und dennoch will er uns arbeiten lassen. Welch große Gnade! Sollte nicht jeder alte Mensch diese Einladung mit Freuden ergreifen? Männer in vorgerückten Jahren will niemand als Diener haben; sie gehen von einer Stelle zur anderen, und die Besitzer blicken auf ihre grauen Haare und schütteln den Kopf. Aber Jesus will auch alte Leute einstellen und ihnen guten Lohn geben. Das ist in der Tat Erbarmen. Herr, hilf den Greisen, ohne eine Stunde Verzug in deinen Dienst zu treten!

Aber wird der Herr alten, abgerackerten Leuten Lohn zahlen? Zweifelt nicht daran! Er sagt, er will euch geben, was recht ist, wenn ihr auf seinem Feld arbeiten wollt. Er wird euch sicher Gnade hier und Herrlichkeit dort geben. Er will jetzt Trost und künftig Ruhe gewähren, Kraft, die eurem Tag angemessen ist, und einen Blick in die Herrlichkeit, wenn die Todesnacht herankommt. All das will der Herr Jesus den im Greisenalter Bekehrten ebenso geben wie denen, die in der Jugend in seinen Dienst treten.

Das möchte ich einigen noch nicht erretteten alten Männern oder Frauen sagen und den Herrn bitten, es um Jesu willen zu segnen. Wo kann ich solche Menschen finden? Ich will mich nach ihnen umsehen und ihnen freundlich diese Botschaft mitteilen.

9. Mai

**Denn unser Herz freut sich sein, und wir
trauen auf seinen heiligen Namen.**

Psalm 33,21

Aus der Wurzel des Glaubens wächst die Blume der Herzensfreude. Zuerst freuen wir uns vielleicht nicht, aber das kommt zu seiner Zeit. Wir vertrauen dem Herrn, wenn wir traurig sind, und zur rechten Stunde vergilt er unsere Zuversicht so, dass unser Glaube belohnt wird und wir uns in dem Herrn freuen. Zweifel brütet Elend aus, aber Vertrauen wird auf die Dauer zur Freude.

Die Gewissheit, die der Psalmist in diesem Vers ausdrückt, ist wirklich eine Verheißung, die uns in den Händen heiliger Zuversicht dargeboten wird. Dass wir doch Gnade hätten, sie uns anzueignen! Wenn wir uns nicht in diesem Augenblick freuen, so sollten wir es doch künftig tun, so gewiss der Gott der Alten unser Gott ist.

Lasst uns über den heiligen Namen des Herrn nachdenken, damit wir ihm umso besser vertrauen und uns umso rascher freuen! Er ist seinem Wesen nach heilig, gerecht, wahrhaftig, gnädig, treu und unveränderlich. Soll man einem solchen Gott nicht vertrauen? Er ist allweise, allmächtig und allgegenwärtig; dürfen wir uns nicht freudig auf ihn verlassen? Ja, wir wollen es tun!

»Der Herr des Friedens« wird Frieden spenden; »der Herr, der unsere Gerechtigkeit ist«, wird uns rechtfertigen. Er wird uns ewig nahe sein, und mit dem Wahlspruch: »Der Herr ist mein Panier« werden wir jeden Feind überwinden.

**Alsodass wir dürfen sagen: »Der Herr ist
mein Helfer, ich will mich nicht fürchten;
was sollte mir ein Mensch tun?«**

Hebräer 13,6

Weil Gott uns nicht verlassen noch versäumen will,
sollten wir wohl zufrieden sein mit dem, was wir haben. Da der Herr unser ist, werden wir nie ohne einen
Freund, einen Schatz und eine Wohnstätte sein. Diese
Zuversicht soll uns das Gefühl der Unabhängigkeit von
Menschen geben. Unter so hohem Schutz fühlen wir
uns nicht versucht, vor unseren Mitmenschen zu kriechen, sondern was wir sagen, das sagen wir kühn und
ohne Angst vor Widerspruch.

Wer Gott fürchtet, hat nichts anderes zu fürchten.
Wir sollten solche Ehrfurcht vor dem lebendigen Herrn
fühlen, dass alle Drohungen des stolzesten Verfolgers
uns nicht mehr beeindrucken als das Säuseln des Windes. Die Menschen unserer Zeit können nicht so viel
gegen uns tun, wie die Zeitgenossen der Apostel es
konnten. Folter und Scheiterhaufen sind aus der Mode
gekommen. Wenn auch die Schüler falscher Lehrer es
mit grausamem Spott und Hohn versuchen, so wundern
wir uns darüber nicht, denn die Menschen dieser Welt
können den himmlischen Samen nicht lieben. Was sollen wir also tun? Wir müssen den Hohn der Welt ertragen. Er zerbricht uns ja die Knochen nicht! Mit Gottes
Hilfe lasst uns kühn sein; und wenn die Welt wütet, so
lasst sie wüten, wir fürchten sie nicht!

11. Mai

**Gad wird gedrängt werden von Kriegshaufen,
er aber drängt sie auf der Ferse.**

1. Mose 49,19

Einige von uns gleichen den Menschen, denen diese
Verheißung gegeben wurde. Unsere Gegner waren eine
Zeit lang zu zahlreich für uns; sie kamen über uns wie
Kriegshaufen. Ja, und für den Augenblick überwanden
sie uns und frohlockten gewaltig über ihren zeitweili-
gen Sieg. Damit bewiesen sie nur, dass der erste Teil
des Familienerbes wirklich unser ist, denn Christi
Volk soll von Kriegshaufen überwunden werden. Dieses Überwundenwerden ist sehr schmerzlich, und wir
wären in Verzweiflung geraten, hätten wir nicht an die
zweite Zeile in dem Segen unseres Vaters geglaubt, »er
drängt sie auf der Ferse«. »Ende gut, alles gut«, sagt die
Welt, und sie spricht die Wahrheit. Einen Krieg darf
man nicht nach den ersten Erfolgen oder Niederlagen
beurteilen, sondern danach, wie er ausgeht. Der Herr
will am Ende der Wahrheit und Gerechtigkeit den Sieg
verleihen; und das bedeutet auf ewig, denn nichts kann
nach dem Ende kommen.

Was uns nottut, ist geduldiges Beharren im Gutes
tun, ruhiges Vertrauen auf unseren herrlichen Heiland.
Christus, unser Herr, will uns die heilige Kunst lehren,
unser Angesicht wie einen Kieselstein zu machen, um
in der Arbeit oder im Leiden auszuhalten, bis wir sagen
können: »Es ist vollbracht!« Gott sei gelobt! Sieg! Wir
glauben an die Verheißung: »Er wird zuletzt überwinden.«

Wer seinen Feigenbaum bewahrt, der isst Früchte davon; und wer seinen Herrn bewahrt, wird geehrt.

Sprüche 27,18

Wer einen Feigenbaum zieht, hat Feigen für seine Mühe, und wer einem guten Herrn dient, hat Ehre zum Lohn. Wahrlich, der Herr Jesus ist der beste aller Herren, und es ist eine Ehre, die geringste Handreichung für ihn tun zu dürfen. Es gibt Herren, deren Dienst ist, als wenn man einen Holzapfelbaum bewacht und Holzäpfel zum Lohn äße; aber meinem Herrn Jesus dienen heißt, einen Feigenbaum mit den süßesten Feigen zu bewahren. Sein Dienst ist an sich Freude, das Beharren darin ist Förderung, der Erfolg ist Segen, und sein Lohn ist die Herrlichkeit droben.

Unsere größten Ehren werden wir ernten, wenn die Feigen reif sind, nämlich in der künftigen Welt. Engel, die jetzt unsere Diener sind, werden uns heimtragen, wenn unser Werk getan ist. Der Himmel, wo Jesus ist, wird unsere ehrenvolle Wohnung sein, die ewige Seligkeit unser herrliches Teil und der Herr Jesus selbst unsere beglückende Gesellschaft. Wer kann sich die volle Bedeutung dieser Verheißung vorstellen: »Wer seinem Herrn dient, der wird geehrt werden!«?

Gott, hilf mir, meinem Herrn zu dienen! Lass mich jeden Gedanken an Ehre aufgeben bis zu der Stunde, wo du selbst mich ehren wirst! Möge der Heilige Geist mich zu einem demütigen und geduldigen Arbeiter und Diener machen!

13. Mai

**Dieser Jesus, welcher von euch ist aufgenommen
gen Himmel, wird kommen, wie ihr ihn
gesehen habt gen Himmel fahren.**

Apostelgeschichte 1,11

Das erste Kommen unseres Herrn feiern wir jedes Mal
zu Weihnachten; lasst uns heute unsere Gedanken auf
die Verheißung seines zweiten Kommens richten! Dieses ist so gewiss wie sein erstes Kommen, von dem es
einen großen Teil seiner Gewissheit erhält. Er, der in
Niedrigkeit kam, um zu dienen, wird ganz gewiss wiederkommen, um den Lohn seines Dienstes in Empfang
zu nehmen. Er, der kam, um zu leiden, wird nicht zaudern zu kommen, um zu herrschen.

Diese unsere Hoffnung macht uns froh, denn wir
sollen seine Freude teilen. Heute leben wir in Verborgenheit und Erniedrigung, wie er auf Erden lebte; aber
wenn er kommt, werden wir offenbar werden, wie er
offenbar werden wird. Tote Heilige sollen bei seinem
Erscheinen lebendig werden. Die Verleumdeten und
Verachteten sollen leuchten wie die Sonne in ihres Vaters Reich. Dann sollen die Heiligen als Könige und
Priester erscheinen, und die Tage ihres Trauerns sollen
ein Ende haben. Die lange Ruhe und der unbegreifliche
Glanz des Tausendjährigen Reiches werden ein reichlicher Lohn sein für die Jahrhunderte des Zeugens und
Kämpfens.

Oh, dass der Herr käme! Er kommt! Er ist auf dem
Weg und naht schnell. Das Geräusch seines Kommens
sollte unseren Herzen wie Musik klingen.

Kommt, wir wollen wieder zum Herrn; denn er hat uns zerrissen, er wird uns auch heilen; er hat uns geschlagen, er wird uns auch verbinden.

Hosea 6,1

Es ist des Herren Art zu zerreißen, ehe er heilt. Darin zeigt sich die aufrichtige Liebe seines Herzens und die sichere Heilkunst seiner Hand. Er schlägt auch, ehe er verbindet, sonst wäre es ein ungewisses Werk. Das Gesetz kommt vor dem Evangelium, das Gefühl der Bedürftigkeit vor der Erfüllung unseres Verlangens. Lebst du unter der überführenden, zermalmenden Hand des Geistes? Hast du den knechtischen Geist empfangen, dass du dich aufs Neue fürchten musst? Das wäre eine heilsame Vorbereitung auf das wirkliche Heilen und Verbinden des Evangeliums.

Verzweifle nicht, liebes Herz, sondern komm zum Herrn mit all deinen offenen Wunden, deinen Schmerzen und Krankheiten. Er allein kann heilen, und er freut sich, es tun zu dürfen. Es ist unseres Herrn Amt, die zerbrochenen Herzen zu verbinden. Lasst uns nicht zögern, sondern sofort wieder zum Herrn kommen, von dem wir uns entfernt haben! Lasst uns ihm unsere offenen Wunden zeigen und ihn bitten, Hand ans Werk zu legen und es zu vollenden! Wird ein Arzt schneiden und dann seinen Kranken verbluten lassen? Wird der Herr unser altes Haus niederreißen und sich dann weigern, uns ein besseres zu bauen? Vermehrt er je unnötigerweise das Elend armer, geängstigter Seelen? Das sei fern von dir.

15. Mai

Er kennt meinen Namen, darum will ich ihn schützen.

Psalm 91,14

Sagt der Herr das zu mir? Wenn ich seinen Namen kenne, ja! Gelobt sei der Herr, ich bin ihm nicht fremd! Ich habe ihn versucht und ihn erprobt und ihn erkannt, und deshalb vertraue ich ihm. Ich kenne seinen Namen als den eines Gottes, der die Sünde hasst; denn die überführende Macht seines Geistes hat mich gelehrt, dass er nie das Böse übersehen will. Aber ich kenne ihn auch als den Gott, der Sünde vergibt in Jesus Christus, denn er hat mir alle meine Übertretungen vergeben. Sein Name ist Treue, das weiß ich, denn er hat mich nie verlassen, wenn auch die Leiden sich auf mich gehäuft hatten.

Dieses Wissen ist eine Gabe der Gnade, und der Herr macht sie zum Grund für die Gewährung einer anderen Gnadengabe, für das Erhöhen. Das ist Gnade auf Gnade. Beachtet, dass es gefährlich sein kann, in die Höhe zu klimmen; aber wenn der Herr uns erhöht, ist unsere Stellung sicher. Er kann uns erhöhen zu großer Wirksamkeit, zu außerordentlicher Erfahrung, zu Erfolgen in seinem Dienst, zur Führung seiner Arbeiter, zum Pflegevater der Kleinen. Wenn er das nicht tut, erhöht er uns vielleicht durch nahe Gemeinschaft, tiefe Einsicht, heiligen Triumph und das Vorgefühl ewiger Herrlichkeit. Wenn Gott uns hochstellt, kann der Satan uns nicht herabziehen. Wenn es doch diesen ganzen Tag lang so um uns bestellt wäre!

Selig sind die Barmherzigen, denn sie werden Barmherzigkeit erlangen.

Matthäus 5,7

Es ist nicht recht, dass dem, der nicht vergeben will, vergeben wird, und dem, der den Armen nicht helfen will, soll auch nicht geholfen werden. Gott wird uns mit unserem eigenen Maß messen, und alle, die harte Herzen und harte Gläubiger gewesen sind, werden sehen, dass der Herr hart mit ihnen verfahren wird. »Es wird aber ein unbarmherziges Gericht über den ergehen, der nicht Barmherzigkeit getan hat.«

Lasst uns heute versuchen zu vergeben! Lasst uns tragen und ertragen! Lasst uns freundlich, sanft und milde sein! Lasst uns das Tun anderer nicht zu streng beurteilen, nicht beim Kaufen zu sehr feilschen, nicht alberne Zänkereien anfangen, nicht so verdrießlich sein, dass niemand es uns recht machen kann! Sicher möchten wir gesegnet werden und wollen gern Barmherzigkeit erlangen; lasst uns barmherzig sein, damit uns Barmherzigkeit zuteilwerde! Lasst uns die Bedingung erfüllen, damit wir die Seligpreisung für uns in Anspruch nehmen können! Ist es nicht eine angenehme Pflicht, freundlich zu sein? Ist das nicht schöner, als zornig und unverträglich zu sein? Wie viel Seligkeit steckt darin! Außerdem ist es ein reicher Lohn, Barmherzigkeit zu empfangen. Wer anders als die unumschränkte Gnade konnte eine solche Verheißung geben? Wir sind gegen unsere Mitsterblichen so oft nur in Pfennigen barmherzig, während der Herr uns »alle unsere Schuld« erlässt.

17. Mai

Die Frommen werden Gutes besitzen.

Sprüche 28,10

Das Buch der Sprüche ist auch ein Buch der Verheißungen. Verheißungen sollten unter dem Volk Gottes Sprichwörter sein. Hier haben wir eine sehr gnadenvolle Verheißung vor uns. Wir sind gewohnt zu denken, dass viel Gutes für uns aufbewahrt ist; aber hier wird uns gesagt, dass wir es schon jetzt besitzen sollen.

Keine Bosheit und List der Feinde kann unser Verderben bewirken; sie werden in die Grube fallen, die sie gegraben haben. Unser Erbe ist uns so sicher zugesagt, dass es uns nicht vorenthalten werden kann und dass wir auch nicht so vom Wege abirren können, dass wir es verfehlen.

Also was besitzen wir schon jetzt? Wir haben ein ruhiges Gewissen durch das kostbare Blut Jesu. Wir haben die Liebe Gottes, die uns gehört, was immer eintreten mag. Unser Gebet hat Macht bei Gott in den Zeiten der Not. Wir haben die Vorsehung Gottes, die über uns wacht, die Engel Gottes, die uns dienen, und vor allem den Geist Gottes, der in uns wohnt. Das alles ist tatsächlich unser! »Es sei das Gegenwärtige oder das Zukünftige, alles ist euer!« Jesus ist unser. Gott sei gelobt! Lasst uns nicht jammern und wimmern, knausern und uns plagen, obwohl wir so viel Gutes besitzen! Lasst uns von unserm Gott leben und uns den ganzen Tag seiner freuen! Hilf uns, Heiliger Geist!

**Ich will euch die Jahre erstatten, welche
die Heuschrecken gefressen haben.**

Joel 2,25

Ja, die vergeudeten Jahre, über die wir seufzen, sollen
uns erstattet werden. Gott kann uns so reichliche Gnade geben, dass wir in den Rest unserer Tage so viel Arbeit zusammendrängen, dass sie alle Jahre ersetzt, über
die wir in demütiger Buße trauern, weil wir ohne Gott
waren.

Die Heuschrecken der Rückfälligkeit, der Weltlichkeit und der Lauheit sehen wir jetzt als eine furchtbare Plage an. Wenn sie uns doch niemals nahe gekommen wären! Nun hat der Herr sie in seiner Barmherzigkeit weggenommen. Darum sind wir voll Eifer, ihm
zu dienen. Gelobt sei sein Name! Wir können so viel
Frucht geistlicher Gnade bringen, dass unsere frühere Unfruchtbarkeit davor verschwindet. Durch reiche
Gnade können wir unsere bittere Erfahrung nutzen
und sie dazu gebrauchen, um andere zu warnen. Wir
können durch unsere früheren Mängel umso tiefer in
der Demut, im kindlichen Vertrauen und in bußferti-
ger Frömmigkeit gegründet werden. Und wenn wir nun
umso wirksamer, eifriger und milder sind, werden uns
unsere beklagenswerten Verluste zum Gewinn. Die
vergeudeten Jahre können durch ein Wunder der Liebe
erstattet werden. Scheint das ein zu großes Gut? Lasst
uns auf dieses Ziel hin glauben und leben, und wir
können es noch erreichen, ebenso wie Petrus so viel
nützlicher wurde, nachdem seine Vermessenheit durch
das Zutagetreten der Schwachheit geheilt worden war.
Herr, stehe uns durch deine Gnade bei!

19. Mai

Darum spricht der Herr also: Wo du dich zu mir hältst, so will ich mich zu dir halten, und sollst mein Prediger bleiben. Und wo du die Frommen lehrst, sich sondern von den bösen Leuten, so sollst du mein Mund sein.
Jeremia 15,19

Armer Jeremia! Aber warum nennen wir ihn so? Der weinende Prophet war einer der auserwähltesten Diener Gottes und wurde von ihm mehr als viele andere geehrt. Er war verhasst, weil er die Wahrheit sagte. Das Wort, das ihm so süß war, klang seinen Hörern bitter, trotzdem stand er bei seinem Herrn in Ehren. Ihm wurde befohlen, in seiner Treue zu verharren, dann wollte der Herr fortfahren, durch ihn zu reden. Er sollte Menschen gegenüber kühn und wahr sein und im Namen des Herrn die sichten, die sich damals Gläubige nannten; und dann gab der Herr ihm die Verheißung: »Du sollst mein Mund sein.«

Welch eine Ehre! Sollte nicht jeder Prediger, ja, jeder Gläubige sie begehren? Wenn Gott durch uns spricht, was ist das für ein Wunder! Wir werden sichere, reine Wahrheit reden, und wir werden mit Vollmacht reden. Unser Wort soll nicht leer zurückkommen; es soll denen ein Segen sein, die es aufnehmen, und die es zurückweisen, sollen das auf eigene Gefahr tun. Unsere Lippen sollen vielen Speise geben. Wir sollen die Schlafenden wecken und die Toten zum Leben rufen.

Lieber Leser, bete auch du, dass es bei allen Dienern unseres Herrn so sein möge!

**Ich will vor dir hergehen und die Höcker eben
machen; ich will die ehernen Türen zerschlagen
und die eisernen Riegel zerbrechen.**

Jesaja 45,2

Dieses Wort galt Cyrus; aber es ist für immer das Erbe
aller Diener des Herrn. Lasst uns nur im Glauben voranschreiten, und der Weg wird uns geebnet werden.
Krümmungen und Wendungen menschlicher Schlauheit und satanischer List sollen für uns gerade gemacht
werden; wir brauchen ihren Irrgängen und Windungen
nicht zu folgen. Die ehernen Türen sollen zerschlagen
und die eisernen Riegel, mit denen sie befestigt waren,
zerbrochen werden. Wir sollen keinen Mauerbrecher
und keine Wurfmaschine nötig haben; der Herr will das
Unmögliche für uns tun und das Unerwartete geschehen lassen.

Lasst uns nicht feige und furchtsam dasitzen! Lasst
uns auf dem Weg der Pflicht vorwärtseilen, denn der
Herr hat gesagt: »Ich will vor dir hergehen!« Es ist nicht
unsere Sache zu fragen: Warum? Unsere Sache ist es, zu
wagen und vorwärtszudringen. Es ist des Herrn Werk,
und er wird uns befähigen, es zu tun; alle Hindernis-
se müssen vor ihm weichen. Hat er nicht gesagt: »Ich
will die ehernen Türen zerschlagen!«? Was kann seine
Absichten verhindern oder seine Ratschlüsse vereiteln?
Wer Gott dient, hat unendliche Hilfsquellen. Der Weg
ist für den Glauben offen, auch wenn ihn menschliche
Macht versperrt. Wenn der Herr sagt: »Ich will!«, wie er
es in dieser Verheißung zweimal tut, dürfen wir nicht
zweifeln.

21. Mai

**Wenn die Wolken voll sind, so geben
sie Regen auf die Erde.**

Pred.11,3

Warum fürchten wir denn die Wolken, die jetzt unseren
Himmel verdunkeln? Zwar verbergen sie eine Zeit lang
die Sonne, aber die Sonne ist nicht erloschen, sie wird
in Kürze wieder scheinen. Inzwischen sind die schwarzen Wolken mit Regen gefüllt; und je schwärzer sie
sind, desto wahrscheinlicher ist es, dass sie reichliche
Schauer geben werden. Können wir denn Regen ohne
Wolken haben?

Unsere Leiden haben uns immer Segen gebracht und
werden es auch in Zukunft tun. Sie sind die dunklen
Wagen der lichten Gnade. Nicht lange, und diese Wolken werden sich entleeren und alle zarten Pflanzen
werden durch den Regen erquickt. Unser Gott mag
uns mit Leiden tränken, aber er wird uns nicht in Zorn
ertränken, nein, er will uns mit Barmherzigkeit erquicken. Die Liebesbriefe unseres Herrn kommen oft in
schwarzgeränderten Umschlägen. Seine Wagen poltern,
aber sie sind mit Wohltaten beladen. Seine Rute trägt
duftende Blüten und nährende Früchte. Wir wollen uns
keine Sorgen machen wegen der Wolken, sondern singen, weil Aprilwolken und -schauer uns Maiblumen
bringen!

Herr, diese Wolken sind der Saum deines Kleides!
Wie nahe bist du an wolkigen und dunklen Tagen! Die
Liebe schaut dich und ist froh. Der Glaube sieht, wie
die Wolken Regen geben und die Fluten ringsherum beleben.

Wenn ich mitten in der Angst wandle, so erquickst du mich und streckst deine Hand über den Zorn meiner Feinde und hilfst mir mit deiner Rechten.

Psalm 138,7

Elendes Wandeln mitten im Leid? Nein, gesegnetes Wandeln, weil eine besondere Verheißung darauf steht. Gebt mir eine Verheißung, und was ist dann das Leid? Was lehrt mein Herr mich hier sprechen? »Du willst mich wieder lebendig machen.« Ich werde mehr Leben, mehr Kraft, mehr Glauben haben. Ist es nicht oft so, dass das Leid uns wieder belebt wie ein Hauch kalter Luft, wenn wir einer Ohnmacht nahe sind?

Wie zornig sind meine Feinde und besonders der Erzfeind? Soll ich meine Hand ausstrecken und gegen meine Feinde kämpfen? Nein, meine Hand ist besser beschäftigt im Dienst meines Herrn. Außerdem besteht keine Notwendigkeit dazu, denn mein Gott will seinen weitreichenden Arm gebrauchen, und er wird mit den Feinden weit besser fertig werden als ich, wenn ich es auch versuchte. »Die Rache ist mein, ich will vergelten, spricht der Herr.« Er will mich mit seiner Macht und Weisheit retten. Was könnte ich mehr wünschen?

Komm, mein Herz, rede mit dir selber über diese Verheißung, bis sie zum Lied deiner Zuversicht, zum Trost deiner Einsamkeit wird! Bete, dass du selbst wieder lebendig werdest, und überlass das andere dem Herrn, der alles für dich vollbringt.

23. Mai

**Denn er wird den Armen erretten, der da schreit,
und den Elenden, der keinen Helfer hat.**

Psalm 72,12

Der Arme schreit. Was kann er anders tun? Gott hört
sein Schreien. Was braucht er anders zu tun? Es wäre
klug, wenn der arme Leser gleich anfinge zu schreien!
Schreie nicht in die Ohren deiner Freunde! Denn selbst
wenn sie dir helfen könnten, täten sie es nur, weil der
Herr sie dazu befähigt. Der nächste Weg wäre es, ge-
radewegs zu Gott zu gehen und dein Schreien vor ihn
kommen zu lassen. Geradeaus macht den besten Läu-
fer; lauf zum Herrn und nicht zu zweiten Instanzen!

»Ach, ich habe keinen Freund oder Helfer!«, klagst
du. Umso besser; du kannst in beiden Fällen auf Gott
vertrauen – wenn du ohne Geld und wenn du ohne
Freunde bist. Lass deine doppelte Not deine doppelte
Bitte sein! Sogar um zeitliche Dinge darfst du Gott bitten, denn er sorgt für seine Kinder auch in zeitlichen
Angelegenheiten. Aber auch in den geistlichen Nöten,
die von allen die schwersten sind, will der Herr dein
Schreien hören und dich retten.

Armer Freund, prüfe deinen reichen Gott! Hilfloser,
stütze dich auf seine Hilfe! Er hat mich nie im Stich gelassen, und ich bin gewiss, er wird auch dich nie enttäu-
schen. Komm als Bettler, und Gott wird dir seine Hilfe nicht verweigern! Komm und mache nichts geltend
als seine Gnade! Jesus ist König! Wird er dich im Elend
umkommen lassen? Kannst du dir das vorstellen?

Euer einer jagt tausend; denn der Herr, euer Gott, streitet für euch, wie er euch geredet hat.

Josua 23,10

Warum Köpfe zählen? Ein Mann mit Gott ist in der Überzahl, auch wenn auf der anderen Seite tausend stehen. Zuweilen mögen wir zu viele Helfer haben, sodass Gott nicht mit ihnen wirken kann, wie es bei Richter 7,4 erzählt wird. Dort konnte nichts geschehen, bis der Feldherr seine Schlagkraft vergrößert hatte, indem er die Zahl seiner Streitkräfte verminderte. Aber Gott hat nie zu wenige Soldaten. Als er ein Volk gründen wollte, rief er den einsamen Abram und segnete ihn. Als er den stolzen Pharao besiegen wollte, gebrauchte er keine Armeen, sondern nur einen Mann, der dazu noch eine schwere Zunge hatte. Die Heilige Schrift ist reich an Beispielen dafür, dass der Herr weit öfter einzelne Menschen gebraucht, die ihr Vertrauen ganz auf ihn setzen, als ausgebildete Truppen mit ihren Offizieren.

Der Herr kann dem Feind große Vorteile geben und ihn dennoch überwinden. Wenn wir Glauben haben, so ist Gott mit uns, und was bedeuten dann große Menschenmengen? Ein Schäferhund kann eine große Herde Schafe vor sich hertreiben. Wenn der Herr dich gesandt hat, mein Bruder, wird seine Kraft seinen göttlichen Ratschlag vollenden. Darum verlasse dich auf die Verheißung und fasse Mut!

25. Mai

Der Herr wird dir seinen guten Schatz auftun.

5. Mose 28,12

Diese Verheißung bezog sich, als sie gegeben wurde, auf den Regen. Der Herr wird ihn zu seiner Zeit geben. Aber der Regen ist nur ein Sinnbild all der himmlischen Erquickungen, die Gott seinem Volk schenken will. Wenn doch ein reichlicher Schauer käme, des Herrn Erbteil zu erfrischen!

Wir denken offenbar, Gottes Schatz könne nur durch einen großen Propheten aufgetan werden; aber das stimmt nicht, denn diese Verheißung gilt allen Treuen in seinem Volk, sie gilt jedem einzelnen von uns. Mein gläubiger Freund, »der Herr wird dir seinen guten Schatz auftun«! Auch du kannst den Himmel aufgetan sehen und mit deiner Hand hineingreifen und deinen Teil herausnehmen, dazu noch einen Teil für alle deine Brüder um dich her. Bitte, was du willst, und es soll dir nicht versagt werden, wenn du in Christus bleibst und seine Worte in dir bleiben.

Bisher kennst du noch nicht alle Schätze deines Herrn, aber er wird sie dir zeigen. Sicherlich hast du noch nicht die Fülle seiner Reichtümer genossen, aber er wird dein Herz in seine Liebe hineinführen und Jesus in dir offenbaren. Nur der Herr selbst kann das für dich tun; aber hier ist seine Verheißung, und wenn du fleißig auf seine Stimme achtest und seinem Willen gehorchst, sollen seine geistlichen Reichtümer durch Jesus Christus dir gehören.

Dem Herrn, eurem Gott, sollt ihr dienen, so wird er dein Brot und dein Wasser segnen.

2. Mose 23,25

Welch köstliche Verheißung! Gott zu dienen ist an sich eine Wonne. Aber was für ein Vorrecht obendrein, dass der Segen Gottes in allen Dingen auf uns ruht! Unsere gewöhnlichsten Dinge werden gesegnet, wenn wir selber dem Herrn geweiht sind. Unser Herr Jesus nahm erstens Brot und segnete es, und auch wir Heutigen essen von gesegnetem Brot. Jesus segnete Wasser, und es wurde zu Wein. Das Wasser, das wir trinken, ist für uns weit besser als der Wein, womit die Menschen fröhlich gemacht werden; jeder Tropfen enthält eine Segnung. Der göttliche Segen ruht auf allen Gottesmenschen und wird immerdar bei ihnen bleiben.

Was tut's, wenn wir nur Brot und Wasser haben! Es ist doch gesegnetes Brot und gesegnetes Wasser. Aber Brot und Wasser sind uns fest zugesichert. Sie müssen da sein, damit Gott sie segne. »Sein Brot wird ihm gegeben, sein Wasser hat er gewiss.« Setzen wir uns mit Gott zu Tisch, so bitten wir nicht nur um Segen, sondern wir haben ihn. Er segnet nicht nur das Brot auf dem Abendmahlstisch, sondern auch das Brot am Familientisch. Er dient denen gut, die ihm gut dienen. Dieser Tischsegen ist nicht aus Verdienst, sondern aus Gnade. In der Tat, hier ist dreifache Gnade; er gewährt uns Gnade, ihm zu dienen, er speist uns durch seine Gnade mit Brot – und er segnet es dann in seiner Gnade.

27. Mai

Denn wo solches reichlich bei euch ist, so wird es euch nicht faul noch unfruchtbar sein lassen in der Erkenntnis unseres Herrn Jesus Christus.

2. Petrus 1,8

Wenn wir wünschen, unseren Herrn durch Fruchtbarkeit zu verherrlichen, so ist das an gewisse Vorbedingungen geknüpft; denn nichts kann aus uns herauskommen, was nicht in uns vorhanden ist. Wir müssen mit dem Glauben beginnen, der die Grundlage aller Tugenden ist, und dann fleißig hinzufügen Tugend, Erkenntnis, Mäßigkeit und Geduld. Dabei müssen wir Gottseligkeit und brüderliche Liebe haben. Wenn all diese vorhanden sind, so werden wir sicherlich als unsere Lebensfrucht die Trauben nützlichen Wirkens hervorbringen. Wir werden nicht nur müßige Wisser, sondern wirkliche Täter des Wortes sein. Diese heiligen Dinge müssen sich nicht bloß in begrenztem Umfang, sondern reichlich bei uns finden, sonst werden wir unfruchtbar sein. Frucht ist das Überfließen des Lebens, und wir müssen voll sein, ehe wir überfließen können.

Wir haben Männer gekannt, die beträchtliche Fähigkeiten und günstige Gelegenheit hatten und denen es doch nicht gelang, in der Bekehrung von Seelen wirklich Gutes zu wirken, und nach getaner Beobachtung sind wir zu dem Schluss gekommen, dass ihnen gewisse Gnaden fehlten, die schlechthin notwendig sind zum Fruchttragen. Für ein wirklich nützliches Wirken sind Gnaden besser als Gaben. Wie der Mensch ist, so ist sein Werk. Wenn wir besser wirken wollen, so müssen wir besser sein. Möge dieser Spruch ein leiser Wink sein für unfruchtbare Christen und für mich selber!

Sie wurden alle voll des Heiligen Geistes.

Apostelgeschichte 2,4

Wie reich wären doch die Segnungen des heutigen Tages, wenn wir alle erfüllt würden mit dem Heiligen Geist! Es wäre ganz unmöglich, die unendliche Fülle der Früchte solcher Heiligung aufzuzählen. Leben, Trost, Licht, Reinheit, Kraft, Friede und noch viele andere Gnadenschätze sind nicht zu trennen von der beseligenden Gegenwart des Heiligen Geistes. Mit heiligem Öl salbt er das Haupt des Gläubigen, sondert ihn aus zum Priestertum der Heiligen und schenkt ihm Gnade, sein Amt recht zu verwalten. Als das einzige wahrhaft reinigende Wasser macht er uns frei von der Gewalt der Sünde, heiligt uns zu einem göttlichen Leben und wirkt in uns das Wollen und das Vollbringen nach seinem Wohlgefallen. Als das Licht offenbart er uns zuerst unser Verderben, und dann offenbart er an uns und in uns den Herrn Jesus und leitet uns auf den Weg der Gerechtigkeit. Als ein Feuer reinigt er uns von allen Schlacken und lässt unser geläutertes Wesen in hellem Glanz erstrahlen. Er ist die Opferflamme, durch die wir imstande sind, unsere Seelen völlig Gott darzubringen zum lebendigen, wohlgefälligen Opfer. Als Tau vom Himmel netzt er unsere Dürre und befruchtet unser Leben. Solcher Morgentau wäre ein lieblicher Anfang des Tages. Als die Taube schwebt er mit Flügeln sanfter Liebe über seiner Arche und über den Seelen der Gläubigen, und als der Tröster zerstreut er die Sorgen und Zweifel, die den Frieden seiner Kinder stören.

29. Mai

Jesus sprach zu ihnen: Folget mir nach; ich will euch zu Menschenfischern machen!

Markus 1,17

Nur dadurch, dass wir Jesus nachfolgen, kann unser Herzenswunsch erfüllt werden, unseren Mitmenschen nützlich zu sein. Wie sehr sehnen wir uns danach, Mitarbeiter Jesu zu sein! Wir möchten unser Leben opfern, um Seelen zu gewinnen. Aber es besteht die Gefahr, dass wir Mittel anwenden, die Jesus nie gebraucht hätte. Sollen wir der Einflüsterung des Feindes nachgeben? Wenn wir es tun, können wir wohl das Wasser aufwühlen, aber wir werden keine Fische fangen. Wir müssen es machen wie Jesus, wenn wir Erfolg haben wollen. Aufsehenerregende Methoden, Unterhaltung und dergleichen – heißt das Jesus nachfolgen? Kann man sich vorstellen, dass der Herr Jesus seine Hörer mithilfe von Methoden angezogen hat, wie sie heute vielfach gebraucht werden? Was ist das Ergebnis solcher Methoden? Nichts, was Jesus am letzten Tag in Rechnung stellen wird.

Wir müssen predigen, wie unser Meister es tat, denn dadurch werden Seelen gerettet. Wir müssen unseres Herrn Lehre predigen und ein volles und freies Evangelium verkündigen, denn dadurch werden Seelen gewonnen. Wir müssen mit seiner Sanftmut, Kühnheit und Liebe predigen, denn das ist das Geheimnis des Erfolgs bei Menschenherzen. Wir müssen mit göttlicher Salbung arbeiten und auf den Heiligen Geist vertrauen. Indem wir Jesus nachfolgen, nicht ihm vorauslaufen oder neben ihm herlaufen, sollen wir Menschenfischer werden.

Ich will Hornissen vor dir hersenden.

2. Mose 23,28

Was die Hornissen waren, brauchen wir nicht zu erörtern. Sie waren Gottes Heer, das er vor seinem Volk herschickte, um ihm den Sieg leicht zu machen. Unser Gott hat seine eigenen Mittel, für sein Volk zu streiten und den Feinden Schaden zuzufügen, noch ehe der Kampf wirklich beginnt. Oft verwirrt er die Gegner der Wahrheit, ohne dass die Verteidiger der Wahrheit selbst etwas dazutun. Die Luft ist voll von geheimnisvollen Kräften, die die Feinde des Volkes Gottes plagen. Wir lesen in der Offenbarung des Johannes, dass »die Erde dem Weib half«.

Wir wollen uns niemals fürchten. Die Sterne auf ihrer Bahn streiten gegen die Feinde unserer Seele. Oft finden wir, wenn wir zum Kampf ausziehen, kein Heer, das sich uns entgegenstellt. »Der Herr wird für euch streiten, und ihr werdet still sein.« Gottes Hornissen können mehr tun als unsere Waffen. Wir hätten uns nie träumen lassen, dass der Sieg durch solche Mittel, wie er sie gebraucht, gewonnen werden könnte. Wir müssen unserem Marschbefehl gehorchen und ausziehen zur Eroberung der Völker für Jesus, und dann werden wir sehen, dass der Herr vor uns hergegangen ist und den Weg bereitet hat, sodass wir am Ende nur fröhlich bekennen werden: »Er siegt mit seiner Rechten und seinem heiligen Arm.«

31. Mai

**Welcher auch seines eigenen Sohnes nicht hat
verschont, sondern hat ihn für uns alle dahingegeben;
wie sollte er uns mit ihm nicht alles schenken?**

Römer 8,32

Wenn dieses Wort auch der Form nach keine Verheißung ist, so ist es doch dem Inhalt nach eine. Ja, es ist eine Menge von Verheißungen. Es ist ein Haufen Rubine, Smaragde und Diamanten, die in Gold gefasst sind. Es ist eine Frage, auf die es keine Antwort gibt, die uns Angst machen könnte. Was kann der Herr versagen, nachdem er uns Jesus gegeben hat? Was wir an Dingen zwischen Himmel und Erde nötig haben, wird er uns schenken; denn wenn es irgendwo eine Grenze gegeben hätte, dann hätte er gewiss seinen eingeborenen Sohn zurückbehalten.

Was habe ich heute nötig? Ich brauche nur darum zu bitten. Ich darf ernstlich danach verlangen, aber nicht so, als wollte ich einen Druck ausüben und etwas von des Herrn Hand erpressen, das er mir nicht willig überließe; denn er will schenken. Aus freiem Willen gab er uns seinen geliebten Sohn. Sicherlich hätte ihm niemand eine solche Gabe vorgeschlagen, niemand hätte es gewagt, ihn darum zu bitten. Es wäre zu vermessen gewesen. Er gab seinen Eingeborenen freiwillig. Kannst du, meine Seele, deinem himmlischen Vater nicht zutrauen, dass er dir alles andere auch geben wird? Dein armes Gebet würde keine Gewalt über die Allmacht haben, wenn Gewalt nötig wäre; aber seine Liebe sprudelt wie ein Born von selbst, sie fließt über und versorgt dich mit allem, was du brauchst.

**Lass dein Brot über das Wasser fahren, so
wirst du es finden nach langer Zeit.**

Prediger 11,1

Wir dürfen nicht erwarten, für das Gute, das wir tun,
sofort Lohn zu empfangen; ebenso wenig dürfen wir
unsere Bemühungen auf Orte und Menschen beschränken, von denen wir annehmen können, dass sie es uns
lohnen. Der Ägypter wirft seinen Samen auf das Wasser des Nils, was wie eine schiere Vergeudung des Kor-
nes aussehen könnte. Aber zur gegebenen Zeit geht
die Flut zurück, der Reis, oder um was es sich sonst
handelt, sinkt in den fruchtbaren Schlamm, und rasch
sprießt eine Ernte hervor. Lasst uns heute den Bösen
und den Undankbaren Gutes tun! Lasst uns die Sorglosen und die Hartnäckigen lehren! Trübes Wasser mag
hoffnungsvollen Boden bedecken. Nirgends soll unsere
Arbeit in dem Herrn vergeblich sein.

An uns ist es, unser Brot auf das Wasser zu werfen;
Gott bleibt es überlassen, die Verheißung zu erfüllen:
»Du wirst es finden.« Er wird nicht zögern, sein Wort
zu halten. Das gute Wort Gottes, das wir gesprochen
haben, soll leben, soll gefunden werden. Vielleicht
nicht gerade heute; aber eines Tages werden wir ernten, was wir gesät haben. Wir müssen uns in Geduld
üben, denn dann wird der Herr uns Geduld erweisen.
»Nach vielen Tagen«, sagt die Schrift, und in vielen Fällen werden diese Tage zu Monaten und Jahren werden,
und doch bleibt das Wort wahr, Gottes Verheißung ist
Ja und Amen. Lasst uns dafür sorgen, dass wir dieses
Gebot in Ehren halten.

2. Juni

Denn nun will ich sein Joch, das du trägst, zerbrechen und deine Bande zerreißen.

Nahum 1,13

Den Assyrern war es erlaubt, eine Zeit lang des Herrn Volk zu bedrücken; aber es kam die Zeit, wo ihre Macht zerbrochen wurde. So wird manches Herz vom Satan in Fesseln gehalten und leidet schwer unter dem Joch. Dass der Herr zu denen, die »auf Hoffnung gefangen liegen«, bald kommen möchte nach der Verheißung: »Nun will ich sein Joch, das du trägst, zerbrechen und deine Bande zerreißen.«

Sieh, der Herr verheißt eine gegenwärtige Befreiung: »Nun will ich sein Joch zerbrechen.« Glaube an sofortige Befreiung, und nach deinem Glauben wird dir geschehen zu eben dieser Stunde. Wenn Gott sagt »nun«, so lasst keinen Menschen sagen »morgen«.

Sieh, wie vollständig die Errettung sein wird; denn das Joch soll nicht abgenommen, sondern zerbrochen werden; und die Fesseln sollen nicht gelöst, sondern zerrissen werden. Hier ist eine Einladung göttlicher Kraft, die verbürgt, dass der Unterdrücker nicht wiederkehren wird. Sein Joch ist zerbrochen, wir können nicht aufs Neue durch seine Last niedergebeugt werden. Seine Fesseln sind zerrissen, sie können uns nicht länger halten. Wenn wir doch an eine vollständige und ewige Befreiung durch Jesus glaubten! »So euch nun der Sohn frei macht, so seid ihr recht frei.« Komm, Herr, und befreie deine Gefangenen nach deinem Wort!

**Der Herr ist meine Kraft und wird meine Füße machen
wie Hirschfüße und wird mich auf meine Höhen führen.**

Habakuk 3,19

Die Zuversicht dieses Gottesmannes kommt einer
Verheißung gleich, denn das, wovon sein Glaube überzeugt ist, ist der Ratschluss Gottes. Der Prophet musste durch die Tiefen der Armut und des Hungers gehen,
aber er ging bergab, ohne auszugleiten, denn der Herr
gab ihm Stehvermögen. Später wurde er auf die Höhen
des Kampfes berufen und fürchtete sich vor dem Hinaufsteigen nicht mehr als vor dem Hinabgehen. Seht,
der Herr verlieh ihm Kraft! Nein, der Herr selber war
seine Kraft. Denkt daran: Der allmächtige Gott selber
wird unsere Kraft!

Beachtet auch, dass der Herr ihm sichere Füße gibt.
Der Hirsch springt über Felsen und Klippen und verliert
nie den Halt. Unser Herr will uns Gnade geben, auf den
schwierigsten Wegen der Pflicht ohne Straucheln zu gehen. Er kann unseren Fuß auch in den Klippen sicher
machen, sodass wir geborgen sind, wo wir ohne Gott
umkommen würden.

Vielleicht werden wir in Kürze zu noch höheren Plät-
zen berufen werden. Hoch hinauf sollen wir steigen,
auf den Berg Gottes, auf die Höhen, wo »die Verklärten« versammelt sind. Was für Füße sind doch die Füße
des Glaubens, mit denen wir zum Berg des Herrn em-
porsteigen werden!

4. Juni

Sie sollen mein sein, spricht der Herr Zebaoth, an jenem Tag, da ich meine Juwelen voll machen will.
Maleachi 3,17

Es kommt ein Tag, an dem die Kronjuwelen unseres großen Königs gezählt werden sollen, um zu sehen, ob sie mit dem Verzeichnis, das sein Vater ihm gegeben hat, übereinstimmen. Meine Seele, wirst du unter den Kleinoden Jesu sein? Du bist ihm kostbar, wenn er dir kostbar ist, und du sollst »an jenem Tag« sein Eigentum sein, wenn er an diesem Tag dein ist.

Zur Zeit Maleachis pflegten die Erwählten des Herrn so miteinander zu reden, dass ihr Gott selber ihnen zuhörte. Ihre Gespräche gefielen Gott so, dass er sie aufzeichnete; ja, er machte sogar ein Buch daraus und bewahrte es auf. Da ihre Gespräche ihm gefielen, gefielen sie selber ihm auch. Halt inne, meine Seele, und frage dich: Wenn Jesus deinem Reden zuhörte, würde es ihm gefallen? Ist es zu seiner Ehre und zur Erbauung der Brüder? Antworte, meine Seele, und sprich die reine Wahrheit!

Welch eine Ehre wird es für uns arme Geschöpfe sein, wenn der Herr uns als seine Kronjuwelen anspricht! Diese Ehre haben alle Heiligen. Jesus sagt nicht nur: »Sie sind mein!«, sondern: »Sie sollen mein sein!« Er erkaufte uns, er suchte uns, er brachte uns in sein Reich, er hat uns so weit in sein Bild gestaltet, dass er uns mit all seiner Kraft verteidigen wird.

**Des Abends heulen sie wiederum wie die
Hunde ... Ich aber will von deiner Macht singen
und des Morgens rühmen deine Güte.**

Psalm 59,15.17

Hat Gott Macht über die Zungen der Hunde? Kann er
Hunde vom Bellen abhalten? Ja, so ist es! Lest nach,
was bei 2. Mose 11,7 geschrieben steht. Wenn Gott
Hunde und hündische Menschen und den großen Hund
am Höllentor zum Schweigen bringt, dann lasst uns
ohne Furcht unseren Weg gehen!

Und wenn er den Hunden gestattet, ihre Zungen zu
bewegen, so kann er doch ihre Zähne zurückhalten. Sie
mögen einen furchtbaren Lärm machen und uns trotzdem keinen wirklichen Schaden zufügen. Obwohl sie
bellen, können wir Gottes Macht und Güte rühmen.
Doch wie schön ist die Stille! Wie wunderbar ist es,
sich unter Feinden zu bewegen und wahrzunehmen,
dass Gott sie zum Frieden mit uns zwingt!

Wenn dieses Wort des Herrn heute auch für mich
wahr wäre!

Macht mir der Hund bange? Ich will es meinem
Herrn sagen. Herr, er reagiert nicht auf meine Beruhi-
gungsversuche; sprich ein ernstes Wort, und er muss
sich niederlegen! Gib mir Frieden, o mein Gott, und
lass mich deine Hand so deutlich darin sehen, dass ich
klar den Unterschied erkenne, den deine Gnade zwischen mir und den Ungöttlichen gemacht hat!

Der Herr hört mein Flehen;
mein Gebet nimmt der Herr an.

Psalm 6,10

Das stimmt! Das ist auch meine Erfahrung. Ich kann mein Siegel daruntersetzen, dass Gott wahrhaftig ist. Auf wunderbare Weise hat er viele, viele Male die Gebete seines Knechts erhört. Auch jetzt hört er mein Flehen; er wendet sein Ohr nicht von mir ab. Gelobt sei sein Name!

So viel steht fest: Die Verheißung, die in des Psalmisten gläubiger Zuversicht liegt, gehört mir. Ich ergreife sie mit der Hand des Glaubens. Der Herr nimmt mein Gebet an. Er wird es nicht vergessen und wird es erhören in der Art und zu der Zeit, die seine liebevolle Weisheit als die beste erkennt. Ich bringe mein armes Gebet vor den großen König; er schenkt mir Gehör und nimmt meine Bitte gnädig an. Meine Feinde wollen mich nicht anhören, aber mein Herr tut es. Sie verlachen meine tränenvollen Gebete, aber mein Herr tut es nicht; er lässt mein Gebet in sein Ohr und in sein Herz dringen.

Welch ein Empfang ist das für einen armen Sünder! Wir nehmen Jesus an, und dann nimmt der Herr uns und unsere Gebete an um seines Namens willen. Gelobt sei dieser teure Name, der unsere Gebete frei macht, sodass sie sogar durch die goldenen Tore ungehindert eingehen können. Herr, lehre mich beten, weil du meine Gebete hörst!

Ich gebe ihnen das ewige Leben; und sie werden nimmermehr umkommen, und niemand wird sie mir aus meiner Hand reißen.

Johannes 10,28

Wir glauben an die ewige Sicherheit der Heiligen, einmal, weil sie Christi Eigentum sind und er niemals die Schafe verlieren wird, die er mit seinem Blut erkauft und von seinem Vater empfangen hat; ferner, weil er ihnen das ewige Leben gibt. Wenn es nämlich ewig ist, nun, dann kann es kein Ende haben, wie ja auch Hölle, Himmel und Gott kein Ende haben können. Könnte das geistliche Leben aufhören, so wäre es offensichtlich nicht ewiges, sondern zeitliches Leben. Aber der Herr spricht von ewigem Leben, und das schließt die Möglichkeit eines Endes aus.

Beachtet ferner, dass der Herr ausdrücklich sagt: »Sie werden nimmermehr umkommen.« Solange Worte einen Sinn haben, sichert dies den Gläubigen zu, dass sie nicht verloren gehen werden. Der hartnäckige Unglaube kann den Sinn dieser Worte nicht leugnen.

Um schließlich die Sache vollständig zu machen, erklärt er, dass die Seinen in seiner Hand sind, und fordert alle ihre Feinde heraus, die meinen, sie ihm entreißen zu können. Das ist etwas schlechthin Unmögliches, selbst für den Fürsten der Hölle. Wir dürfen sicher sein in der Rechten eines allmächtigen Heilands.

So liegt es an uns, fleischliche Furcht und fleischliches Vertrauen fahren zu lassen und friedlich in der starken Hand des Erlösers zu ruhen.

8. Juni

**So aber jemand unter euch Weisheit mangelt, der bitte
Gott, der da gibt einfältig jedermann und rücket's
niemand auf, so wird sie ihm gegeben werden.**

Jakobus 1,5

»So aber jemand unter euch Weisheit mangelt ...« Es
gibt kein »So« in der Sache, denn ich bin gewiss, dass
mir Weisheit mangelt. Was weiß ich denn? Wie kann
ich meinen eigenen Weg gehen? Wie kann ich andere führen? Herr, ich bin eine Masse von Torheit, und
Weisheit besitze ich nicht.

Du sprichst: »... der bitte Gott!« Herr, so bitte ich
jetzt! Hier zu deinen Füßen bitte ich, mich mit himmlischer Weisheit auszurüsten für die schwierigen Dinge
dieses Tages und für die einfachen ebenfalls, denn ich
weiß, ich kann sehr Albernes tun, sogar in sehr einfachen Dingen, wenn du mich nicht vor Schaden behü-
test.

Ich danke dir, dass das Bitten alles ist, was ich zu tun
habe. Wie gnädig von dir, dass ich nur im Glauben zu
beten brauche und dass du mir dann Weisheit geben
willst! Du sagst mir eine gute Erziehung zu und dazu
eine ohne einen zornigen Lehrer und einen schelten-
den Schulmeister. Du willst sie auch ohne Bezahlung
gewähren – sie einem Toren gewähren, dem es an Weisheit mangelt. Herr, ich danke dir für dieses bestimmte
und ausdrückliche Wort: »So wird sie ihm gegeben werden.« Ich glaube, du willst dein Kind heute die verborgene Weisheit erkennen lassen, die die fleischlich Klugen
niemals lernen. Du willst mich nach deinem Wort leiten und mich endlich mit Ehren annehmen (Ps. 73,24).

Ich will in dir lassen übrig bleiben ein armes, geringes Volk; die werden auf des Herrn Namen trauen.

Zefanja 3,12

Wenn wahrer Glaube im Begriff ist, unter den Reichen auszusterben, so findet er eine Heimat unter den Armen dieser Welt, die an Glauben reich sind. Der Herr hat auch heute noch seine treuen Übriggebliebenen. Bin ich einer von ihnen?

Vielleicht lernen die Menschen auf den Namen des Herrn vertrauen, weil sie arm und gering sind. Wer kein Geld hat, muss sehen, was er mit Kredit ausrichten kann. Wer von seinem eigenen Namen nichts hält, tut klug daran, sich auf einen anderen Namen zu verlassen, und zwar auf den besten aller Namen, den Namen des Herrn. Gott wird immer ein Volk haben, das ihm vertraut, und das wird immer ein armes und geringes Volk sein. So gering die Welt auch von seinen Kindern denken mag, ihr Übrigbleiben kann einer ganzen Nation zu unermesslichem Segen gereichen. Hier haben wir das bewahrende Salz, das dem Verderben wehrt, das durch die Sünde in der Welt ist.

Wieder tritt die Frage an jeden von uns heran: Bin ich einer von ihnen? Betrübt mich die Sünde in mir und um mich her? Bin ich arm im Geist, geistlich arm nach meinem eigenen Urteil? Vertraue ich dem Herrn? Das ist die Hauptsache. Jesus offenbart den Namen, das Wesen, die Person Gottes; vertraue ich ihm? Wenn ja, bin ich zu einem Dienst in dieser Welt übrig geblieben. Herr, hilf mir, ihn zu tun!

10. Juni

Sie sollen weiden und ruhen ohne alle Furcht.

Zefanja 3,13

Gestern dachten wir an das betrübte und arme Volk, das der Herr als lebendigen Samen in einer toten Welt lässt. Der Prophet sagt von diesen Menschen, dass sie kein Böses tun und nicht falsch reden werden, sodass sie, die weder Rang noch Reichtum schützte, zugleich ganz unfähig waren, Waffen zu gebrauchen, auf die die Gottlosen so großes Vertrauen setzten; sie konnten sich weder durch Sünde noch durch Schlauheit verteidigen.

Was nun? Sollten sie vernichtet werden? Keineswegs! Sie sollten sowohl weiden als auch ruhen und nicht nur frei von Gefahr sein, sondern sogar frei von der Furcht vor dem Übel. Schafe sind sehr schwache Geschöpfe, und Wölfe sind schreckliche Feinde; doch sind zu dieser Stunde die Schafe weit zahlreicher als die Wölfe. Außerdem gewinnt die Sache der Schafe ständig, während die Sache der Wölfe immer mehr zurückgeht. Eines Tages werden Herden von Schafen die Ebene bedecken, und kein Wolf wird mehr übrig sein. Tatsache ist, dass die Schafe einen Hirten haben, der ihnen Nahrung, Schutz und Frieden gibt. Keiner, das heißt nicht einer, ob er in menschlicher oder höllischer Gestalt erscheint, soll sie schrecken. Wer könnte die Herde des Herrn in Schrecken versetzen, wenn er nahe ist? Wir legen uns nieder auf grüne Weiden, denn Jesus selbst ist Ruhe und Erquickung für unsere Seelen.

**Fürchte dich nicht, denn du sollst
nicht zuschanden werden.**

Jesaja 54,4

Wir sollen nicht zuschanden werden mit unserem Glauben. Besserwisser und Kritiker mögen die Schrift angreifen, auf die wir unsern Glauben gründen, aber mit jedem Jahr wird der Herr es klarer machen, dass sein Buch nicht irrt, dass es nicht zu viel und nicht zu wenig sagt. Es ist keine Unehre, ein schlichter Gläubiger zu sein; der Glaube, der allein auf Jesus sieht, ist eine Ehrenkrone auf dem Kopf jedes Menschen und besser als ein Orden auf seiner Brust.

Wir sollen nicht zuschanden werden mit unserer Hoffnung. Es soll so sein, wie der Herr gesagt hat. Wir sollen geweidet, geführt, gesegnet und zur Ruhe gebracht werden. Unser Herr will kommen und dann wird unsere Trauer ein Ende haben. Wir werden uns des Herrn rühmen, der uns zuerst die lebendige Hoffnung gab und dann das Erhoffte selbst!

Wir sollen nicht zuschanden werden mit unserer Liebe. Jesus ist für uns ganz und gar liebenswert, und wir werden nie zu erröten brauchen, weil wir ihm unser Herz geschenkt haben. Der Anblick unseres herrlichen Freundes wird die begeistertste Anhänglichkeit an ihn rechtfertigen. Niemand wird die Märtyrer tadeln, weil sie für ihn starben. Wenn die Feinde Christi der ewigen Verachtung preisgegeben sind, werden die Freunde Jesu von allen Verklärten geehrt werden, weil ihnen die Schmach Christi mehr wert war als die Schätze Ägyptens.

12. Juni

**Geht aus von ihnen und sondert euch ab,
spricht der Herr, und rühret kein Unreines
an, so will ich euch annehmen.**

2. Korinther 6,17

Je einsamer wir wohnen, desto sicherer sollen wir sein.
Gott will sein Volk abgesondert wissen von den Sündern. »Geht aus von ihnen!«, ruft er ihnen zu. Eine
»christliche Welt« ist eine solche Ungeheuerlichkeit,
dass die Schrift sie gar nicht in Betracht zieht, und ein
»weltlicher Christ« ist geistlich krank. Alle, die mit
Christi Feinden einen Kompromiss schließen, können
wir zu diesen rechnen.

Unsere Sicherheit liegt nicht darin, dass wir uns mit
dem Feind vertragen, sondern darin, dass wir mit unserem besten Freund allein wohnen. Wenn wir das tun,
sollen wir sicher ruhen trotz Spott, Verleumdungen und
Hohngelächter der Welt. Wir sollen sicher sein vor dem
verderblichen Einfluss ihres Unglaubens, ihres Stolzes,
ihrer Eitelkeit, ihrer Unreinigkeit.

Gott wird uns »sicher allein wohnen« lassen auch an
dem Tag, an dem die Sünde durch Kriege und Hungersnöte an den Völkern heimgesucht werden wird.

Der Herr führte seinen Knecht aus Ur in Chaldäa heraus, aber Abraham blieb zunächst auf halbem Wege
stehen. Gesegnet wurde er erst, als er sich wieder aufmachte und das ihm gewiesene Land erreichte. Von
grimmigen Feinden umgeben, war er geborgen. Lot dagegen war nicht sicher in Sodom, obwohl er in einem
Kreis von Freunden lebte. Unsere Sicherheit liegt darin,
dass wir abgesondert mit Gott wohnen.

Ich, der Herr, behüte ihn, ich will ihn feuchten jeden Augenblick, auf dass niemand ihn schädige, ich will ihn Tag und Nacht behüten.

Jesaja 27,3

Wenn der Herr selbst redet und nicht durch einen seiner Knechte, so hat sein Wort für gläubige Seelen besonderes Gewicht. Der Herr selbst ist der Hüter seines Weinbergs; er vertraut ihn keinem anderen an, sondern nimmt ihn in seine ganz persönliche Obhut. Sind die nicht wohlbehütet, die der Herr behütet?

Wir sollen erfrischt werden; nicht nur jeden Tag und jede Stunde, sondern in jedem Augenblick. Wie sollten wir wachsen! Wie frisch und fruchtbar sollte jede Pflanze sein! Was für reiche Trauben sollten die Reben tragen!

Aber es kommen Zerstörer: kleine Füchse und die Wildschweine. Deshalb ist der Herr selbst unser Hüter, und das zu jeder Stunde, Tag und Nacht. Was kann uns dann schaden? Warum fürchten wir uns? Er pflegt, er begießt, er bewacht; was brauchen wir mehr?

Zweimal sagt der Herr in diesem Vers: »Ich will.« Welche Wahrheit, welche Macht, welche Liebe, welche Unveränderlichkeit liegt in dem großen »Ich will« unseres Gottes! Wer kann seinem Willen widerstehen? Wenn er spricht: »Ich will«, was für Raum bleibt dann noch für den Zweifel? Mit einem »Ich will« können wir allen Heeren der Sünde, des Todes und der Hölle entgegentreten. Herr, wenn du sprichst: »Ich will dich behüten!«, so antworte ich: »Ich will dich preisen!«

14. Juni

**Der Herr verlässt sein Volk nicht um seines
großen Namens willen; denn es hat dem Herrn
gefallen, euch ihm selbst zum Volk zu machen.**

1. Samuel 12,22

Dass Gott seine Kinder erwählt hat, ist der Grund, warum er bei ihnen bleibt und sie nicht verlässt. Er wählte sie um seiner Liebe willen, und er liebt sie um seiner Wahl willen. Sein Wohlgefallen ist die Quelle ihrer Erwählung, und seine Erwählung ist der Grund für das Andauern seines Wohlgefallens an ihnen. Es würde seinen großen Namen entehren, wenn er sie verließe, weil das zeigen würde, dass er sich entweder in seiner Wahl geirrt hat oder dass er wankelmütig in seiner Liebe geworden ist. Die Liebe Gottes kann sich rühmen, dass sie sich niemals ändert, und dieser Ruhm wird nie verdunkeln.

Alle Erinnerungen an die frühere Güte und Freundlichkeit des Herrn geben uns die Gewissheit, dass er uns nicht verlassen will. Er, der so weit gegangen ist, dass er uns zu seinem Volk gemacht hat, wird nicht das Wunderwerk seiner Gnade vernichten. Er hat diese Wunder nicht für uns getan, um uns schließlich aufzugeben. Sein Eingeborener ist für uns gestorben, und wir können sicher sein, dass er nicht vergeblich gestorben ist. Kann er die verlassen, für die er sein Blut vergossen hat? Weil es ihm bisher gefallen hat, uns zu erwählen und zu retten, wird es ihm weiter gefallen, uns zu segnen. Unser Herr Jesus ist kein unbeständiger Liebhaber. Wie er die Seinen geliebt hat, so liebt er sie bis ans Ende.

**Der Herr wird dich segnen aus Zion, dass du
sehest das Glück Jerusalems dein Leben lang.**

Psalm 128,5

Das ist eine Verheißung für den gottesfürchtigen Menschen, der gewissenhaft auf dem Weg des Herrn bleibt. Sein Haus wird gesegnet sein; seine Frau und seine Kinder werden ihm eine Quelle großen Glücks sein. Aber als Glied der Gemeinde möchte er auch diese gedeihen sehen, denn ihm liegt das Haus des Herrn ebenso sehr am Herzen wie sein eigenes. Wenn der Herr unser Haus baut, dann ist es nur recht und billig, wenn wir sehen möchten, dass das Haus des Herrn gebaut wird. Unsere Güter sind nicht wahrhaft gut, wenn wir nicht mit ihnen der Gemeinde der Erwählten des Herrn Gutes tun.

Ja, du sollst gesegnet werden, wenn du hinaufgehst in das Haus Gottes; wie ein grüner Ölbaum sollst du sein, wo Gebet und Lobpreisung aufsteigen und das große Opfer Jesu Christi bezahlt wird. Der Herr wird dich segnen aus Zion, seinem Heiligtum.

Und nicht dir allein soll das zugutekommen; auch die Gemeinde soll gedeihen; die Zahl der Gläubigen soll vermehrt und ihr heiliges Werk mit Erfolg gekrönt werden. An manchen begnadeten Menschen erfüllt sich diese Verheißung, solange sie leben. Wenn sie aber sterben, leidet die Sache. Lasst uns zu denen gehören, die Gutes im Hause Gottes schaffen ihr Leben lang. Herr, mache mich nach deiner Barmherzigkeit zu einem solchen Menschen!

16. Juni

**Denn wer da hat, dem wird gegeben,
dass er die Fülle habe.**

Matthäus 13,12

Wenn der Herr einem Menschen viel Gnade gegeben hat, will er ihm noch mehr geben. Ein wenig Glaube ist ein Nestei: Es kommt noch mehr Glaube hinzu. Dann darf es aber nicht scheinbarer Glaube sein, sondern wirklicher und wahrer. Welch eine heilige Pflicht ist uns auferlegt, unseren Glauben ernst zu nehmen, damit wir nicht vieles bekennen und nichts besitzen! Denn eines Tages wird uns auch das Bekenntnis genommen werden, wenn das alles ist, was wir haben. Die Drohung ist ebenso wahr wie die Verheißung.

Gelobt sei der Herr! Es ist seine Weise, die Gnaden seines Geistes immer weiter zu verleihen, bis der, der nur wenig hatte und doch dies wenige wirklich besaß, die Fülle hat. Wenn wir doch diese Fülle hätten! Fülle der Gnade ist etwas, das wir begehren müssen. Es wäre gut, viel zu wissen, aber besser, viel zu lieben. Wir möchten eine Fülle von Geschicklichkeit im Dienste Gottes haben, aber lieber noch eine Fülle von Glauben, sodass wir Geschicklichkeit und alles andere vom Herrn vertrauensvoll erbitten.

Herr, da du mir das Bewusstsein der Sünde gegeben hast, vertiefe meinen Hass gegen das Böse! Da du mich auf Jesus hast vertrauen lassen, schenke meinem Glauben volle Zuversicht! Da du mir Liebe zu dir gegeben hast, lass mich von dieser Liebe entflammt und fortgerissen werden!

**Denn der Herr, euer Gott, gehet mit euch, dass er
für euch streite mit euren Feinden, euch zu helfen.**

5. Mose 20,4

Wir haben keine anderen Feinde als die Feinde Gottes.
Wir kämpfen nicht gegen Menschen, sondern gegen
geistliche Bosheit. Wir führen Krieg mit dem Teufel und
der Gotteslästerung, mit dem Irrtum und der Verzweiflung, die er auf das Schlachtfeld bringt. Wir kämpfen
gegen alle Heere der Sünde – Unreinigkeit, Trunksucht,
Unterdrückung, Unglaube und Gottlosigkeit. Wir bekämpfen sie mit allem Ernst, aber nicht mit Schwert
oder Speer; die Waffen unserer Ritterschaft sind keine
fleischlichen Waffen.

Der Herr, unser Gott, verabscheut alles, was böse
ist, und deshalb zieht er mit uns, um für uns in diesem heiligen Krieg zu streiten. Er will uns retten, und
er will uns Gnade geben, einen guten Kampf zu kämpfen und den Sieg davonzutragen. Wir können uns darauf
verlassen, dass Gott auf unserer Seite ist, wenn wir auf
Gottes Seite sind. Mit einem so erlauchten Verbünde-
ten kann der Ausgang des Kampfes nicht im geringsten
zweifelhaft sein, weil die Macht bei dem Vater liegt,
der allmächtig ist, bei Jesus, der alle Macht im Himmel
und auf Erden besitzt, und bei dem Heiligen Geist, der
die Menschen zum Guten antreibt.

Streiter Christi, legt eure Rüstung an! Kämpft im Namen des dreieinigen Gottes und ergreift im Glauben
sein Heil! Lasst diesen Tag nicht hingehen, ohne einen
Angriff für Jesus und seine gerechte Sache unternom-
men zu haben.

18. Juni

Nun will ich mich aufmachen, spricht der Herr; nun will ich mich emporrichten, nun will ich mich erheben.

Jesaja 33,10

Als die Zerstörer das Land verwüstet hatten, als sei es von Heuschrecken verheert worden, und als die Krieger, die das Land verteidigt hatten, sich hinsetzten und wie Frauen weinten, da kam der Herr zu Hilfe. Als niemand mehr in die Stadt Gottes reiste und Basan und Karmel wie Weinberge waren, die keine Frucht mehr trugen, da stand der Herr auf. Gott wird erhöht in einem betrübten Volk, denn die Trauernden suchen sein Angesicht und vertrauen ihm. Er wird noch mehr erhöht, wenn er auf ihr Rufen hin aufsteht, um sie zu befreien und ihre Feinde zu stürzen.

Ist dieser Tag für uns ein Tag des Leides, so lasst uns erwarten, dass wir den Herrn in unserer Befreiung verherrlicht sehen werden. Drängt es uns aus tiefstem Herzen zu beten? Rufen wir ihn Tag und Nacht an? Dann ist die für seine Gnade bestimmte Zeit nah. Gott wird sich zur rechten Stunde erheben. Er wird aufstehen, wenn es am meisten zu seiner Ehre dient. Uns liegt an seiner Ehre mehr als an unserer eigenen Befreiung. Wird der Herr erhöht, so ist unser Hauptwunsch erfüllt.

Herr, hilf uns erkennen, dass du am Werk bist! Dann wollen wir dich erheben. Lass alle um uns her erkennen, was für ein großer und guter Gott du bist!

**Mein Herz bleibe rechtschaffen in deinen
Rechten, dass ich nicht zu Schanden werde!**

Psalm 119,80

Wir finden in diesem von Gott eingegebenen Gebet die
Zusicherung, dass alle, die sich fest an das Wort Gottes
halten, niemals Ursache haben sollen, sich dessen zu
schämen.

Seht, dies ist ein Gebet um Rechtschaffenheit des
Herzens. Ein rechtschaffenes Glaubensgebet ist gut,
ein rechtschaffenes Urteil darüber ist besser, aber ein
in Wahrheit rechtschaffenes Herz ist das Beste von allen. Wir müssen die Wahrheit lieben, die Wahrheit fühlen und der Wahrheit gehorchen, sonst sind wir nicht
wahrhaft rechtschaffen in den Rechten Gottes. Gibt es
in dieser bösen Zeit viele, die vollkommen rechtschaffen sind? Wenn doch der Schreiber und die Leser zu dieser Art von Menschen gehören würden!

Viele werden sich am letzten großen Tag schämen,
wenn alle Streitigkeiten entschieden werden. Dann
werden sie sehen, wie töricht ihre Erfindungen waren,
und ihren stolzen Unglauben und den eigensinnigen
Trotz gegen den Herrn bereuen; wer aber glaubte, was
der Herr lehrte, und tat, was der Herr gebot, wird ge-
rechtfertigt dastehen in dem, was er getan hat. »Dann
werden die Gerechten leuchten wie die Sonne.« Viele
Männer, die man verleumdet und beschimpft hat, werden ihre Schmach in Ehre verwandelt sehen.

Lass uns das Gebet unseres Textes beten, dann können wir gewiss sein, dass seine Verheißung an uns erfüllt werden wird. Wenn der Herr uns rechtschaffen
macht, wird er uns auch rechtschaffen erhalten.

20. Juni

**Und ob ich schon wanderte im finstern Tal,
fürchte ich kein Unglück; denn du bist bei
mir, dein Stecken und Stab trösten mich.**

Psalm 23,4

Wie tröstlich sind diese Worte der Zuversicht auf dem
Sterbebett. Wie viele haben sie in ihren letzten Stunden
mit dankbarer Freude wiederholt!

Aber dieser Vers lässt sich ebenso auf die Angst der
Seele mitten im Leben anwenden. Manche von uns
sterben wie Paulus täglich durch eine Neigung zum
Trübsinn. »Die Pilgerreise« erwähnt das Tal der Todesschatten viel früher als den Strom, der am Fuße der
himmlischen Hügel fließt. Manche von uns sind mehrere Male durch die finstere und furchtbare Enge des
Todesschattens gegangen, und wir können es bezeugen,
dass der Herr allein uns fähig machte, aufrecht zu stehen unter den schrecklichen Gedanken, den geheimnisvollen Schrecken und dem furchtbaren Druck dieser
Schatten. Der Herr hat uns gestärkt und uns vor aller
Furcht vor dem Unglück bewahrt. Wir sind belastet
und unterdrückt worden, und doch sind wir am Leben
geblieben, denn wir haben die Gegenwart des großen
Hirten gespürt und die Zuversicht gehabt, dass sein
Hirtenstab den Feind hindern wird, uns eine tödliche
Wunde zu versetzen. Sollten wir heute durch raben-
schwarze Nacht großer Leiden geführt werden, so lasst
uns Gott verherrlichen durch ein zuversichtliches Vertrauen auf ihn!

Der Herr wird Sisera in eines Weibes Hand übergeben.

Richter 4,9

Ein etwas ungewöhnlicher Text, aber es mögen Menschen da sein, die Glauben genug haben, ihn zu begreifen. Barak, der Mann, der zur Kriegsführung berufen war, war nicht zum Kampf zu bewegen, wenn nicht Debora mit ihm ginge. Und so beschloss der Herr, einen Frauenkrieg daraus zu machen. Damit rügte er die Schlaffheit des Mannes, gewann für sich umso mehr Ruhm und brachte umso mehr Schmach über die Feinde seines Volkes.

Der Herr kann auch heute noch schwache Werkzeuge gebrauchen. Warum nicht mich? Er kann Leute gebrauchen, die für gewöhnlich nicht zu großen, öffentlichen Taten gerufen werden. Warum nicht dich? Die Frau, die den Feind Israels schlug, war kein Mannweib, sondern eine Frau, die ihrer Arbeit in der Hütte nachging. Sie war keine Rednerin, sondern eine Frau, die Kühe melkte und Butter machte. Kann nicht der Herr einen von uns gebrauchen, um sein Ziel zu erreichen? Es könnte heute jemand zu uns ins Haus kommen, wie Sisera zu Jaels Hütte kam. Dann ist es unsere Sache, ihn zu retten, nicht ihn zu erschlagen. Lasst uns ihn mit großer Freundlichkeit aufnehmen und ihm dann die frohe Botschaft von der Errettung durch Jesus Christus, unseren großen Stellvertreter, verkündigen und ihm das Gebot »Glaube und lebe!« ans Herz legen. Wer weiß, ob dann nicht irgendein hartherziger Sünder heute durch das Evangelium besiegt wird.

22. Juni

Die Furcht des Herrn mehrt die Tage; aber die Jahre der Gottlosen werden verkürzt.

Sprüche 10,27

Daran ist kein Zweifel! Die Furcht des Herrn führt zu tugendhaften Gewohnheiten, und diese verhüten jene Vergeudung des Lebens, die von Sünde und Laster herrührt. Die heilige Ruhe, die aus dem Glauben an den Herrn Jesus entspringt, hilft auch, wenn ein Mensch sehr krank ist. Jeder Arzt freut sich, einen Patienten zu haben, der innerlich ganz ruhig ist. Unruhe tötet, aber Vertrauen zu Gott ist wie heilende Arznei.

Wir haben also alles, was für ein langes Leben nötig ist, und wenn es wirklich zu unserem Besten dient, werden wir ein hohes Alter erreichen und wie reife Garben in unser Grab sinken. Wir wollen uns nicht, sobald uns nur ein Finger wehtut, von plötzlicher Todesfurcht übermannen lassen, sondern damit rechnen, dass wir noch lange Zeit zu schaffen haben.

Und wenn wir nun bald in eine höhere Region abberufen würden? Ganz sicher wäre das kein Grund zur Klage, sondern nur Grund zu großer Freude. Lebend oder sterbend sind wir des Herrn. Wenn wir leben, will Jesus bei uns sein; wenn wir sterben, sollen wir bei Jesus sein.

Die wahre Verlängerung des Lebens besteht darin, dass wir bewusst leben, dass wir keine Zeit vergeuden, sondern jede Stunde für die höchsten Zwecke benutzen. So soll es heute sein!

**Darum spricht der Herr vom König von Assyrien
also: Er soll nicht in diese Stadt kommen und keinen
Pfeil hineinschießen und mit keinem Schilde davor
kommen und soll keinen Wall darum schütten.**

2. Könige 19,32

Und Sanherib belästigte die Stadt tatsächlich nicht. Er
hatte laut geprahlt, aber er konnte seine Drohungen
nicht ausführen. Der Herr ist imstande, die Feinde seines Volkes noch im letzten Augenblick zurückzuhalten. Wenn der Löwe das Lamm schon im Rachen hat,
kann der große Hirte der Schafe ihm noch seine Beute
entreißen. Die Größe unserer Not gibt ihm nur Gelegenheit, seine göttliche Macht und Weisheit noch groß-
artiger zu beweisen.

In dem vorliegenden Fall erschien der furchtbare
Feind nicht vor der Stadt, die er zerstören wollte. Keinen schädlichen Pfeil konnte er über die Mauern schie-
ßen, keine Belagerungsmaschinen in Bewegung setzen,
um die Burgen niederzulegen, und keine Wälle aufwer-
fen, um die Einwohner einzuschließen. Vielleicht wird
der Herr auch unsere Gegner hindern, uns den geringsten Schaden zu tun. Sicherlich kann er ihre Absichten
ändern und ihre Pläne so fehlschlagen lassen, dass sie
froh sind, diese ganz aufgeben zu können. Lasst uns
dem Herrn vertrauen und auf seinem Weg bleiben; er
wird uns mit Lob und Anbetung erfüllen, wenn wir sehen, wie vollkommen seine Befreiung ist.

Lasst uns den Feind nicht fürchten, bis er wirklich
kommt, und dann lasst uns auf den Herrn vertrauen!

24. Juni

Amazja sprach zum Mann Gottes: Was soll man denn tun mit den hundert Zentnern, die ich den Kriegsknechten von Israel gegeben habe? Der Mann Gottes sprach: Der Herr hat noch mehr, das er dir geben kann, denn dies.

2. Chronik 25,9

Wenn du einen Fehler gemacht hast, so trage die Folgen, aber handle nicht dem Willen des Herrn zuwider! Der Herr kann dir viel mehr geben, als du vermutlich dabei verlierst; und wenn er es nicht tut, willst du dann mit Gott rechten und feilschen? Amazja hatte von dem abgöttischen Bruderreich ein Heer gemietet, und es wurde ihm befohlen, diese Kriegsleute nach Hause zu schicken, weil der Herr nicht mit ihnen sei. Er war bereit, das Heer wegzuschicken; es tat ihm nur leid, die Hunderttausende von Mark umsonst gezahlt zu haben. Welch eine Schande! Wenn der Herr den Sieg ohne die Mietlinge geben wollte, war es sicher ein guter Handel, ihnen ihren Lohn auszubezahlen und sie loszuwerden.

Seid bereit, Geld zu verlieren, um des Gewissens willen, um des Friedens willen, um Christi willen! Seid versichert, dass Verluste um des Herrn willen keine Verluste sind. Schon in diesem Leben werden sie mehr als aufgewogen; und wie manchen Verlust mag der Herr von dir abgewandt haben! Wenn es sich aber um unsere unsterbliche Seele handelt, dann ist das, was wir um Jesu willen verlieren, im Himmel angelegt. Ärgere dich nicht über den anscheinenden Schaden, sondern höre auf die leise Stimme: »Der Herr hat noch mehr, das er dir geben kann, denn dies!«

Wahrlich, wahrlich, ich sage euch: Von nun an werdet ihr den Himmel offen sehen und die Engel Gottes hinauf- und herabfahren auf des Menschen Sohn.

Johannes 1,51

Ja, unser Glaube sieht das auch heute ganz deutlich. Der Himmel steht offen. Jesus hat das Reich allen Gläubigen aufgetan. Wir schauen in den Ort des Geheimnisses und der Herrlichkeit hinein, denn er hat ihn uns enthüllt. Bald werden wir ihn betreten, denn Jesus ist der Weg.

Nun haben wir die Erklärung der Jakobsleiter. Zwischen Himmel und Erde ist ein heiliger Verkehr im Gange; das Gebet steigt hinauf, und die Antwort kommt herab durch Jesus, den Mittler. Wir sehen diese Leiter, wenn wir unseren Herrn sehen. Er gleicht einer lichten Treppe, die uns freien Zugang zum Thron des Höchsten gibt. Lasst uns diese Treppe benutzen und die Boten unserer Gebete darauf zu Gott schicken! Wir werden selber ein Stück Leben der Engel leben, wenn wir fürbittend zum Himmel hinaufeilen, die Segnungen des Bundes ergreifen und dann wieder herabkommen, um diese Gaben unter die Menschenkinder zu verteilen.

Diesen köstlichen Anblick, den Jakob nur im Traum hatte, wollen wir in leuchtende Wirklichkeit verwandeln. Auch am heutigen Tag wollen wir Stunde um Stunde die Leiter hinauf- und herabsteigen, hinaufklettern in die Gemeinschaft mit Gott und herabkommen mit dem Bemühen, unsere Mitmenschen zu retten. Es ist deine Verheißung, Herr Jesus; lass uns sie fröhlich erfüllt sehen!

26. Juni

**Seid ihr auch geduldig und stärket eure Herzen;
denn die Zukunft des Herrn ist nahe.**

Jakobus 5,8

Das letzte Wort im Hohelied der Liebe lautet: »Eile, mein Freund!« Und in den letzten Worten der Offenbarung des Johannes lesen wir: »Der Geist und die Braut sprechen: Komm!«, worauf der himmlische Bräutigam antwortet: »Ja, ich komme bald.« Die Liebe sehnt sich nach der herrlichen Erscheinung des Herrn und freut sich der tröstlichen Verheißung: »Die Zukunft des Herrn ist nahe.« Sie stärkt unsere Herzen für die kommende Zeit. Wir schauen mit Hoffnung aus diesem Fenster.

Dieses heilige »Fenster von Kristall« lässt eine Flut von Licht in unsere Gegenwart fallen und schafft die besten Voraussetzungen für sofortiges Wirken oder Leiden. Werden wir versucht? Dann hilft uns das baldige Kommen unseres Freundes zur Geduld. Werden wir müde, weil wir gesät haben und keine Ernte sehen? Wieder will uns diese kernige Wahrheit sagen: »Seid geduldig!« Bringen vermehrte Versuchungen uns auch nur im Geringsten ins Wanken? Dann predigt uns die Zusicherung, dass der Herr bald hier sein wird, über den Text: »Stärkt eure Herzen!« Seid entschlossen, beharrlich, fest, unbeweglich »und nehmt immer zu in dem Werk des Herrn«! Bald werdet ihr die silbernen Trompeten hören, die das Kommen eures Königs ankündigen. Seid nicht im Geringsten bange! Haltet die Festung, denn er kommt; ja, vielleicht wird er heute noch erscheinen!

Auch werden die Gerechten deinem Namen danken, und die Frommen werden vor deinem Angesicht bleiben.

Psalm 140,14

Wenn doch mein Herz kindlich fromm wäre, sodass ich ständig den Namen des Herrn loben könnte! Er ist so gut gegen alle, die gut sind, dass ich gern zu ihnen gehören und mich jeden Tag voll Dankbarkeit fühlen möchte. Vielleicht werden die Gerechten einen Augenblick lang stutzig, wenn ihre Lauterkeit schweres Leiden zur Folge hat. Aber sicher wird der Tag kommen, an dem sie ihren Gott dafür loben werden, dass sie nicht bösen Einflüsterungen nachgegeben und krumme Wege gegangen sind. Auf die Dauer werden wahrhafte Männer dem Gott des Rechts dafür danken, dass er sie einen rechten Weg führte. Wenn ich doch einer von ihnen wäre!

Welch eine Verheißung liegt in diesem zweiten Satz: »Die Frommen werden vor deinem Angesicht bleiben!« Sie sollen angenommen werden, während andere nur erscheinen, um verurteilt zu werden. Sie sollen die Hofleute des großen Königs sein und Gehör bei ihm finden, sooft sie es wünschen. Sie sollen die Begünstigten sein, auf denen des Herrn Wohlgefallen ruht und mit denen er gnädig verkehrt. Herr, ich begehre diese hohe Ehre, dieses köstliche Vorrecht; es wird ein Himmel auf Erden für mich sein, es zu genießen. Mache mich in allen Dingen aufrichtig, damit ich heute und morgen und jeden Tag vor deinem Angesicht bleibe, dann will ich deinem Namen danken für und für!

28. Juni

Sage nicht: »Ich bin zu jung«; sondern du sollst gehen, wohin ich dich sende, und predigen, was ich dich heiße. Fürchte dich nicht vor ihnen; denn ich bin bei dir und will dich erretten, spricht der Herr.

Jeremia 1,7.8

Was für ein Wort richtete der Herr da an Jeremia! Er riss ihn aus seiner Mutlosigkeit heraus in eine heilige Tapferkeit hinein. Wenn unser Rufen zu Gott uns rettet, was wird nicht sein Wort an uns tun? Herr, rede heute mit mir und stähle mich für die Pflichten und Kämpfe dieses Tages! Welch einen Auftrag gab der Herr Jeremia: »Du sollst hingehen!« Er darf nicht zaudern. Er hätte antworten können: »Was? In all dieser Schwachheit gehen?« Aber der Herr ließ diesen Einwand nicht zu, indem er sagte: »Ich bin bei dir!« Der Herr gab ihm Kraft, und er hatte nun nichts zu tun, als diese zu gebrauchen und das Wort des Herrn zu predigen. Es mag sein, dass der Herr mehr für mich zu tun hat, als ich mir je träumen ließ. Wenn er mit mir redet, macht er mich auch stark. So will ich im Glauben die Macht ausüben, die er mir anvertraut hat. Er gebietet mir nie, »meine Zeit müßig zu vertrödeln«. Ganz im Gegenteil! Ich muss »gehen«, weil er mich stark macht, und ich darf mich nicht fürchten, denn er will mich erretten.

Ja, Herr, du hast mich gesandt, und ich will in deiner Kraft gehen. Auf dein Gebot hin gehe ich und bin gewiss, dass du durch mich siegen wirst.

Rufe mich an, so will ich dir antworten und will dir anzeigen große und gewaltige Dinge, die du nicht weißt.
Jeremia 33,3

Gott ermutigt uns zum Beten. Man sagt uns, das Gebet sei eine fromme Übung, die auf niemand Einfluss habe, außer auf die betende Seele selbst. Wir wissen es besser. Unsere Erfahrung straft diese ungläubige Behauptung tausendmal Lügen. Hier verheißt der Herr, der lebendige Gott, klar und deutlich, dass er auf das Gebet seines Knechtes antworten will. Lasst ihn uns immer wieder anrufen und nicht daran zweifeln, dass er uns hört und uns antwortet! Der das Ohr gemacht hat, sollte der nicht hören? Der den Eltern Liebe zu ihren Kindern gab, wird der nicht auf das Rufen seiner geliebten Söhne und Töchter hören?

Gott will die Seinen erhören, wenn sie ihn in ihrer Angst anflehen. Er hält wunderbare Dinge für sie bereit. Was sie nie gesehen, wovon sie nie geträumt haben, das will er für sie tun. Er will, wenn nötig, neue Segnungen erfinden. Er wird Meer und Land durchsuchen, um sie zu speisen. Er wird ihnen den letzten Engel aus dem Himmel zu Hilfe schicken, wenn ihre Not das erfordert. Er wird uns durch seine Gnade in Staunen versetzen, und wir werden das Gefühl haben, dass so etwas noch nie geschehen sei. Er verlangt nichts anderes von uns, als dass wir ihn anrufen. Weniger kann er nicht fordern. Lasst uns nicht zögern, ihm freudig unsere Bitten vorzutragen!

30. Juni

Ich will aber gedenken an meinen Bund, den ich mit dir gemacht habe zur Zeit deiner Jugend, und will mit dir einen ewigen Bund aufrichten.

Hesekiel 16,60

Trotz unserer Sünden liebt der Herr uns treu wie eh und je. Er schaut zurück. Seht, wie er an die Tage denkt, als er einen Bund mit uns schloss und wir uns ihm übergaben! Was waren das für glückliche Tage! Der Herr wirft sie uns nicht vor und klagt uns nicht der Unaufrichtigkeit an. Nein, er schaut mehr auf seinen Bund mit uns als auf unseren Bund mit ihm. Auf seiner Seite war darin auch nicht die leiseste Spur von Falschheit. Wie gnädig ist der Herr, so in Liebe zurückzuschauen!

Er schaut auch voraus. Er hat beschlossen, dass der Bund nie aufhören soll. Wenn wir uns nicht an ihn halten, er tut es. Er erklärt feierlich: »Ich will mit dir einen ewigen Bund aufrichten.« Es kommt ihm nicht in den Sinn, seine Verheißungen zurückzunehmen. Gelobt sei sein Name! Er sieht das heilige Siegel, »das Blut des ewigen Bundes«, und er denkt an unseren Bürgen, in dem er diesen Bund bestätigte, seinen eingeborenen lieben Sohn, und deshalb hält er an seinen Bundesverpflichtungen fest. »Er bleibt treu; er kann sich selbst nicht verleugnen.«

Herr, lege mir dieses kostbare Wort ans Herz und hilf mir, mich den ganzen Tag daran zu laben!

Gott wird mit euch sein

1. Mose 48,21

Der alte Vater konnte nicht bei seinem Sohn bleiben, denn seine Sterbestunde war gekommen; aber er verließ den Sohn ohne Sorge, denn er konnte zuversichtlich sagen: »Gott wird mit euch sein.« Wenn der Tod unsere nächsten Verwandten oder unsere hilfreichsten Freunde abruft, müssen wir uns mit dem Gedanken trösten, dass der Herr nicht von uns getrennt ist, sondern für uns lebt und immer bei uns bleibt.

Wenn Gott bei uns ist, befinden wir uns in edler Gesellschaft, wenn wir selbst auch arm und verachtet sind. Wenn Gott bei uns ist, kann es uns an Kraft nicht fehlen, denn für den Herrn ist nichts zu schwer. Wenn Gott bei uns ist, sind wir immer sicher; denn niemand kann denen schaden, die unter seinem Schatten wandeln. Wie froh können wir sein! Gott ist nicht nur bei uns, er will auch bei uns sein, bei jedem Einzelnen, bei uns als Familie, bei uns als Gemeinden. Lautet nicht sogar der Name Jesu »Immanuel«, Gott mit uns? Ist das nicht das Beste von allem, dass Gott bei uns ist? Lasst uns tapfer sein und fröhlich hoffen! Unsere Sache muss gut vorangehen, die Wahrheit muss gewinnen, denn der Herr ist bei denen, die für ihn sind.

Mögen alle Leser der Kleinode sich über diesen tröstlichen Zuspruch freuen! Ein größeres Glück werden sie nirgends finden.

2. Juli

Seinen Freunden gibt er's schlafend.

Psalm 127,2

Wir führen unser Leben nicht in ängstlicher Sorge, sondern in fröhlichem Glauben. Unser himmlischer Vater will für die Bedürfnisse seiner Kinder sorgen, und er weiß, was wir nötig haben, ehe wir ihn bitten. Wir können uns deshalb zur rechten Zeit schlafen legen und brauchen uns nicht kaputt zu machen mit spätem Aufsitzen, um zu planen und zu überlegen. Wenn wir gelernt haben, unserem Gott zu vertrauen, werden wir nicht wach liegen, weil die Furcht an unseren Herzen nagt, sondern alle Sorgen dem Herrn überlassen; unser Nachdenken über ihn wird tröstlich sein, und er wird uns erquickenden Schlaf schenken.

Dass der Herr uns liebt, ist die höchste Ehre, die man sich denken kann, und wem die zuteilwird, der wird das Gefühl haben, dass selbst der Ehrgeiz sich nicht mehr wünschen könnte und jeder selbstsüchtige Wunsch sich daher schlafen legen kann. Gibt es etwas Größeres im Himmel als die Liebe Gottes? Darum sei ruhig, meine Seele, denn du hast, was du brauchst!

Trotzdem wälzen wir uns hin und her, bis der Herr selbst uns nicht nur Grund zur Ruhe, sondern auch die Ruhe selbst gibt. Und das tut er. Jesus ist unser Friede, unsere Ruhe, unser alles. An seiner Brust schlafen wir in vollkommener Geborgenheit, im Leben wie im Tode.

Mit diesem Blut aufs Neu besprengt, schlaf ich nun ruhig ein, es ist dein Arm, der mich umfängt; drum werd ich sicher sein.

Ich will Feindschaft setzen zwischen dir und dem Weibe und zwischen deinem Samen und ihrem Samen. Derselbe soll dir den Kopf zertreten, und du wirst ihn in die Ferse stechen.

1. Mose 3,15

Das ist die erste Verheißung, die dem gefallenen Menschen gegeben wurde. Sie enthält das ganze Evangelium und den Kern des Gnadenbundes. Zum großen Teil ist sie bereits erfüllt worden. Der Same des Weibes, unser Herr Jesus, wurde in die Ferse gestochen, und das war ein schrecklicher Stich! Wie schrecklich wird es sein, wenn einmal der Kopf der Schlange zertreten wird. Der Wirkung nach geschah das schon, als Jesus die Sünde hinwegnahm, den Tod überwand und die Macht Satans brach; aber es wird noch vollständiger geschehen, wenn unser Herr am Tag des Gerichts wiederkommt. Uns sagt diese Verheißung voraus, dass wir durch die Mächte des Bösen in unserer niederen Natur leiden und so in die Ferse gestochen werden sollen; aber in Christus werden wir triumphieren, weil er den Fuß auf den Kopf der alten Schlange setzt. Es mag sein, dass wir durch die Versuchungen des Teufels und die Bosheit der Gottlosen, die sein Same sind, jahrelang an dem ersten Teil der Verheißung zu lernen haben. Sie mögen uns so stechen, dass wir mit unserer verwundeten Ferse hinken; aber wir wollen uns an den zweiten Teil des Spruches halten, dann werden wir unverzagt sein. Im Glauben wollen wir uns freuen, dass wir trotz allem in Jesus Christus, dem Samen des Weibes, herrschen sollen.

4. Juli

**Der Gott des Friedens zertrete den Satan
unter eure Füße in Kurzem.**

Römer 16,20

Diese Verheißung schließt sich gut an die gestrige an.
Wir sollen offenbar unserem großen Herrn gleich werden, nicht nur durch den Stich in die Ferse, sondern
auch im Sieg über den Bösen. Selbst unter unsere Füße
soll der alte Drache getreten werden. Die Gläubigen
in Rom waren traurig über den Streit innerhalb der
Gemeinde, aber ihr Gott war »der Gott des Friedens«
und gab ihnen Ruhe. Der Erzfeind überlistete die, die
nicht auf ihrer Hut waren und verführte die Herzen
der Einfältigen; aber er selbst sollte am schlimmsten
dabei wegkommen und von denen niedergetreten werden, die er geplagt hatte. Dieser Sieg sollte den Kindern
Gottes nicht durch ihre eigene Gewandtheit oder Kraft
zuteilwerden, sondern Gott selbst wollte Satan zertreten. Unter ihre Füße, aber durch Gott allein sollte das
Zertreten geschehen.

Lasst uns beherzt den Fuß auf den Versucher setzen!
Nicht nur Geister niederen Ranges, sondern der Fürst
der Finsternis selbst muss vor uns niederfallen. In un-
wandelbarem Vertrauen auf Gott wollen wir auf den
baldigen Sieg hoffen. »In Kurzem.« – Herrliches Wort!
In Kurzem sollen wir unseren Fuß auf die alte Schlange
setzen. Was für eine Freude wird es sein, das Böse zu
zermalmen! Was für eine Schmach für den Satan, wenn
sein Kopf von menschlichen Füßen zertreten wird!
Lasst uns im Glauben an Jesus den Versucher niederwerfen!

Aber dich will ich erretten zur selben Zeit, spricht der Herr, und du sollst den Leuten nicht zuteilwerden, vor welchen du dich fürchtest.

Jeremia 39,17

Wenn die Getreuen des Herrn für ihn leiden, wird Gott ihnen tröstliche Botschaften der Liebe schicken und ihnen zuweilen frohe Nachrichten für diejenigen geben, die Mitleid mit ihnen haben und ihnen helfen. Ebed-Melech war nur ein verachteter Mohr, aber er war freundlich gegen Jeremia, und darum gab ihm der Herr diese besondere Verheißung durch den Mund seines Propheten. Lasst uns die verfolgten Diener Gottes nicht vergessen, und er wird es uns lohnen!

Ebed-Melech sollte von den Leuten befreit werden, deren Rache er fürchtete. Er war nur ein armer Schwarzer, aber der Herr wollte für ihn sorgen. Tausende wurden von den Chaldäern erschlagen, aber diesen armen Neger konnten sie nicht verletzen. Auch wir fürchten uns vielleicht vor mächtigen Leuten, die uns nicht wohlwollen. Wenn wir aber in der Stunde der Verfolgung der Sache des Herrn treu geblieben sind, wird er auch uns treu sein. Was können Menschen im Grunde tun, ohne dass der Herr es zulässt? Er legt einen Zaum in den Mund der Wut und einen Zügel um den Kopf der Macht. Lasst uns den Herrn fürchten, dann werden wir niemand anders zu fürchten haben! Kein Becher Wasser, der einem verachteten Propheten gegeben wird, soll ohne Lohn bleiben; und wenn wir treu für Jesus einstehen, will er treu für uns einstehen.

6. Juli

Also hat Gott die Welt geliebt, dass er seinen eingeborenen Sohn gab, auf dass alle, die an ihn glauben, nicht verloren werden, sondern das ewige Leben haben.

Johannes 3,16

Von allen Sternen am Himmel nützt der Polarstern dem Seemann am meisten. Dieses Wort ist ein Polarstern, denn es hat mehr Menschen zum Heil geführt als irgendein anderes Schriftwort. Es ist unter den Verheißungen, was der Große Bär unter den Sternbildern ist.

Mehrere Worte darin leuchten mit einem ganz besonderen Glanz. Hier haben wir Gottes Liebe und dabei ein »Also«, das ihre unermessliche Größe anzeigt. Und dann haben wir Gottes Gabe in all ihrer freien Zugänglichkeit und Größe. Zugleich auch Gottes Sohn, die einzigartige und unschätzbare Gabe einer Liebe, die nie ganz offenbar werden konnte, bis der eingeborene Sohn kam, um für die Menschen zu leben und zu sterben. Diese drei Punkte sind voller Licht.

Aber mehr noch: Da ist die einfache Forderung zu glauben, die gnädig auf einen Heilsweg deutet, der für schuldige Menschen geschaffen ist. Diese Forderung ist in einen weiten Rahmen gefasst – »alle, die an ihn glauben«. Viele haben in diesem »alle« Raum gefunden, die sich durch ein engeres Wort ausgeschlossen gefühlt hätten. Und daran schließt sich die große Verheißung, dass alle, die an Jesus glauben, nicht verloren werden, sondern das ewige Leben haben. Wir glauben an den Herrn Jesus, und wir haben das ewige Leben.

Petrus aber antwortete und sprach zu ihm:
Wenn sie auch alle sich an dir ärgerten, so
will ich doch mich nimmermehr ärgern.

Matthäus 26,33

»Ja«, ruft jemand, »aber das ist doch keine Verheißung
Gottes!« Ganz recht, es war die Verheißung eines Menschen, und deshalb wurde nichts daraus. Petrus mein-
te, er würde sicherlich ausführen können, was er sagte;
aber jede Verheißung, die keine bessere Grundlage hat
als einen menschlichen Entschluss, bleibt leer. Kaum
war die Versuchung da, verleugnete Petrus seinen Meister und bekräftigte seine Verleugnung mit einem Eid.

Was ist eines Menschen Wort? Ein irdener Topf, der
mit einem Schlag zerbrochen wird. Was ist ein eigener
Entschluss? Eine Bitte, die durch Gottes Sorgfalt zur
Frucht werden kann, die aber, sich selbst überlassen,
auf den Boden fallen wird beim ersten Wind, der den
Zweig bewegt. An eines Menschen Wort hänge nur das,
was es tragen kann. Auf deinen eigenen Entschluss verlasse dich überhaupt nicht!

An die Verheißungen deines Gottes hänge Zeit und
Ewigkeit, diese und die zukünftige Welt, dein Alles und
all deiner Lieben Alles!

Dieses Bändchen ist ein Scheckbuch für Gläubige,
und diese Seite will sie warnen, achtzugeben, auf welche Bank sie ziehen und wessen Unterschrift sie annehmen. Baue auf Jesus ohne Einschränkung! Traue dir
selbst oder irgendeinem anderen Menschen nicht über
Gebühr, sondern vertraue einzig und völlig deinem
Herrn!

8. Juli

**Der Engel des Herrn lagert sich um die her,
so ihn fürchten, und hilft ihnen aus.**

Psalm 34,8

Wir können die Engel nicht sehen, aber es genügt, dass
sie uns sehen können. Der Engel des Herrn ist der Heiland, den wir nicht gesehen haben und doch lieben, und
sein Auge ist Tag und Nacht auf uns gerichtet. Er hat
ein Heer von Engeln unter sich, und er schickt sie aus,
um seine Heiligen zu bewachen und sie vor allem Übel
zu behüten. Wenn Teufel uns schaden, so dienen uns
die Engel.

Beachtet, dass der Herr der Engel nicht kommt und
geht und uns nur vorübergehend besucht, sondern dass
er und seine Heere sich um uns lagern. Das Hauptquar-
tier der Armee des Heils ist dort, wo Menschen leben,
die dem lebendigen Gott vertrauen. Dieses Lager um-
gibt die Gläubigen, sodass sie von keiner Seite angegriffen werden können, es sei denn, der Gegner durch-
bricht die Verschanzungen des Herrn der Heerscharen.
Wir haben einen festen Schutz, eine ständige Wache.
Von den Boten Gottes bewacht, sollen wir nicht durch
plötzliche Angriffe überrascht oder durch gewaltige
Übermacht verschlungen werden. Befreiung ist uns
zugesagt, Befreiung durch den großen Herzog unserer
Seligkeit, und diese Befreiung soll uns immer wieder
zuteilwerden, bis unser Krieg beendet ist und wir den
Kampfplatz mit der Ruhe der Heimat vertauschen.

Meine Augen sehen nach den Treuen im Lande, dass sie bei mir wohnen; und habe gerne fromme Diener.

Psalm 101,6

Wenn der Psalm sagt, dass Gott die Treuen sucht, dann dürfen wir gewiss sein, dass der Sohn Gottes ebenso denkt. Jesus schaut aus nach treuen Menschen, um sie voranzubringen, sie zu ermutigen und zu belohnen. Kein Treuer soll denken, dass er übersehen wird! Der König selbst hat sein Augenmerk auf ihn gerichtet.

Es werden zwei Folgen dieser königlichen Bekanntmachung genannt. Zuerst lesen wir: »dass sie bei mir wohnen«. Jesus bringt die Treuen in sein Haus, lässt sie in seinem Palast wohnen, macht sie zu seinen Gefährten, erfreut sich an ihrer Gesellschaft. Wir müssen unserem Herrn treu sein, dann wird er sich uns offenbaren. Wenn unsere Treue uns am meisten kostet, wird sie am besten belohnt werden; je wütender die Menschen uns verwerfen, desto freudiger wird der Herr uns aufnehmen.

Und dann sagt er von dem Aufrichtigen: »Der soll mir dienen.« Jesus wird die zu seiner Verherrlichung gebrauchen, die kluge Tricks verachten und ihm, seinem Wort und seinem Kreuz treu sind. Die sollen als geehrte Diener seiner Majestät in dem königlichen Gefolge sein. Gemeinschaft mit Gott und Fruchtbarkeit sind der Lohn der Treue. Herr, mache mich treu, damit ich bei dir wohne und dir diene!

10. Juli

**Und nun, unser Gott, höre das Gebet deines
Knechtes und sein Flehen, und siehe gnädig an dein
Heiligtum ... Denn wir liegen vor dir mit unserm
Gebet, und vertrauen nicht auf unsre Gerechtigkeit,
sondern auf deine große Barmherzigkeit.**

Daniel 9,17.18

Unsere Gebete für die Gemeinde werden erhört werden. Die festgesetzte Zeit ist da. Wir lieben die Gebetsgemeinschaft und die Sonntagsschule und alle Versammlungen im Hause des Herrn. Wir sind dem ganzen Volke Gottes von Herzen verbunden und können wahrhaftig sagen:

Wie gut ist's, Christi Schäflein werden
und in der Hut des treusten Hirten stehn!
Kein höh'rer Stand ist auf der Erden,
als unverrückt dem Freunde nachzugehn.

Wenn dies das allgemeine Gefühl ist, werden wir bald Zeiten der Erquickung vor Gottes Angesicht genießen. Unsere Versammlungen werden voll sein. Heilige werden neu belebt und Sünder bekehrt werden. Das kann nur durch die Barmherzigkeit des Herrn geschehen; aber es wird eintreten, und wir werden aufgerufen, es zu erwarten. Lasst uns tätig sein! Lasst uns ausharren im Gebet für Gottes Volk! Lasst uns die geringste Wahrheit, den geringsten Auftrag, den geringsten Gläubigen achten, auch wenn andere sie geringschätzen! Wenn wir die Gemeinde lieben, wird Gott sie bald sehr gnädig ansehen. Wenn wir Freude am Werk des Herrn haben, wird der Herr der Herren noch viel wohlwollender darauf blicken.

Wer da lebet und glaubet an mich, der wird nimmermehr sterben. Glaubst du das?

Ja, Herr, wir glauben es; wir werden nimmermehr sterben. Unsere Seele mag von unserem Leib getrennt werden, und das ist eine Art von Tod; aber unsere Seele soll nie von Gott getrennt werden, was der wahre Tod wäre – der Tod, der das Urteil über die Sünde war, die schlimmste Strafe, die verhängt werden kann. Wir glauben das ganz gewiss; denn wer kann uns scheiden von der Liebe Gottes, die in Jesus Christus, unserem Herrn, ist? Wir sind Glieder des Leibes Christi; wird Jesus Teile seines Leibes verlieren? Wir sind mit Christus vermählt; kann er seine Braut verlieren und verwitwet werden? Unmöglich! Es ist ein Leben in uns, das unmöglich von Gott geschieden werden kann. Der Heilige Geist wohnt in uns, wie könnten wir sterben? Jesus selbst ist unser Leben, und deshalb gibt es für uns kein Sterben; denn er kann nicht noch einmal sterben. In ihm sterben wir der Sünde einmal, und das Todesurteil kann nicht zum zweiten Mal vollstreckt werden. Nun leben wir und werden ewig leben. Der Lohn der Gerechtigkeit ist das ewige Leben, und wir haben nichts Geringeres als die Gerechtigkeit, die vor Gott gilt, und können deshalb die höchste Auszeichnung beanspruchen.

Wir haben das Leben und haben den Glauben und sind gewiss, dass ewiges Leben und himmlische Freude vor uns liegen; deshalb drängt alles in uns vorwärts, bis wir ohne Unterlass den schauen, an den wir hier geglaubt haben.

12. Juli

**Der Herr weiß die Gottseligen aus der Versuchung
zu erlösen, die Ungerechten aber zu behalten
zum Tage des Gerichts, sie zu peinigen.**

2. Petrus 2,9

Die Frommen werden versucht und geprüft. Das ist
kein wahrer Glaube, der nie auf die Probe gestellt wurde. Aber die Gläubigen werden aus ihren Versuchungen
erlöst, und das nicht durch Zufall oder irgendwelche
Hilfsorgane, sondern durch den Herrn selbst. Er übernimmt persönlich das Amt, diejenigen zu erlösen, die
ihm vertrauen. Gott liebt die Frommen und Gottesfürchtigen. Er weiß genau, wo sie sind und wie es ihnen
geht.

Zuweilen scheint ihr Weg ein Labyrinth zu sein, und
sie können sich nicht vorstellen, wie sie der drohenden
Gefahr entgehen werden. Aber was sie nicht wissen,
weiß ihr Herr. Er weiß, wen er zu erlösen hat, wann
er zu erlösen hat und wie er zu erlösen hat. Er erlöst
so, wie es für seine Kinder am heilsamsten ist, für den
Versucher am schmachvollsten und für ihn selbst am
glorreichsten. Das Wie wollen wir dem Herrn überlassen und zufrieden sein, wenn wir uns darüber freuen
dürfen, dass er die Seinen auf die eine oder andere Art
durch alle Gefahren, Leiden und Versuchungen dieses
armen Lebens hindurch zu seiner Rechten in der Herrlichkeit bringen wird.

Heute ist es nicht meine Sache, in die Geheimnisse
meines Herrn hineinzugucken, sondern geduldig auf
seine Zeit zu warten: »Weiß ich den Weg auch nicht,
du weißt ihn wohl.«

**Denn ich will dich sicherlich erretten, dass du
nicht durchs Schwert fallest, sondern sollst
dein Leben wie eine Beute davonbringen, darum
dass du mir vertraut hast, spricht der Herr.**

Jeremia 39,18

Seht, welch eine schützende Macht das Vertrauen zu
Gott ist! Die großen Männer der Stadt fielen durch das
Schwert, aber der arme Ebed-Melech war geborgen,
denn er vertraute dem Herrn. Wem anders sollte ein
Mensch vertrauen als dem, der ihn geschaffen hat? Wir
sind töricht, wenn wir das Geschöpf dem Schöpfer vorziehen. Wenn wir doch in allen Dingen durch den Glauben leben könnten, dann würden wir zu allen Zeiten
der Gefahr enthoben sein! Niemand hat je dem Herrn
vergeblich vertraut, und niemand wird das je tun.

Der Herr spricht: »Ich will dich sicherlich erretten!«
Achtet auf das göttliche »sicherlich«! Was sonst auch
ungewiss sein mag, Gottes Fürsorge für die Gläubigen
ist gewiss. Gott selbst ist der Hüter der Frommen. Unter seinen heiligen Flügeln ist Sicherheit, wenn überall
Gefahr droht. Können wir diese Verheißung als gewiss
annehmen? Dann werden wir in jeder Not finden, dass
sie feststeht. Wir hoffen vielleicht, erlöst zu werden,
weil wir gute Freunde haben oder weil wir klug sind
oder weil wir vielversprechende Zeichen sehen; aber
nichts von alledem ist halb so gut wie Gottes einfaches:
»Darum, dass du mir vertraut hast.« Lieber Leser, versuche es auf diese Weise, und wenn du das tust, wirst
du dein Leben lang dabeibleiben. Gottes Weise ist so
tröstlich wie gewiss.

14. Juli

Wirf deine Last auf den Herrn, der wird dich stärken, er wird den Gerechten nicht ewiglich in Unruhe lassen.
Psalm 55,23

Drückt dich eine schwere Last? Wälze sie auf den Allmächtigen! Jetzt ist es deine Last, und sie drückt dich nieder; wenn der Herr sie auf sich nimmt, wird sie für ihn eine Kleinigkeit sein! Bist du aber berufen, sie weiterzutragen, so will er dich stärken. Die Last wird auf dir liegen und doch nicht auf dir. Er wird dich stützen, dass die Last dir zum Segen wird. Halte dich an den Herrn, und du wirst aufrecht stehen unter dem, was dich sonst erdrücken würde!

Unsere schlimmste Furcht ist die, dass unser Leid uns vom Weg der Pflicht abbringen könnte; aber das wird der Herr nie zugeben. Wenn wir vor ihm gerecht sind, wird er nicht zulassen, dass die Trübsal unser Verhältnis zu ihm ändert. In Jesus nimmt er uns als gerecht an, und in Jesus will er uns gerecht erhalten.

Wie steht es nun in diesem Augenblick? Gehst du allein in die Prüfungen dieses Tages hinein? Sollen deine armen Schultern wieder von der schweren Last niedergedrückt werden? Sei nicht töricht! Bring all deinen Kummer zum Herrn und lass ihn damit fertig werden! Wirf deine Last nicht nieder, um sie dann wieder aufzunehmen, sondern wälze sie auf den Herrn und lass sie da liegen! Dann sollst du frei umhergehen, ein fröhlicher, entlasteter Christ, der das Lob seines großen Lastenträgers singt!

**Selig sind, die da Leid tragen; denn
sie sollen getröstet werden.**

Matthäus 5,4

Durch das Tränental gelangen wir zum Freudenquell.
Man sollte meinen, Leid tragen und selig sein stünden
im Gegensatz zueinander, aber der unendlich weise
Heiland verbindet mit dieser Seligpreisung beides miteinander. Was er nun zusammengefügt hat, das soll der
Mensch nicht scheiden. Leid tragen um die Sünde –
unsere eigene und die Sünde anderer – ist das Siegel,
das der Herr seinen Getreuen verleiht. Wenn der Geist
der Gnade auf das Haus Gottes ausgegossen ist, wird es
Leid tragen. Durch heiliges Leidtragen empfangen wir
die größten Segnungen, so wie die seltensten Waren auf
dem Wasserweg zu uns kommen. Nicht erst an irgendeinem fernen Tage soll der Leidtragende selig sein, sondern Christus erklärt ihn schon jetzt für selig.

Ganz gewiss wird der Heilige Geist die Herzen trösten, die um die Sünde Leid tragen. Sie sollen durch das
Blut Jesu und durch die reinigende Macht des Heiligen
Geistes getröstet werden. Sie sollen getröstet werden
über die große Sünde ihrer Stadt und ihrer Zeit durch
die Zusicherung, dass Gott sich verherrlichen wird,
mögen sich die Menschen auch noch so sehr gegen ihn
auflehnen. Sie sollen getröstet werden mit der Erwartung, dass sie in kurzer Zeit ganz von der Sünde befreit
und bald hinaufgenommen werden sollen, um für immer in der Gegenwart ihres herrlichen Herrn zu leben.

16. Juli

Ich will den Hinkenden helfen.

Zefanja 3,19

Es gibt viele von diesen Lahmen, männliche und weibliche. Ihr könnt zwanzigmal in einer Stunde einem Hinkenden begegnen. Sie sind auf der rechten Straße und bemühen sich, sorgsam darauf zu gehen; aber sie sind lahm, und ihr Gang ist kümmerlich. Auf der Himmelsstraße gibt es viele Krüppel. Es mag sein, dass sie in ihren Herzen sprechen: Was wird aus uns werden? Die Sünde wird uns überrumpeln, Satan wird uns umwerfen; wir sind von Natur aus »zum Hinken geneigt«; der Herr kann nie gute Krieger aus uns machen, nicht einmal schnelle Boten, um seine Aufträge eilig auszurichten. Aber trotz alledem: Er will uns erretten, und das ist nichts Geringes. Er sagt: »Ich will den Hinkenden helfen.« Indem er uns rettet, verherrlicht er sich selbst. Jeder wird fragen: Wie kam dieser Lahme dazu, den Lauf zu vollenden und die Krone zu gewinnen? Und dann wird alles Lob der allmächtigen Gnade gelten.

Herr, ich hinke zwar im Glauben, im Gebet, im Loben, im Dienst und in der Geduld, aber errette mich, ich bitte dich! Du allein kannst Krüppel retten, wie ich einer bin! Herr, lass mich nicht umkommen, weil ich unter den Letzten bin, sondern führe durch deine Gnade mich, den langsamsten deiner Pilger, heim! Er hat gesagt, es soll so sein, und darum halte ich Gott fest im Gebet und marschiere weiter, wenn auch das Gelenk meiner Hüfte verrenkt ist!

17. Juli

**Die vom Volk, so ihren Gott kennen,
werden sich ermannen und es ausrichten.**

Daniel 11,32

»Der Herr ist ein Kriegsmann, Herr ist sein Name.«
Wer sich unter seine Fahne stellt, soll einen Feldherrn
haben, der ihn für den Kampf ausbilden und ihm Kraft
und Mut geben wird. Die Zeiten, von denen der Prophet
schrieb, waren allerschlimmster Art. Da kam die Verheißung, dass das Volk Gottes sich von der besten Seite
zeigen sollte: Es sollte stark und mutig dem mächtigen
Gegner entgegentreten.

Wenn wir unseren Gott doch recht kennen würden,
seine Macht, seine Treue, seine unveränderliche Liebe,
und dann bereit wären, alles um seinetwillen zu wagen!
Seine Vollkommenheit begeistert uns und macht uns
willig, für ihn zu leben und für ihn zu sterben. Wenn
wir doch in inniger Gemeinschaft mit unserm Gott
lebten; denn dann sollen wir ihm gleich werden und
die Kraft haben, die Wahrheit und Gerechtigkeit zu verteidigen! Wer eben das Angesicht Gottes geschaut hat,
wird nie das Angesicht der Menschen fürchten. Wenn
wir in ihm bleiben, werden wir Mut fassen, und eine
Welt von Feinden wird uns nur wie ein Tropfen im Ei-
mer erscheinen. Ein zahlloses Heer von Menschen oder
auch Teufeln wird uns so gering erscheinen, wie die
Völker es vor Gott sind, der sie nur wie Heuschrecken
betrachtet. Möchten wir doch tapfer sein für die Wahrheit in diesen Tagen der Falschheit!

18. Juli

**Ich will sie in eine Wüste führen und
freundlich mit ihr reden.**

Hosea 2,16

Die Güte Gottes sieht, dass die Sünde uns lockt, und
beschließt die mächtigeren Lockungen der Liebe an uns
zu versuchen. Erinnern wir uns nicht, welche Anziehungskraft der Freund unserer Seele zuerst auf uns aus-
übte und wie er uns von den Bezauberungen der Welt
weglockte? Das will er immer wieder tun, wenn er uns
in Gefahr sieht, vom Bösen umstrickt zu werden.

Er verheißt, uns beiseitezunehmen, denn so kann
er am besten auf uns einwirken, und der Ort, an den
er uns führt, soll nicht ein Paradies sein, sondern eine
Wüste. Weil dort nichts ist, was unsere Aufmerksamkeit von Gott ablenkt. In der Wüste der Trübsal wird
die Gegenwart des Herrn alles für uns. Dann liegt uns
sehr viel mehr an der Gemeinschaft mit ihm als in Zeiten, in denen wir unter unserem eigenen Weinstock
und Feigenbaum in der Gesellschaft unserer Gefährten
saßen. Einsamkeit und Leiden bringen mehr Menschen
zu sich selber und zu Gott als irgendwelche anderen
Mittel.

Wenn wir so angelockt und in die Einsamkeit geführt
sind, hat der Herr uns köstliche Dinge zu unserem
Trost zu sagen. »Er redet zu unserem Herzen«, heißt
es im Original. Wenn uns doch heute diese Verheißung
durch unsere eigene Erfahrung ausgelegt würde! Ge-
lockt durch Liebe, abgesondert durch Leiden und getröstet durch den Geist der Wahrheit, das ist der Weg,
den Herrn zu erkennen und neue Freudenlieder anzu-
stimmen.

**Deine Schuhe sollen Eisen und Erz sein, und
wie deine Tage soll deine Kraft sein.**

5. Mose 33,25

Hier stehen zwei Dinge für den Pilger bereit: Schuhe
und Kraft.

Zuerst die Schuhe: Sie sind sehr nötig, um auf rau-
en Wegen wandern und tödliche Feinde niedertreten
zu können. Wir sollen nicht barfuß gehen; das schickt
sich nicht für Fürsten aus königlichem Geblüt. Unsere
Schuhe sollen auch nicht von gewöhnlicher Art sein,
sondern Sohlen von dauerhaftem Metall haben, das sich
nicht abnutzt, auch wenn die Reise lang und schwierig
ist. Unser Schutz soll den Bedürfnissen des Weges und
des Kampfes angemessen sein. Lasst uns darum mutig
voranschreiten und kein Übel fürchten, auch wenn wir
auf Schlangen treten oder unsern Fuß auf den Drachen
setzen müssen.

Zweitens die Kraft: Sie soll ausreichen, solange wir
leben, und sie soll der Arbeit und Last jedes Tages angemessen sein. Es sind nur ein paar Worte: »Wie deine
Tage, so deine Kraft«, aber sie enthalten viel. Leiden
und Arbeit mögen heute auf uns warten, die viel Kraft
erfordern, aber wir können zuversichtlich die entsprechende Kraft erwarten. Dieses Wort der Verheißung
ist allen gegeben, die Glauben haben, es sich anzueignen. Lasst uns in heiliger Kühnheit zugreifen und seine
Wahrheit erleben!

20. Juli

Zum andermal wird er ohne Sünde erscheinen denen, die auf ihn warten, zur Seligkeit.

Hebräer 9,28

Das ist unsere Hoffnung. Er, der zuerst kam, »wegzunehmen vieler Sünden«, wird ein zweites Mal den Menschenkindern erscheinen. Das ist an sich schon eine köstliche Aussicht! Aber diese zweite Erscheinung hat gewisse Kennzeichen, die sie noch besonders herrlich machen.

Unser Herr wird dann der Sünde ein Ende gemacht haben. Er hat sie so vollkommen von seinem Volk weggenommen und so wirksam ihre Strafe getragen, dass er bei seinem zweiten Kommen nichts mehr mit ihr zu tun haben wird. Er wird kein Sündopfer bringen, die Sünde wird dann ganz abgetan sein.

Dann wird der Herr das Heil seines Volkes vollenden. Die Seinen werden endgültig und vollkommen gerettet sein und in jeder Hinsicht die Fülle des Heils genießen. Er kommt nicht, um die Folgen unserer Übertretungen zu tragen, sondern um die Früchte seines Gehorsams einzubringen; nicht um unsere Verdammung wegzunehmen, sondern um unsere Seligkeit zu vollenden.

So erscheint unser Herr aber nur denen, die auf ihn warten. Bei diesem Erscheinen werden ihn die Menschen nicht sehen, deren Augen durch Sünde und Selbstsucht blind geworden sind. Ihnen wird er am Jüngsten Tag ein furchtbarer Richter sein, nichts weiter. Wir müssen auf ihn blicken und nach ihm ausschauen, und jedes Mal wird unser Blick Leben bedeuten.

Die, so weise sind, werden leuchten wie des Himmels Glanz, und die, so viele zur Gerechtigkeit weisen, wie die Sterne immer und ewiglich.

Daniel 12,3

Das ist eine Verheißung, die mich aufhorchen lässt. Weise zu sein ist an sich eine edle Sache; hier aber geht es um eine himmlische Weisheit, die der Herr allen verleihen kann. Wenn ich doch mich selber, meinen Gott, meinen Heiland recht kennen würde! Möge Gott mich so lehren, dass ich die himmlische Wahrheit auslegen und in ihrem Licht wandeln kann! Ist mein Leben ein weises Leben? Suche ich das, was ich suchen sollte? Lebe ich, wie ich wünschen werde, gelebt zu haben, wenn ich sterbe? Nur solche Weisheit kann mir ewigen Glanz verleihen, wie sie den Bewohnern des Himmels eigen ist.

Ein Seelengewinner zu sein ist etwas Herrliches. Ich habe es schon nötig, weise zu sein, wenn ich nur einen zur Gerechtigkeit weisen will; wie viel mehr, wenn ich vielen diesen Dienst tun soll. Dass ich doch Erkenntnis Gottes und der Menschen, des Wortes und des Heilands hätte, um meine Mitmenschen bekehren und um viele von ihnen zu Gott führen zu können! Ich möchte mich dieser Arbeit widmen und niemals ruhen, bis sie mir gelungen ist. Das wäre besser, als am königlichen Hof Ehrenzeichen zu gewinnen. Es würde mich zu einem glänzenden Stern machen, der immer und ewig leuchtet; ja noch mehr, es wird mich leuchten machen wie viele Sterne. Meine Seele, erhebe dich! Herr, belebe mich neu!

22. Juli

**Ich will mich mit dir verloben in Ewigkeit; ich
will mich mit dir vertrauen in Gerechtigkeit
und Gericht, in Gnade und Barmherzigkeit.
Ja, im Glauben will ich mich mit dir verloben,
und du wirst den Herrn erkennen.**

Hosea 2,21.22

Verlobung mit dem Herrn! Welch eine Ehre und Freude
ist das! Liebe Seele, ist Jesus in der Tat der Deine durch
eine solche gnadenvolle Verlobung? Dann – das merke
dir – gilt das für die Ewigkeit. Er wird seine Verlobung
niemals lösen, nie die Scheidung von einer Seele herbeiführen, die mit ihm durch ein solches Band vereinigt ist.

Zweimal spricht der Herr: »Ich will mich mit dir
verloben.« Mit welchen Worten beschreibt er die Verlobung! Die Gerechtigkeit tritt hinzu, um den Bund
rechtsgültig zu machen; niemand kann dieses gesetz-
mäßige Aufgebot für ungültig erklären. Das Gericht
bekräftigt das Bündnis mit seinem Rechtsspruch; niemand kann Torheit oder Irrtum in dieser Verbindung
sehen. Die Liebe bürgt dafür, dass es ein Liebesbund ist;
denn ohne Liebe ist die Verlobung Sklaverei und nicht
Seligkeit. Unterdessen lächelt die Barmherzigkeit und
singt sogar; ja, sie wird zu Barmherzigkeiten durch die
reiche Gnade dieser heiligen Verbindung.

Die Treue ist der Standesbeamte, der die Trauung
vollzieht, und der Heilige Geist sagt »Amen« dazu, indem er verheißt, das verlobte Herz alle heilige Erkenntnis zu lehren, die es für seine hohe Bestimmung nötig
hat. Welch köstliche Verheißung!

**Ihrer Sünden und ihrer Ungerechtigkeit
will ich nicht mehr gedenken.**

Hebräer 10,17

Mit diesem gnädigen Bund behandelt der Herr die Seinen, als hätten sie nie gesündigt. Er vergisst tatsächlich alle ihre Übertretungen. Sünden aller Art behandelt er, als seien sie nie da gewesen, als seien sie ganz aus seinem Gedächtnis geschwunden. Welches Wunder der Gnade! Gott tut hier das, was in gewisser Hinsicht für ihn unmöglich ist. Seine Barmherzigkeit wirkt Wunder, die weit über alle anderen Wunder hinausgehen.

Unser Gott weiß von unserer Sünde nichts mehr, seit das Opfer Christi den Bund bekräftigt hat. Wir können uns in ihm freuen ohne Furcht, dass unsere Ungerechtigkeit ihn zum Zorn reizen könnte. Seht, er macht uns zu Kindern; er nimmt uns als Gerechtfertigte an; er hat Freude an uns, als ob wir vollkommen heilig wären. Er stellt uns sogar an Vertrauensplätze, macht uns zu Hütern seiner Ehre, zu Bewahrern der Kronjuwelen, zu Verwaltern der Frohen Botschaft. Er hält uns wert und gibt uns ein Amt; das ist der höchste und ein ganz besonderer Beweis dafür, dass er nicht mehr an unsere Sünden denkt. Wir machen es anders. Wenn wir einem Feind vergeben, zögern wir sehr, ihm unser Vertrauen zu schenken; wir halten das für unklug. Aber der Herr vergisst unsere Sünden und behandelt uns, als seien wir nie in die Irre gegangen. Meine Seele, welche Verheißung! Glaube sie und sei glücklich!

24. Juli

**Wer überwindet, der soll mit weißen
Kleidern angetan werden.**

Offenbarung 3,5

Streiter des Kreuzes, kämpfe weiter! Ruhe nie, bis dein
Sieg vollkommen ist! Denn dein ewiger Lohn wird ein
Leben voll Kampf wert sein.

Sieh, hier ist vollkommene Reinheit für dich! Einige wenige in Sardes hielten ihre Kleider unbesudelt,
und ihr Lohn war es, fleckenlos zu sein. Vollkommene Heiligkeit ist der Preis unseres hohen Berufs; lasst
uns ihn nicht verfehlen! Sieh, hier ist die Freude! Du
sollst Festtagskleider tragen, wie die Menschen sie bei
Hochzeiten anlegen; du sollst mit Fröhlichkeit angetan
werden und vor Freuden glänzen. Schmerzliche Kämpfe sollen mit Frieden im Gewissen und der Freude im
Herrn enden.

Sieh, hier ist Sieg! Du sollst deinen Triumph feiern.
Palme und Krone und weißes Gewand werden dein
Lohn sein; du sollst als Sieger behandelt und von dem
Herrn selbst als solcher anerkannt werden.

Sieh, hier ist priesterlicher Schmuck! Du sollst vor
dem Herrn stehen in Kleidern, wie die Geweihten des
Herrn sie trugen; du sollst Dankopfer darbringen und
dich dem Herrn mit dem Weihrauch der Anbetung nahen.

Wer wollte nicht für einen Herrn kämpfen, der dem
Geringsten seiner treuen Diener so große Ehren gibt!
Wer sollte nicht von der Welt um Christi willen mit
einem Narrenkleid angetan werden, wenn er selbst uns
mit Herrlichkeit bekleiden will!

**Du aber, Daniel, gehe hin, bis das Ende
komme; und ruhe, dass du aufstehst zu
deinem Erbteil am Ende der Tage!**

Daniel 12,13

Wir können nicht alle Weissagungen verstehen, aber
wir sehen sie trotzdem froh und ohne Furcht an. Es
kann nichts in des Vaters Ratschluss sein, wovor sein
Kind gerechterweise erschrecken müsste. Ob auch der
Gräuel der Verwüstung aufgerichtet wird, soll doch der
wahre Gläubige nicht besudelt werden; er soll vielmehr
vereinigt, weiß gemacht und erprobt werden. Wenn die
Erde auch in Feuer aufgeht, soll doch kein Brandgeruch
an den Erwählten zu spüren sein. Wenn die Elemente
vergehen und die Welt zusammenstürzt, wird Gott die
Seinen bewahren.

Ruhig entschlossen in der Pflichterfüllung, tapfer im
Kampf und geduldig im Leiden lasst uns unseren Weg
gehen, auf unserer Straße bleiben und weder von ihr
abweichen noch träge auf ihr herumschlendern. Das
Ende wird kommen; lasst uns unseren Weg gehen, bis
das Ziel erreicht ist!

Dann werden wir ausruhen. Alles andere schwankt,
aber unser Grund steht fest. Gott ruht in seiner Liebe, und deshalb ruhen wir in ihr. Unser Friede ist wie
ein Strom und soll es immer bleiben. Ein Erbteil in der
himmlischen Heimat ist uns zugesagt, und wir werden
es erreichen, komme, was da wolle. Gott wird ein wür-
diges Erbe allen geben, die es wagen, entschieden für
Wahrheit und Heiligkeit einzutreten. Keine Löwengru-
be soll uns unser sicheres Erbe streitig machen.

26. Juli

**Alsdann, spricht der Herr, wirst du mich heißen
»mein Mann« und mich nicht mehr »mein
Baal« heißen. Denn ich will die Namen der
Baalim von ihrem Munde wegtun, dass man
ihrer Namen nicht mehr gedenken soll.**

Hosea 2,18.19

Dieser Tag ist gekommen. Wir sehen unsern Gott nicht
mehr als Baal, als tyrannischen Herrn und mächtigen
Gebieter; denn wir leben nicht unter dem Gesetz, sondern unter der Gnade. Wir denken jetzt an Jesus, unseren Heiland, als an unseren Freund, den wir innig lieben, unseren Bruder, mit dem uns unzerreißbare Bande
verbinden. Wir verehren Gott nicht weniger, aber wir
lieben ihn mehr. Wir dienen ihm nicht lässiger, aber
wir dienen ihm aus einem höheren und liebenswerte-
ren Grunde. Wir zittern nicht mehr unter seiner Strafe,
sondern freuen uns in seiner Liebe. Der Sklave ist in ein
Kind verwandelt und die Pflicht in ein Vorrecht.

Ist das bei dir der Fall, lieber Leser? Hat die Gnade
die sklavische Furcht ausgetrieben und das Herz mit
kindlicher Liebe erfüllt? Wie glücklich macht uns diese
Erfahrung. Jetzt ist uns der Sonntag eine Freude, und
der Gottesdienst ermüdet uns nicht. Das Gebet ist jetzt
ein Vorrecht und das Lob Gottes eine Feier. Dem Herrn
zu gehorchen ist der Himmel, für die Sache Gottes zu
geben ein Fest. So ist alles neu geworden. Unser Mund
singt und unser Herz jauchzt. Gelobt sei Jesus Christus,
der diese Veränderung zuwege bringt.

Ich will euch die Gnade treulich halten.

Apostelgeschichte 13,34

Alles Menschliche ist unsicher, aber das Göttliche ist zuverlässig. Das gilt besonders für den Gnadenbund, den Gott mit uns schloss. Es ist »ein ewiger Bund, verordnet in allen Dingen, und gewiss«.

Wir sind gewiss, dass es dem Herrn mit seiner Gnade ernst war. Jede seiner Verheißungen hat Kraft und Wahrheit. Seine Gnade ist wirklich Gnade. Selbst wenn es scheint, als ob eine Verheißung durch den Tod hinfällig würde, soll sie doch bestehen; der Herr wird sein Wort erfüllen.

Wir sind gewiss, dass der Herr die verheißenen Segnungen allen, die in seinem Bund aufgenommen sind, verleihen wird. Sie sollen zur rechten Zeit allen Erwählten des Herrn zuteilwerden. Sie sind all seinen Kindern gewiss, vom geringsten bis zum größten.

Wir sind gewiss, dass der Herr fortfahren wird, sein Volk zu segnen. Er gibt nicht, um dann wieder zu nehmen. Was er uns bisher gewährt hat, ist ein Unterpfand für das, was er uns noch geben will. Was wir noch nicht empfangen haben, ist ebenso gewiss wie das, was uns bereits zuteilgeworden ist; deshalb lasst uns auf den Herrn harren und still sein! Es gibt keinen Anlass für den geringsten Zweifel. Gottes Liebe, sein Wort und seine Treue sind gewiss. Viele Dinge sind zweifelhaft, aber von dem Herrn singen wir:

»Alles Ding währt seine Zeit
Gottes Lieb' in Ewigkeit.«

28. Juli

So demütiget euch nun unter die gewaltige Hand Gottes, dass er euch erhöhe zu seiner Zeit.

1. Petrus 5,6

Das kommt einer Verheißung gleich; beugen wir uns, so wird der Herr uns erheben. Demut führt zur Ehre; Unterwerfung ist der Weg zur Erhöhung. Dieselbe Hand Gottes, die uns niederbeugt, wartet darauf, uns zu erheben, sobald wir den Segen tragen können. Wir bücken uns, um zu siegen. Viele kriechen vor Menschen, ohne dass ihnen die Gunst zuteilwird, die sie begehren; wer sich aber unter der Hand Gottes demütigt, wird reich gemacht, erhöht, gestärkt und getröstet von dem, dessen Gnade kein Ende hat. Es ist Gottes Weise, die Stolzen niederzuwerfen und die Niedrigen zu erhöhen.

Aber der Herr tut alles zu seiner Zeit. Wir sollten uns heute, ja, in diesem Augenblick demütigen und das immer wieder tun, ob nun der Herr seine züchtigende Hand auf uns legt oder nicht. Wenn der Herr zuschlägt, ist es unsere besondere Pflicht, die Züchtigung demütigen Herzens anzunehmen. Aber unsere Erhöhung durch den Herrn kann nur »zu seiner Zeit« geschehen. Gott selbst weiß am besten, wann die rechte Stunde da ist. Bitten wir ungeduldig um Gottes Segen? Wollen wir vorzeitig geehrt werden? Was fällt uns ein! Sicher sind wir noch nicht wahrhaft demütig, sonst würden wir ehrfürchtig und still auf Gottes Segen warten. Das wollen wir tun!

Er hat deinen Feind hinausgeworfen.

Zefanja 3,15

Was war das für ein Hinauswerfen! Satan hat seinen Thron in unseren Herzen verloren, wie ihm sein Sitz im Himmel verloren ging. Unser Herr Jesus hat dem Feind die Herrschaft über uns entrissen. Er kann uns plagen, aber er kann uns nicht als sein Eigentum beanspruchen. Seine Bande fesseln unsere Seele nicht mehr; der Sohn hat uns frei gemacht, und wir sind recht frei.

Noch verklagt der Erzfeind unsere Brüder, aber auch dem hat der Herr ein Ende gemacht. Unser Anwalt bringt den Verkläger zum Schweigen. Der Herr weist unsere Feinde zurecht und tritt für uns ein, sodass uns aus all den Schmähungen des Teufels kein Schade entsteht.

Als Versucher greift der böse Geist uns immer noch an und schleicht sich in unsere Herzen ein, aber auch da hat er viel von seinem früheren Einfluss verloren. Er windet sich wie eine Schlange, aber er kann nicht regieren wie ein Herrscher. Er schleudert schreckliche Gedanken in unsere Herzen, wo er nur Gelegenheit hat; wie erleichtert sind wir, wenn Gott ihm gebietet zu schweigen und er sich davonstehlen muss wie ein geprügelter Hund! Herr, tue das für alle, die heute durch sein Bellen geplagt und geängstigt werden! Wirf ihren Feind hinaus und zeige dich ihnen in deiner Herrlichkeit! Oh, dass du ihn ganz aus dieser Welt verbannen möchtest!

30. Juli

**Ich will euch wiedersehen, und
euer Herz soll sich freuen.**

Johannes 16,22

Ja, er wird wiederkommen, und wenn er uns dann sieht und wir ihn sehen, wird große Freude herrschen. Was wird das für eine frohe Wiederkehr sein!

Aber diese Verheißung wird Tag für Tag in einem anderen Sinn erfüllt. Es gibt viele »wieder« im Umgang des Herrn mit uns. Er gab uns Vergebung, und er »kommt wieder«, um das freisprechende Wort zu wiederholen, wenn neue Sünden uns Kummer machen. Er hat uns geoffenbart, dass wir vor Gott angenommen sind, und wenn unser Glaube daran ein wenig schwach wird, kommt er wieder und wieder zu uns und spricht: »Friede sei mit euch!«, und unsere Herzen sind froh.

Alle Segnungen der Vergangenheit sind ein Unterpfand der zukünftigen. Wenn Jesus bei uns war, so wird er wieder zu uns kommen. Seht keine frühere Gunst als etwas Totes und Begrabenes an, dem man nachtrauern muss, sondern als einen Samen, der wachsen, Früchte bringen und so die Verheißung bestätigen wird: »Ich will euch wiedersehen!« Sind die Zeiten dunkel, weil Jesus nicht bei uns ist, wie er es einmal war? Lasst uns Mut fassen, er wird nicht lange fortbleiben! Seine Füße, flink wie die eines Rehes oder jungen Hirsches, werden ihn bald wieder zu uns bringen. Wir wollen deshalb heute schon beginnen, fröhlich zu sein, weil er uns sagt: »Ich will euch wiedersehen!«

**Rufe mich an in der Not, so will ich dich
erretten, so sollst du mich preisen.**

Psalm 50,15

Das ist in der Tat eine Verheißung! Hier ist eine dringende Angelegenheit – »der Tag der Not«. An einem solchen Tag ist es um die Mittagszeit dunkel, und jede Stunde scheint schwärzer als die vorhergehende. Das ist die gegebene Zeit für die Verheißung; sie ist geschrieben für den wolkigen Tag.

Hier ist ein leutseliger Rat: »Rufe mich an!« Wir sollten diese Ermahnung nicht nötig haben; wir sollten Gott immer und alle Tage anrufen. Welche Gnade, dass es uns freisteht, Gott anzurufen! Wie viel Weisheit gehört dazu, guten Gebrauch von diesem Vorrecht zu machen. Wie töricht, hinter Menschen herzulaufen! Der Herr fordert uns auf, unsere Sache vor ihn zu bringen. Lasst uns nicht zögern, das zu tun.

Hier ist die ermutigende Zusicherung: »Ich will dich erretten.« Wie die Not auch aussehen mag, der Herr macht keine Ausnahmen, sondern verheißt völlige, sichere, fröhliche Errettung. Er will mit eigener Hand unsere Rettung herbeiführen. Wir glauben es, und der Herr ehrt den Glauben.

Der Schluss darf nicht vergessen werden: »Du sollst mich preisen!« Sollten wir das nicht von ganzem Herzen tun? Wenn er uns gerettet hat, wollen wir ihn dankbar preisen; und da er es sicherlich tun wird, lasst uns gleich damit beginnen, ihn zu verherrlichen!

1. August

Ich will aufrichten meinen Bund zwischen mir und dir und deinem Samen nach dir, bei ihren Nachkommen, dass es ein ewiger Bund sei, also dass ich dein Gott sei und deines Samens nach dir.

1. Mose 17,7

Herr, du hast mit mir, deinem Knecht in Jesus Christus, meinem Herrn, einen Bund gemacht; und nun bitte ich dich, lass meine Kinder in seine gnädigen Verheißungen eingeschlossen sein! Lass mich glauben, dass diese Verheißung mir genauso wie ihrem ersten Empfänger gilt! Ich weiß, dass meine Kinder in Sünde geboren sind wie die anderer Menschen auch; deshalb bitte ich nichts für sie um ihrer Geburt willen; ich weiß ja, »was vom Fleisch geboren ist, das ist Fleisch«, weiter nichts. Aber lass sie unter deinem Gnadenbund durch deinen Heiligen Geist von Neuem geboren werden!

Ich bitte für meine Kinder und Kindeskinder. Sei du ihr Gott, wie du der meine bist! Meine höchste Ehre ist die, dass du mir erlaubt hast, dir zu dienen. Mögen es meine Nachkommen in allen künftigen Zeiten ebenso tun! Oh, du Gott unserer Väter, sei du der Gott unserer Kinder!

Wenn du, Herr, mich in meiner Familie begnadigt hast, so bitte ich dich, nimm dich der Häuser deiner Kinder an, die bisher ungesegnet blieben. Sei der Gott aller Familien deines Volkes. Um deines Sohnes Jesus Christus willen erspare allen, die deinen Namen fürchten, den Kummer, gottlose und böse Kinder zu haben.

**So gehe nun hin: Ich will mit deinem Munde
sein und dich lehren, was du sagen sollst.**

2. Mose 4,12

Mancher wahre Diener Gottes hat eine schwere Zunge,
und wenn er berufen wird, für seinen Herrn zu reden,
ist er ganz ratlos aus Furcht, eine gute Sache dadurch zu
verderben, dass er sie schlecht vertritt. In solchem Fall
sollten wir uns daran erinnern, dass der Herr die Zunge
gemacht hat, die so schwer ist, und dass wir uns hüten
müssen, unseren Schöpfer zu tadeln. Eine schwere Zunge ist vielleicht kein so großes Übel wie eine schnelle
Zunge; und wenige Worte können mehr Segen stiften
als ein großer Wortschwall. Ganz gewiss liegt rettende
Macht auch nicht in menschlicher Beredsamkeit mit
ihren Phrasen und großen Worten. Der Mangel an Re-
defluss ist kein so schmerzlicher Mangel, wie manche
meinen.

Wenn Gott mit unserem Mund und unserem Geist
ist, werden wir etwas Besseres haben als das tönende
Erz der Beredsamkeit oder die klingende Schelle der
Überredungskunst. Gottes Unterweisung bedeutet
Klugheit, seine Gegenwart bedeutet Macht. Pharao
hatte mehr Grund, sich vor dem stotternden Mose zu
fürchten als vor dem gewandtesten Redner in Ägypten; denn in dem, was er sagte, lag Kraft; er sprach von
Plagen und Tod. Wenn der Herr in unserer natürlichen
Schwachheit mit uns ist, werden wir mit übernatürli-
cher Kraft umgürtet. Darum lasst uns freimütig von Jesus reden, wie es uns aufgetragen ist!

3. August

Wenn aber der Priester eine Seele um sein Geld kauft, die mag davon essen; und was ihm in seinem Hause geboren wird, das mag auch von seinem Brot essen.

3. Mose 22,11

Fremde, Gäste und Diener durften nicht von heiligen Speisen essen. So ist es in geistlichen Dingen immer noch. Nur zwei Klassen von Menschen wurden zum heiligen Tisch zugelassen: die mit des Priesters Geld gekauft und die in des Priesters Haus hineingeboren waren. Gekauft und geboren, das waren die beiden unbestreitbaren Beweise für das Anrecht auf heilige Dinge.

Gekauft. Unser großer Hohepriester hat alle teuer erkauft, die ihr Vertrauen auf ihn setzen. Sie sind sein absolutes Eigentum – sie gehören ganz und gar dem Herrn. Nicht wegen ihrer eigenen Vorzüge, sondern um ihres Eigentümers willen werden ihnen dieselben Vorrechte zuteil, die er genießt, und sie sollen von seinem Brot essen. Er hat eine Speise, von der die Kinder der Welt nichts wissen. Weil ihr Christus angehört, sollt ihr sie mit eurem Herrn teilen.

Geboren. Das ist ein ebenso sicherer Weg zum Vorrecht. Wer in des Priesters Haus geboren ist, nimmt seinen Platz bei den übrigen Familiengliedern ein. Wiedergeburt macht uns zu Miterben und Gliedern desselben Leibes; darum hat Christus uns den Frieden, die Freude, die Herrlichkeit gegeben, die der Vater ihm verliehen hat. Erlösung und Wiedergeburt haben uns ein doppeltes Anrecht auf diese göttliche Verheißung gegeben.

Der Herr segne dich und behüte dich.

4. Mose 6,24

Dieser erste Satz im priesterlichen Segen ist im Grunde eine Verheißung. Der Segen, den unser Heiland über uns ausspricht, wird ganz gewiss kommen, denn er entspricht dem Willen Gottes.

Welche Freude, unter dem göttlichen Segen zu leben. Er gibt allem eine liebliche Würze. Wenn wir gesegnet sind, dann ist all unser Besitz und all unsere Freude gesegnet; ja, unsere Verluste und Leiden und selbst unsere Enttäuschungen sind gesegnet. Gottes Segen ist tief, nachdrücklich, wirksam. Der Segen eines Menschen mag mit Worten beginnen und enden; aber der Segen des Herrn macht reich und heilig. Der beste Wunsch, den wir für unseren nächsten Freund haben können, ist nicht: »Ich wünsche dir viel Glück!«, sondern: »Der Herr segne dich!«

Ein ebenso großes Vorrecht ist es, von Gott behütet zu werden, behütet bei und behütet in ihm. Menschen, die Gott behütet, sind wirklich vor dem Übel bewahrt, sie sind aufbewahrt zu grenzenloser Seligkeit. Gottes Obhut hängt mit seinem Segen zusammen, der Ruhe gibt und sicher macht.

Der Schreiber dieses kleinen Buches wünscht allen, die jetzt diese Zeilen lesen, dass ihnen der hier ausgesprochene reiche Segen und die Obhut Gottes zuteilwerde. Nimm das alles für dich selbst in Anspruch und erbitte es für Gottes Diener!

5. August

**Das Gesetz seines Gottes ist in seinem
Herzen; seine Tritte gleiten nicht.**

Psalm 37,31

Lege das Gesetz in das Herz eines Menschen, so steht
es mit dem ganzen Menschen recht! Das Herz ist der
Ort, an den das Gesetz gehört, denn das ist der für es bestimmte Platz. Im Kopf verwirrt es, im Rücken drückt
es, aber im Herzen stärkt es.

Welch ein köstliches Wort wird hier gebraucht: »Das
Gesetz seines Gottes«! Wenn wir den Herrn als unseren
Gott kennen, führt sein Gesetz uns in die Freiheit. Gott
ist mit uns im Bunde und macht uns begierig, seinem
Willen zu gehorchen und in seinen Geboten zu wandeln. Ist das Gebot meines Vaters Gebot? Dann habe
ich meine Freude daran.

Hier wird uns verbürgt, dass der gehorsame Mensch
gestützt und gestärkt werden soll bei jedem Schritt, den
er tut. Er will tun, was recht ist, und wird deshalb tun,
was klug ist. Heiliges Tun ist immer das klügste, wenn
es zunächst auch nicht so scheinen mag. Wir bewegen
uns auf der großen Straße der Vorsehung und der Gnade Gottes, wenn wir uns auf dem Weg seines Gesetzes
halten. Das Wort Gottes hat noch nie einen Menschen
irregeleitet; seine deutlichen Anweisungen, demütig,
gerecht, liebevoll und in der Furcht des Herrn zu wandeln, sind ebenso sehr Worte der Weisheit, die zu unserem Wohl dienen, wie heilige Regeln, um unsere Kleider rein zu halten. Sicher geht, wer aufrecht geht.

Siehe da das Land vor dir, das der Herr, dein Gott, dir gegeben hat; zieh hinauf und nimm's ein, wie der Herr, deiner Väter Gott, dir verheißen hat. Fürchte dich nicht und lass dir nicht grauen!

5. Mose 1,21

Es gibt ein Erbteil der Gnade, das wir kühn ergreifen sollten. Was irgendein Glaubender gewonnen hat, steht jedem andern auch frei. Nichts kann uns hindern, fest zu glauben, innig zu lieben und fleißig zu arbeiten. Lasst uns hinaufgehen und unser Erbteil in Besitz nehmen. Die tröstlichste Erfahrung und die herrlichste Gnade ist ebenso sehr für uns bestimmt wie für einen unserer Brüder. Der Herr hat sie vor uns hingestellt; nichts kann uns unser Recht streitig machen; lasst uns hinaufgehen und sie in seinem Namen in Besitz nehmen!

Die Welt liegt vor uns und will für den Herrn Jesus Christus erobert werden. Jedes Land und jeden Winkel sollen wir unterwerfen. Das schmutzige Elendsviertel soll uns nicht entmutigen, sondern zu größerem Einsatz anspornen: Wir brauchen nur Mut zu fassen und voranzugehen, und wir werden schmutzige Häuser und harte Herzen für Jesus gewinnen. Wir dürfen keinen Menschen in abgelegenen Straßen und Hintergässchen sterben lassen, weil wir nicht genug Glauben an Jesus und sein Evangelium haben, um hinaufzuziehen und das Land einzunehmen. Kein Ort ist so finster, kein Mensch so gottlos, dass die Macht der Gnade ihn nicht retten könnte. Weg mit der Feigheit! Der Glaube zieht aus zum Sieg!

7. August

**Sei nur getrost und sehr freudig, dass du haltest
und tust allerdings nach dem Gesetz, das dir Mose,
mein Knecht, geboten hat. Weiche nicht davon,
weder zur Rechten noch zur Linken, auf dass du
weise handeln mögest in allem, was du tun sollst.**

Josua 1,7

Ja, der Herr wird mit uns sein in seinem heiligen Krieg,
aber er verlangt von uns, dass wir seine Gebote genau
befolgen. Unsere Siege werden davon abhängen, dass
wir ihm von ganzem Herzen gehorchen und Mut und
Kraft in die Taten unseres Glaubens hineinlegen. Wenn
wir mit halbem Herzen handeln, können wir nicht
mehr als einen halben Sieg erwarten.

Wir müssen dem Herrn mit Aufmerksamkeit und
Überlegung gehorchen. Das gilt für jeden Teil des göttlichen Willens. Wir müssen in voller Bereitschaft gehorchen. Gottes Anweisung lautet, in allen Dingen
nach dem Gesetz zu handeln. Wir dürfen nicht auslesen
und auswählen, sondern müssen die Gebote des Herrn
nehmen, wie sie kommen, eins wie das andere. Bei alledem müssen wir genau und beständig vorgehen. Unser Weg führt geradeaus, wir dürfen weder zur Rechten
noch zur Linken abweichen. Wir dürfen nicht strenger
sein als das Gesetz und auch nicht leichtsinnig einen
freieren und bequemeren Weg einschlagen. Diese Art
von Gehorsam wird uns geistlich wachsen lassen. O
Herr, hilf uns, klar zu erkennen, wenn es nicht so ist!
Wir möchten deine Verheißung nicht vergeblich auf die
Probe stellen.

Gott der Herr hilft mir.

Jesaja 50,7

Diese Worte reden in prophetischer Vorausschau vom Leiden unseres Heilands am Tag seines Gehorsams bis zum Tode, als er seinen Rücken denen darhielt, die ihn schlugen, und seine Wange denen, die ihn misshandelten. An diesem Tage hat er den göttlichen Beistand erfahren.

Meine Seele, deine Leiden sind wie ein Stäubchen auf der Waage im Vergleich mit denen deines Heilands! Kannst du nicht glauben, dass der Herr dir helfen wird? Dein Heiland war in einer seltsamen Lage: Weil er an der Stelle der sündigen Menschen stand – als ihr Stellvertreter und Opfer –, musste der Vater sich ihm entziehen, und seine Seele musste unter dem Gefühl der Gottverlassenheit leiden. Dir wird keine solche Last auferlegt; du bist nicht gezwungen zu rufen: »Warum hast du mich verlassen?« Aber selbst da noch vertraute dein Heiland auf Gott, und du kannst es nicht? Er starb für dich und machte es dadurch unmöglich, dass du alleingelassen würdest; deshalb sei getrost!

Sage auch du bei den Mühen und Leiden dieses Tages: »Der Herr wird mir helfen!« Gehe mutig voran! Wappne dich mit Zuversicht und nimm dir vor, dass keine Schwäche und Furcht dir nachkommen soll! Wenn Gott dir hilft, wer kann dich hindern? Wenn du des allmächtigen Beistands gewiss bist, was kann zu schwer für dich sein? Beginne den Tag freudig und lass keinen Schatten von Zweifel zwischen dich und den ewigen Sonnenschein fallen!

9. August

Eine jegliche Rebe an mir, die Frucht bringt, wird er reinigen, dass sie mehr Frucht bringe.

Johannes 15,2

Das ist eine köstliche Verheißung für jemand, der um jeden Preis Frucht bringen möchte. Zuerst freilich scheint sie ein sehr ernstes Gesicht zu zeigen. Muss auch die fruchtbare Rebe gereinigt werden? Müssen selbst die besten und nützlichsten beschnitten werden? Zweifellos ist es so, denn oft bewirkt der Herr die Reinigung durch Leiden der einen oder anderen Art. Nicht den Bösen, sondern den Guten gilt die Verheißung der Trübsal in diesem Leben. Aber der Erfolg wiegt die schmerzhaften Mittel mehr als reichlich auf. Wenn wir unserem Herrn mehr Frucht bringen können, wollen wir uns gern die Reinigung und den Verlust der Blätter gefallen lassen.

Manchmal geschieht die Reinigung aber auch ohne Leiden nur durch das Wort, und das hebt alles auf, was an der Verheißung zunächst so herb erschien. Wir sollen durch das Wort frommer und natürlicher werden. Der Herr, der uns ein gewisses Maß von Fruchtbarkeit gegeben hat, wird an uns arbeiten, bis wir noch weit fruchtbarer werden. Ist das kein Grund zu großer Freude? Es liegt wahrhaftig mehr Trost in einer Verheißung der Fruchtbarkeit, als wenn uns Reichtum, Gesundheit und Ehre versprochen wären.

Herr Jesus, erfülle bald dein gnädiges Wort an mir und lass mich reichlich Frucht bringen zu deiner Ehre!

10. August

**Der Herr macht arm und macht reich;
er erniedrigt und erhöht.**

1. Samuel 2,7

Alle Veränderungen in meinem Leben kommen von ihm, der sich nie ändert. Wäre ich reich geworden, so hätte ich seine Hand darin gesehen und ihn gelobt; und wenn ich arm gemacht werde, möchte ich ebenso seine Hand darin sehen und ihn dann ebenso herzlich loben. Wenn es in der Welt mit uns abwärts geht, so ist es vom Herrn, und wir dürfen es geduldig hinnehmen; wenn wir in der Welt vorankommen, ist es vom Herrn, und wir dürfen es dankbar annehmen. In jedem Fall hat der Herr es getan, und es ist gut so.

Es ist offenbar des Herrn Art, die zu erniedrigen, die er erhöhen will, und die zu entkleiden, die er zu bekleiden gedenkt. Wenn es aber seine Art ist, so ist es die weiseste und beste Art. Wenn ich also jetzt Erniedrigung erdulde, so habe ich Grund, mich zu freuen, denn ich sehe darin die Vorbereitung für eine Erhöhung. Je mehr wir durch die Gnade gedemütigt werden, desto mehr sollen wir in der Herrlichkeit erhöht werden. Diese Art der Verarmung, die schließlich zu unserer Bereicherung dienen wird, muss uns willkommen sein.

Herr, du hast mich in letzter Zeit abwärtsgeführt und mir gezeigt, wie unvollkommen und sündhaft ich bin. Das ist keine angenehme Erfahrung, aber ich bitte dich, lass sie zu meinem Besten dienen. Mache mich durch sie fähig, dir freudiger zu dienen und brauchbarer zu werden; schenke es mir um Christi willen. Amen.

11. August

**Meine Seele harrt auf Gott; von ihm
kommt meine Errettung.**

Psalm 62,2

Wahrhaft und einzig auf den Herrn zu harren, das ist
ein gesegneter Zustand. Möchten wir das den ganzen
Tag und alle Tage tun! Harren auf seine Zeit, harren in
seinem Dienst, harren in freudiger Erwartung, harren in
Gebet und Zufriedenheit. Wenn unsere Seele so harrt,
dann nimmt sie die Stellung ein, die einem Geschöpf
vor seinem Schöpfer, einem Knecht vor seinem Herrn,
einem Kind vor seinem Vater am meisten zukommt.
Wir erlauben uns nicht, Gott etwas vorzuschreiben
oder über ihn zu klagen; wir erlauben uns keine Ver-
drießlichkeit und kein Misstrauen gegen ihn. Aber wir
laufen auch nicht der Wolke voraus und suchen keine
Hilfe bei anderen: all das wäre kein Harren auf Gott.
Gott und Gott allein ist die Hoffnung unserer Herzen.

Eine gesegnete Zusicherung wird hier gegeben: Von
ihm kommt Errettung. Sie ist unterwegs. Sie wird von
ihm kommen und von keinem anderen. Ihm allein gebührt der Ruhm, denn er allein kann und will sie schaffen. Und er wird es ganz gewiss zu seiner Zeit und in
seiner Weise tun. Er wird uns aus Zweifeln und Leiden,
aus Verleumdung und Not retten. Wenn wir auch noch
nichts davon sehen, begnügen wir uns damit, in seinem
Willen zu bleiben, denn wir hegen keinen Argwohn gegen seine Liebe und Treue. Er wird es in kurzer Zeit
ganz gewiss tun, und wir wollen ihn schon jetzt für seine Gnade loben.

Denn du, Herr, bist meine Leuchte; der Herr macht meine Finsternis licht.

2. Samuel 22,29

Bin ich im Licht? Dann bist du, Herr, meine Leuchte. Zögst du dich zurück, wäre meine Freude dahin. Aber solange du bei mir bist, kann ich ohne die Fackeln der Zeit und ohne die Kerzen menschlichen Trostes leben. Was für ein Licht wirft die Gegenwart Gottes auf alle Dinge! Wir hörten von einem Leuchtturm, dessen Schein zwanzig Meilen weit zu sehen war; aber unser Herr ist nicht nur ein naher Gott, er wird auch in weiter Ferne gesehen, sogar im Land des Feindes. Herr, ich bin glücklich wie ein Engel, wenn deine Liebe mein Herz erfüllt. Du bist alles, was ich wünsche.

Bin ich im Finstern? Dann wirst du, Herr, meine Finsternis licht machen. Bald wird sich alles wenden. Die Verhältnisse mögen immer trauriger werden. Wolke mag sich auf Wolke türmen; aber wenn es so finster wird, dass ich die Hand nicht vor Augen sehen kann, so kann ich doch die Hand des Herrn noch sehen. Wenn ich kein Licht in mir selber oder unter meinen Freunden oder in der ganzen Welt zu finden vermag, so kann doch der Herr, der einmal sprach: »Es werde Licht!«, dasselbe wieder sagen. Er wird noch einmal im Sonnenschein mit mir reden. Ich werde nicht sterben, sondern leben. Der Tag bricht schon an. Dieser tröstliche Spruch leuchtet wie ein Morgenstern. Es wird gar nicht lange dauern, dann werde ich vor Freude in die Hände klatschen!

13. August

**Es soll geschehen, ehe sie rufen, will ich antworten;
wenn sie noch reden, will ich hören.**

Jesaja 65,24

Welch schnelle Rettung! Der Herr hört uns, ehe wir rufen, und genauso schnell antwortet er uns oft. Da er unsere Nöte und unsere Gebete vorhersieht, ordnet er die Dinge so, dass schon für Hilfe gesorgt ist, noch ehe die Not wirklich eintritt, und dass wir gewappnet sind, ehe die Prüfung über uns kommt. Das ist die Pünktlichkeit der Allwissenheit, wie wir sie oft erlebt haben. Ehe wir noch das heraufziehende Leiden ahnten, kam schon der starke Trost, der uns aufrechterhalten sollte. Wie gut erhört doch unser Gott Gebete!

Der zweite Satz lässt uns an ein Telefon denken. Obwohl Gott im Himmel ist und wir auf der Erde sind, sorgt er dafür, dass unser Wort schnell sein Ziel erreicht, so wie es sein eigenes tut. Wenn wir auf die rechte Weise beten, sprechen wir in das Ohr Gottes. Unser gnädiger Mittler bringt unsere Bitten unverzüglich vor, und unser großer Vater hört sie und hat Wohlgefallen an ihnen. Wie leicht betet es sich dann! Wer wollte nicht anhalten am Gebet, wenn er weiß, dass er das Ohr des Königs der Könige hat! So will ich heute im Glauben beten und nicht nur glauben, dass ich gehört werden soll, sondern dass ich gehört worden bin; nicht nur, dass ich Antwort erhalten werde, sondern dass ich die Antwort schon habe.

14. August

**So spricht der Herr: Das ganze Land soll wüst
werden, und ich will's doch nicht gar aus machen.**

Jeremia 4,27

Im Haushalt Gottes herrscht Zucht, und diese Zucht
ist streng genug, um das Sündigen zu einer schlimmen
und bitteren Angelegenheit zu machen! Jeremia musste dem Volk Gottes mit großem Ernst das Gericht verkündigen, weil es gesündigt hatte. Die Felder sollten
zur Wüste werden, die keine Frucht trägt, und die Städte sollten in Trümmer gelegt werden. Ganz deutlich
kam die Züchtigung vom Herrn als Strafe für die Sünde. Gott deckt die Verfehlungen seiner Heiligen nicht
zu; er wird seine liebsten Knechte am empfindlichsten
züchtigen, wenn sie aufhören, seinen Gesetzen uneingeschränkt zu gehorchen. Vielleicht befinden wir uns
in eben dieser Stunde unter einer solchen Züchtigung.
Dann lasst uns demütig rufen: »Herr, zeige mir, warum
du mit mir haderst!«

Achtet aber auch auf den tröstlichen Zusatz: »Ich
will's nicht gar aus machen!« Die Strafe für die Sünde
ist ewig, aber Gott züchtigt seine Kinder nur für eine
kurze Zeit. Krankheit, Armut und Niedergeschlagenheit werden verschwinden, wenn sie ihre beabsichtig-
te Wirkung gehabt haben. Wir sind ja nicht unter dem
Gesetz, sondern unter der Gnade. Die Rute mag uns
schlagen, aber das Schwert soll uns nicht töten. Unser
gegenwärtiges Leiden will uns zur Buße führen, damit
wir nicht mit den Gottlosen umkommen.

15. August

Was ihr bitten werdet in meinem Namen, das will ich tun, auf dass der Vater geehrt werde in dem Sohn.

Johannes 14,13

Nicht jeder Gläubige hat gelernt, in Jesu Namen zu beten. Das Bitten nicht nur um seinetwillen, sondern in seinem Namen, mit seiner Vollmacht, das ist ein Gebet höherer Ordnung. Wir würden es nicht wagen, gewisse Dinge in diesem heiligen Namen zu erbitten, denn das wäre eine elende Entweihung; aber wenn es sich so eindeutig um eine rechte Bitte handelt, dass wir es wagen können, den Namen Jesu hinzuzufügen, dann muss sie gewährt werden.

Das Gebet wird umso gewisser Erfolg haben, als der Vater dadurch in dem Sohn geehrt wird. Es verherrlicht seine Wahrheit, seine Treue, seine Macht, seine Gnade. Die Erhörung des Gebets in Jesu Namen offenbart die Liebe des Vaters zu ihm und die Ehre, die er ihm gegeben hat. Die Ehre Jesu und die des Vaters sind so eng miteinander verbunden, dass die Gnade, die die eine verherrlicht, auch die andere erhöht. Dem Strom wird durch die Fülle der Quelle sein Ruhm zuteil, und die Quelle wird geehrt durch den Strom, der aus ihr fließt. Wenn die Erhörung unserer Gebete unserem Herrn Unehre brächte, würden wir nicht beten; da er aber durch sie geehrt wird, wollen wir ohne Unterlass beten in dem teuren Namen, an dem Gott und sein Volk gemeinsam ihre Freude haben.

Wer seine Missetat leugnet, dem wird es nicht gelingen; wer sie aber bekennt und lässt, der wird Barmherzigkeit erlangen.

Sprüche 28,13

Das ist der Weg zur Barmherzigkeit für einen schuldigen und bußfertigen Sünder. Er muss aufhören, seine Sünde zu leugnen. Der eine leugnet durch Falschheit, die die Sünde verkleinert; der andere durch Heuchelei, die sie verhehlt; der eine durch Prahlerei, die sie rechtfertigt; der andere durch auffällig lautes Bekenntnis, mit dem er die Sünde wettmachen will.

Bekennen und von der Sünde lassen, diese zwei gehören zusammen. Zum ehrlichen Bekenntnis vor dem Herrn gehört das Anerkennen des Unrechts, das Bewusstsein seiner Sündhaftigkeit und der Abscheu vor ihm. Wir dürfen nie die Schuld auf andere schieben, die Umstände verantwortlich machen oder uns mit unserer natürlichen Schwachheit entschuldigen. Wir müssen alles geradeheraus sagen und als schuldig bekennen. Bevor das getan ist, kann uns keine Barmherzigkeit widerfahren.

Und dann müssen wir das Böse lassen und uns ein für alle Mal von unserer Sünde lossagen. Wir können nicht gegen den König rebellieren und doch in seiner Nähe bleiben wollen. Wir müssen nicht nur die sündige Gewohnheit aufgeben, sondern fortan auch alle Orte, Gefährten, Beschäftigungen und Bücher meiden, die uns irreführen könnten. Nicht wegen des Bekenntnisses noch wegen der Besserung, aber in Verbindung damit erfahren wir Vergebung durch den Glauben an das Blut Jesu.

17. August

Er sprach: Fürchte dich nicht! Denn derer ist mehr, die bei uns sind, als derer, die bei ihnen sind.

2. Könige 6,16

Rosse und Wagen und ein großes Heer umgaben die Stadt, in der der Prophet Elisa sich aufhielt. Sein junger Diener erschrak. Wie konnten sie einem solchen Heer entgehen? Aber der Prophet hatte Augen, wie sie sein Diener nicht hatte, er sah ein größeres Heer mit weit besseren Waffen ausgerüstet, das ihn vor allem Schaden bewahrte. Feurige Rosse sind mächtiger als gewöhnliche Rosse, und feurige Wagen sind den eisernen weit überlegen.

So ist es auch zu dieser Stunde. Die Gegner der Wahrheit sind zahlreich, einflussreich, gelehrt und listig, und der Wahrheit ergeht es schlecht unter ihren Händen; und doch hat der Mann Gottes keinen Grund zum Zittern. Gewaltige sichtbare und unsichtbare Kräfte streiten auf der Seite der Gerechtigkeit. Gott hat Heere im Hinterhalt, die sich in der Stunde der Not zeigen werden. Die Mächte, die auf der Seite des Wahren und Guten stehen, sind den Mächten des Bösen weit überlegen. Lasst uns deshalb zuversichtlich bleiben und wie Männer voranschreiten, die ein fröhliches Geheimnis besitzen, das sie aller Furcht enthebt! Wir stehen auf der Seite des Siegers. Der Kampf mag schwer sein, aber wir wissen, wie er enden wird. Der Glaube ist in der Überzahl, weil er Gott auf seiner Seite hat. »Derer ist mehr, die bei uns sind, als derer, die bei ihnen sind.«

Wirst du ihn suchen, so wirst du ihn finden.

1. Chronik 28,9

Wir haben unseren Gott nötig, und er ist für uns da, wenn wir ihn brauchen; er wird sich vor keinem von uns verbergen, wenn wir persönlich sein Angesicht suchen. Das heißt nicht: »Wirst du ihn verdienen oder seine Gunst erkaufen«, sondern nur: »Wirst du ihn suchen«. Die Menschen, die den Herrn schon kennen, dürfen nicht aufhören, sein Angesicht durch Gebet, durch völlige Hingabe und durch heilige Dankbarkeit zu suchen. Er wird ihnen seine Huld und seine Gemeinschaft nicht vorenthalten. Diejenigen, die ihn bis jetzt noch nicht so kennen, dass ihre Seele Frieden bei ihm gefunden hat, sollten unverzüglich mit dem Suchen beginnen und nicht aufhören, bis sie ihn als ihren Heiland, ihren Freund, ihren Herrn und ihren Gott erkannt haben.

Welch starke Zusicherung gibt diese Verheißung dem Suchenden! »Wer da sucht, der wird finden.« Du, ja, du sollst deinen Gott finden, wenn du ihn suchst. Wenn du ihn findest, hast du Leben, Vergebung, Bewahrung und Heiligung gefunden. Willst du nicht suchen und immer weitersuchen, da du nicht vergeblich suchen sollst? Lieber Freund, suche den Herrn jetzt! Hier ist der Ort, und jetzt ist die Zeit. Beuge das steife Knie, ja, beuge den steifen Nacken und schreie nach Gott, nach dem lebendigen Gott. Im Namen Jesu suche Vergebung und Rechtfertigung. Sie wird dir nicht verweigert werden.

19. August

Die Leute werden sagen: Der Gerechte wird ja seiner Frucht genießen; es ist ja noch Gott Richter auf Erden.

Psalm 58,12

Gottes Gerichte sind in diesem Leben nicht immer klar zu erkennen, denn in vielen Fällen trifft ein Unglück alle ohne Unterschied. Dies ist die Zeit der Prüfung, nicht die der Strafe oder des Lohnes. Und doch lässt Gott in seiner Gerechtigkeit manchmal schreckliche Dinge geschehen, sodass sogar die Sorglosen gezwungen sind, seine Hand anzuerkennen.

Schon in diesem Leben wird den Gerechten der Lohn zuteil, der ihm mehr bedeutet als alles andere, nämlich das freundliche Lächeln Gottes, das ein ruhiges Gewissen schafft. Manchmal folgen noch andere Belohnungen, denn Gott will in keines Menschen Schuld stehen. Zu gleicher Zeit aber steht der Hauptlohn des Gerechten im Jenseits bereit.

Im größeren Rahmen des Völkergeschehens nehmen wir indessen die Gegenwart des großen Herrschers wahr. Er stürzt die Throne der Unterdrücker und bestraft schuldige Völker. Niemand kann Aufstieg und Niedergang der Reiche der Welt studieren, ohne wahrzunehmen, dass es eine Macht gibt, die für die Gerechtigkeit wirkt und das Böse in die Schranken fordert, um es mit schonungsloser Gerechtigkeit zu verurteilen. Die Sünde soll nicht unbestraft und das Gute nicht unbelohnt bleiben. Der Richter aller Welt wird Recht schaffen. Deshalb wollen wir ihn fürchten und nicht mehr vor der Macht der Gottlosen erschrecken.

**Aus sechs Trübsalen wird er dich erretten, und
in der siebenten wird dich kein Übel rühren.**

Hiob 5,19

Darin sagt Eliphas die Wahrheit. Wir mögen so viele
Sorgen und Nöte haben, wie Werktage in der Woche
sind, aber der Gott, der an all diesen sechs Tagen wirk-
te, wird auch für uns wirken, bis unsere Rettung ab-
geschlossen ist. An unserem Sabbat werden wir mit
ihm und in ihm ruhn. Es gehört zu den schlimmsten
Glaubensproben, wenn Trübsale rasch aufeinanderfol-
gen. Ehe wir uns von einem Schlag erholt haben, folgt
ein anderer und wieder ein anderer, bis wir fast zusam-
menbrechen. Aber die ebenso rasche Aufeinanderfolge
von Rettungen macht uns über alle Maßen froh. Der
Hammer der Trübsal entlockt dem Amboss neue Lieder. Mögen sechs Trübsale über uns hereinbrechen, wir
sind gewiss, dass es nicht eine mehr sein wird, als der
Herr uns schicken will.

Es mag sogar sein, dass wir keinen Ruhetag haben,
dass sieben Trübsale über uns kommen. Was dann? »In
der siebenten wird dich kein Übel rühren.« Das Übel
mag uns anbrüllen, aber es soll um mehr als Armes-
länge von uns ferngehalten werden und wird uns nicht
einmal anrühren. Sein heißer Atem mag uns quälen,
aber sein kleiner Finger kann uns nicht antasten.

So wollen wir unsere Lenden umgürten und den sechs
oder sieben Trübsalen kühn entgegentreten! Die Furcht
überlassen wir denen, die keinen Vater, keinen Heiland
und keinen Heiligen Geist haben.

21. August

**Denn sein Zorn währt einen Augenblick, und
lebenslang seine Gnade; den Abend lang währt
das Weinen, aber des Morgens ist Freude.**

Psalm 30,6

Ein Augenblick unter dem Zorn unseres Vaters scheint
sehr lang, und doch ist es in Wirklichkeit nur ein Augenblick. Wenn wir seinen Geist betrüben, können wir
nicht erwarten, ihn lächeln zu sehen; aber er ist ein
Gott, der bereit ist, zu vergeben und bald jede Erinnerung an unsere Fehler auszulöschen. Wenn sein Missfallen uns sterbenselend macht, flößt seine Güte uns
neues Leben ein.

In diesem Vers schwingt noch ein anderer Ton mit.
Die Nacht unseres Weinens verkehrt sich bald in freudigen Tag. Die Barmherzigkeit zeigt sich darin, dass die
Züchtigung der Gläubigen nur kurz ist. Der Herr gebraucht nur ungern die Rute bei seinen Erwählten. Er
gibt einen oder zwei Schläge, und alles ist vorüber; und
dann wiegen die Gnade und die Freude, die dem Zorn
und dem Weinen folgen, allen Schmerz auf.

Komm, mein Herz, stimme dein Halleluja an! Weine
nicht die ganze Nacht hindurch, sondern trockne deine
Tränen im Vorgefühl des Morgens. Diese Tränen sind
Tautropfen, die ebenso viel Gutes bedeuten wie die
Sonnenstrahlen am Morgen. Tränen machen das Auge
klar für den Anblick Gottes in seiner Gnade und lassen uns seine Gunst umso kostbarer erscheinen. Eine
Nacht des Leides erzeugt jene Schatten, die die lichten
Stellen auf einem Gemälde deutlicher hervortreten lassen.

Wenn Menschen wider dich wüten, so legst du Ehre ein; und wenn sie noch mehr wüten, bist du auch noch gerüstet.

Psalm 76,11

Gottlose Menschen werden immer wüten. Wir müssen ihren Zorn als das Merkmal unserer Berufung tragen. Wären wir von der Welt, würde die Welt uns lieben; nun aber hasst sie uns, weil wir nicht zu ihr gehören. Unser Trost ist jedoch, dass das Wüten der Menschen Gott zur Ehre gereichen soll. Als die Gottlosen in ihrer Wut den Sohn Gottes kreuzigten, erfüllten sie, ohne es zu wissen, den göttlichen Ratschluss, und in tausend Fällen tut die Willkür der Gottfernen heute noch das Gleiche. Sie wähnen sich frei und führen doch wie Verbrecher in Ketten unbewusst die Ratschläge des Allmächtigen aus.

Die Anschläge der Gottlosen werden in Niederlagen verwandelt. Sie handeln selbstmörderisch und vereiteln ihre eigenen Pläne. Ihre Wut wird nichts ausrichten, was uns wirklich schaden kann. Als sie die Märtyrer verbrannten, erregte der Rauch, der von ihren Scheiterhaufen aufstieg, mehr Widerwillen gegen das Papsttum als irgendetwas anderes.

Inzwischen hat der Herr einen Maulkorb und eine Kette für jeden Bären. Er hält die grimmigste Wut des Feindes zurück. Er ist wie ein Müller, der den größten Teil des Wassers im Strom zurückhält und das wenige, was er fließen lässt, benutzt, um sein Rad in Gang zu halten. Lasst uns nicht seufzen, sondern singen! Alles ist gut, und wenn der Sturm auch noch so sehr heult.

23. August

**Ich liebe, die mich lieben; und die mich
frühe suchen, finden mich.**

Sprüche 8,17

Die Weisheit liebt, die sie lieben, und sucht, die sie suchen. Der ist schon weise, der sich bemüht, weise zu
sein, und wer fleißig nach Weisheit sucht, hat sie bei-
nahe schon gefunden. Was von der Weisheit im allgemeinen gilt, das gilt ganz besonders von der in unserem
Herrn Jesus verkörperten Weisheit. Ihn sollen wir lieben und suchen, und dafür sollen wir seine Liebe genießen und ihn selber finden.

Unsere Sache ist es, Jesus früh im Leben zu suchen.
Glücklich sind die jungen Menschen, die den Morgen
ihres Lebens mit Jesus verbringen. Es ist nie zu früh,
den Herrn Jesus zu suchen. Frühe Sucher werden sichere Finder. Wir sollen ihn früh mit Fleiß suchen. Erfolg-
reiche Kaufleute sind meist Frühaufsteher, und erfolg-
reiche Heilige suchen Jesus früh. Wer den Reichtum
gefunden hat, den wir in Christus besitzen, der hat ihn
mit ganzem Herzen gesucht. Wir müssen ihn zuerst,
das heißt vor allem andern, suchen. Jesus steht an ers-
ter Stelle, und niemand und nichts kann sich mit ihm
vergleichen!

Das Gute dabei ist, dass er sich finden lässt. Er offenbart sich dem Suchenden immer klarer. Er zieht uns
immer mehr in seine Gemeinschaft hinein. Glücklich
sind die Menschen, die den suchen, der immer bei ihnen bleibt, wenn sie ihn einmal gefunden haben.

Herr Jesus, ich habe dich gefunden, lass mich immer
mehr von dir erkennen, bis meine Freude unaussprech-
lich wird!

Denn es steht geschrieben: »Ich will zunichtemachen die Weisheit der Weisen, und den Verstand der Verständigen will ich verwerfen.«

1. Korinther 1,19

Dieser Vers ist eine Drohung, was die weltlich Klugen anlangt, aber für den einfachen Gläubigen ist er eine Verheißung. Leute, die sich für gelehrt ausgeben, versuchen immer wieder, den Glauben schlichter Gotteskinder zunichtezumachen, aber ihre Versuche schlagen fehl, ihre Beweise halten nicht Stich, ihre Theorien versinken unter ihrem eigenen Gewicht, ihre versteckten Pläne treten zutage, ehe ihr Zweck erfüllt ist. Das alte Evangelium ist nicht ausgestorben und wird nicht aussterben, solange der Herr lebt. Wenn es ausgerottet werden könnte, wäre es schon längst von der Erde verschwunden.

Wir können die Weisheit der Weisen nicht zunichtemachen und brauchen es auch gar nicht zu versuchen, denn diese Aufgabe liegt in viel besseren Händen. Der Herr selbst spricht: »Ich will«, und er fasst nie einen Entschluss vergeblich. Zweimal erklärt er in diesem Vers sein Vorhaben, und wir können versichert sein, dass er es nicht aufgeben wird.

Wenn der Herr einmal seine Hand an die Philosophie und Weltweisheit legt, leistet er ganze Arbeit! Nichts bleibt von ihrem schönen Schein; er rottet sie aus mit Stumpf und Stiel. Es steht geschrieben, dass es so sein wird, und darum wird es auch so sein. Herr, tue es bald! Amen.

25. August

Ich will selbst meine Schafe weiden, und ich will sie lagern, spricht Gott der Herr.

Hesekiel 34,15

Unter der Fürsorge des göttlichen Hirten empfangen die Heiligen alles, was sie brauchen. Es wird ihnen kein aufgeblasenes mageres Gericht menschlicher Gedanken vorgesetzt, sondern der Herr nährt sie mit der festen, nahrhaften Wahrheit göttlicher Offenbarung. Wenn der Heilige Geist dem Herzen die Schrift nahebringt, bekommt die Seele wirkliche Nahrung. Jesus selber ist das wahre Brot für die Gläubigen. Hier verheißt unser großer Hirte, dass er selbst uns die rechte Seelenspeise geben will. Wenn am Sonntag unser irdischer Hirte einmal mit leeren Händen kommt, so tut der Herr selbst das gewiss nicht.

Wenn der Geist mit heiliger Wahrheit gefüllt ist, ruht er aus. Die der Herr leitet, haben tiefen Frieden. Kein Hund soll sie ängstigen, kein Wolf sie zerreißen, kein unruhiges Hin- und Herjagen soll sie stören. Sie sollen sich lagern und die Nahrung, die sie genossen haben, innerlich verarbeiten. Die Lehren von der Gnade geben nicht nur Kraft, sondern auch Trost; sie enthalten alles, was wir brauchen, um aufzubauen und uns niederzulegen. Wenn Prediger uns keine Ruhe geben sollten, lasst sie uns vom Herrn erwarten.

Möge der Herr uns heute weiden und lagern lassen auf den grünen Wiesen seines Wortes! Möge dieser Tag nicht durch Torheit und Sorge, sondern durch Andacht und tiefen Frieden gekennzeichnet sein!

Ich will richten zwischen Schaf und Schaf.

Hesekiel 34,22

Manche sind fett und stark, und deshalb sind sie unfreundlich gegen die Schwachen. Das ist eine schwere Sünde und bringt viel Kummer. Das lieblose Abrücken von den Schwachen und Kranken ist ein trauriges Ärgernis in der Versammlung derer, die sich Christen nennen. Der Herr sieht dieses stolze und unfreundliche Verhalten und ist sehr zornig darüber, denn er liebt die Schwachen.

Gehörst du, lieber Leser, zu den Verachteten? Bist du ein Trauernder in der Gemeinde und ein Gezeichneter um deines wachen Gewissens willen? Richten deine Brüder dich hart? Trage ihnen ihr Verhalten nicht nach; und vor allem zahle es ihnen nicht mit gleicher Münze heim. Lege die Angelegenheit in Gottes Hände. Er ist der Richter. Warum sollten wir uns in sein Amt hineindrängen wollen? Er wird viel gerechter entscheiden, als wir es können. Er wird zur rechten Zeit richten, und wir brauchen uns nicht eilen, das Gericht zu beschleunigen.

Aber der hartherzige Unterdrücker soll zittern! Auch wenn er im Augenblick noch ungestraft über andere hinwegtrampelt, so werden all seine stolzen Reden doch verzeichnet, und einmal muss er vor den Schranken des großen Richters für sie alle Rechenschaft geben.

Geduld, meine Seele, Geduld! Der Herr kennt deinen Kummer. Dein Jesus hat Mitleid mit dir.

27. August

Ich will dich auserwählt machen im Ofen des Elends.

Jesaja 48,10

Dieses Wort hängt seit Langem als Wahlspruch an der Wand unseres Schlafzimmers, und auf mancherlei Weise ist es auch in unsere Herzen geschrieben. Es ist nichts Geringes, von Gott erwählt zu sein. Gottes Wahl macht auserwählte Menschen zu Auserlesenen. Es ist besser, der Erwählte Gottes als der Erwählte eines ganzen Volkes zu sein. Das ist ein so großes Vorrecht, dass wir freudig jeden Nachteil auf uns nehmen, der damit verbunden ist, so wie die Juden bittere Kräuter aßen um des Osterlammes willen. Wir wählen den Schmelzofen, weil Gott uns darin erwählt.

Wir werden erwählt als Elende, nicht als Glückliche, erwählt nicht im Palast, sondern im Schmelzofen. In diesem Ofen wird die Schönheit entstellt, die Gestalt verunziert, die Stärke geschmolzen, die Herrlichkeit verzehrt, und doch offenbart hier die ewige Liebe ihre Geheimnisse und tut ihre Wahl kund. So ist es mit uns gewesen. In Zeiten der schwersten Leiden hat Gott uns unseren Beruf und unsere Erwählung klargemacht, und wir haben sie festgemacht; dann haben wir den Herrn als unseren Gott erwählt, und er hat uns gezeigt, dass wir ganz gewiss seine Erwählten sind. Wenn darum der Ofen heute noch siebenmal heißer gemacht wird, wollen wir ihn nicht fürchten, denn der herrliche Sohn Gottes wird mit uns über die glühenden Kohlen wandeln.

**Ich aber will zu Gott rufen, und
der Herr wird mir helfen.**

Psalm 55,17

Jawohl, ich muss und ich will beten. Was kann ich anderes tun? Was kann ich Besseres tun? Verraten, verlassen, betrübt, in meinen Erwartungen getäuscht, will ich zu dir rufen, Herr. Mein Haus liegt in Asche, und man will mich steinigen; aber ich stärke mein Herz in dem Herrn, der mich durch dieses Leiden hindurchtragen will, wie er es so oft getan hat. Der Herr will mich erretten; ich bin gewiss, dass er es tun wird. Das bekenne ich frei.

Der Herr und kein anderer wird mich retten. Ich wünsche mir keinen anderen Helfer und würde eines Menschen Arm nicht trauen, selbst wenn ich es könnte. Ich will den Herrn abends, morgens und mittags anrufen, ich will zu niemand anders rufen, denn er ist allgenugsam.

Wie er mich retten wird, kann ich nicht erraten; aber er wird es tun, das weiß ich. Er wird es auf die beste und sicherste Art tun, und er wird es im weitesten, wahrsten und vollsten Sinne tun. Aus dieser Not und aus allen künftigen Nöten wird der große Gott mich herausführen, so wahr er lebt; und wenn der Tod kommt und alle Geheimnisse der Ewigkeit ihm folgen, wird dies immer noch wahr sein: »Der Herr soll mich erretten.« Das soll diesen ganzen Sommertag hindurch mein Lied sein. Ist es nicht wie ein reifer Apfel vom Baum des Lebens? Ich will mich davon nähren. Wie gut er mir schmeckt!

29. August

Ihre Seele wird sein wie ein wasserreicher Garten.

Jeremia 31,12

Welch ein Vorrecht, wenn die Seele himmlische Pflege genießt, wenn sie nicht länger eine Wildnis, sondern ein Garten des Herrn ist! In der Wüste mit einer Mauer umgeben durch die Gnade, bepflanzt durch Unterweisung, besucht von der Liebe, gejätet durch himmlische Zucht und behütet von der göttlichen Macht, ist die begnadete Seele bereitet, dem Herrn Frucht zu bringen.

Aber ein Garten kann aus Mangel an Wasser dürr werden, und dann welken alle seine Kräuter und sind dem Verdursten nahe. Meine Seele, wie bald würde das der Fall sein, wenn der Herr dich verließe! Im Orient hört ein Garten ohne Wasser bald auf, überhaupt ein Garten zu sein; nichts kann dann zur vollen Blüte gelangen, wachsen oder auch nur leben. Wenn er aber fortwährend bewässert wird, entzückt er alle, die ihn sehen. Möchte der Heilige Geist unsere Seelen bewässern, gleichmäßig, sodass jeder Teil des Gartens seine eigene Zuleitung hätte; reichlich, sodass jedem Baum und jedem Kraut Erfrischung zuteilwürde; beständig, sodass jede Stunde nicht nur ihre Wärme, sondern auch ihre Erquickung brächte; weise, sodass jede Pflanze gerade das erhielte, dessen sie bedürfte! In einem Garten kann man an dem Grün erkennen, wo das Wasser fließt, und so könnt ihr es leicht wahrnehmen, wo der Geist Gottes wirkt.

Herr, erquicke mich heute und lass mich dir einen reichen Ertrag einbringen, um Jesu willen!

**Denn ist mein Haus nicht also bei Gott? Denn er
hat mir einen ewigen Bund gesetzt, der in allem
wohlgeordnet und gehalten wird. All mein Heil und
all mein Begehren, das wird er wachsen lassen.**

2. Samuel 23,5

Das ist nicht nur eine Verheißung, sondern eine Menge von Verheißungen, eine Schachtel voll Perlen. Der Bund Gottes mit uns ist die Schatzkammer, die all diese Kostbarkeiten enthält.

Dies sind die letzten Worte eines Sterbenden, aber heute sollen es die meinen sein. Hier ist ein Seufzer. Es steht mit mir und meinem Haus nicht so, wie ich es mir wünschte; es sind Leiden, Sorgen und Sünden da, die machen das Kissen hart.

Hier ist ein Trost! Er hat einen ewigen Bund mit mir gemacht. Der Herr hat sich mir verbürgt und den Vertrag mit Jesu Blut versiegelt. Ich bin an meinen Gott und er ist an mich gebunden.

Daran wird die große Sicherheit des Bundes deutlich. Er ist ewig, wohlgeordnet und unumstößlich. Wir brauchen nicht zu fürchten, dass im Verlauf der Zeit und bei der natürlichen Unbeständigkeit der Dinge ein Punkt in Vergessenheit gerät. Der Bund ist eine Felsengrundlage, auf die man sich verlassen kann.

Hier ist Zufriedenheit: Ich brauche nichts weiter zu meinem Heil oder zu meiner Freude. Ich bin erlöst und glücklich. Der Bund enthält alles, was ein Mensch nur wünschen kann.

Meine Seele, wende dich heute zu deinem Herrn Jesus, in dem der barmherzige Gott einen Bund mit seinem Volk gemacht hat. Lass ihn dein Ein und Alles sein!

31. August

**Aber des Herrn Wort bleibt in Ewigkeit. Das ist
aber das Wort, welches unter euch verkündigt ist.**

1. Petrus 1,25

Alle menschlichen Lehren, ja, alle menschlichen Wesen sollen vergehen wie das Gras auf der Wiese; aber
hier wird uns versichert, dass das Wort des Herrn von
ganz anderer Art ist; denn es soll bleiben in Ewigkeit.

Wir haben hier ein göttliches Evangelium vor uns;
kann ein anderes Wort in Ewigkeit bleiben als das, was
von dem ewigen Gott gesprochen wurde?

Wir haben hier ewig-lebendiges Evangelium, das heute noch ebenso voll Lebenskraft ist wie in alten Zeiten,
ebenso mächtig, zur Buße zu rufen und zu bekehren,
Wiedergeburt zu bewirken und zu trösten, aufrechtzuerhalten und zu heiligen, wie es nur je in den ersten
Tagen seines wunderbaren Wirkens war.

Wir haben ein unveränderliches Evangelium; es ist
nicht heute grünes Gras und morgen trockenes Heu,
sondern stets die bleibende Wahrheit des unwandelbaren Glaubens. Meinungen wechseln, aber von Gott
bezeugte Wahrheit kann sich ebenso wenig ändern wie
Gott selbst.

So haben wir hier ein Evangelium, über das wir uns
freuen können, ein Wort des Herrn, auf das wir uns mit
unserem ganzen Gewicht stützen können. »In Ewigkeit« schließt Leben, Tod, Gericht und was noch kommen kann ein. Ehre sei Gott in Jesus Christus für diesen ewigen Trost; lass dieses Wort heute und alle Tage
deines Lebens deine Nahrung sein!

**So ihr meine Gebote haltet, so
bleibet ihr in meiner Liebe.**

Johannes 15,10

Man darf diese beiden Stücke nicht trennen, das Bleiben
im Gehorsam und das Bleiben in der Liebe Jesu. Nur ein
Leben unter der Herrschaft Christi kann beweisen, dass
wir zu denen gehören, an denen der Herr Freude hat.
Wir müssen die Gebote unseres Herrn halten, wenn
wir uns in seiner Liebe sonnen wollen. Wenn wir in
Sünde leben, können wir nicht in der Liebe Christi leben. Ohne Herzensfrömmigkeit können wir Jesus nicht
gefallen. Wer nicht nach Heiligung strebt, weiß nichts
von Jesu Liebe.

Die bewusste Erfahrung der Liebe unseres Herrn ist
etwas sehr Zartes. Sie ist weit empfindlicher für Sünde und Gnade als das Quecksilber für Kälte und Hitze.
Wenn wir gütig sind und darauf bedacht, mit unserem
Denken, Reden und Leben unseren Herrn Jesus zu ehren, empfangen wir Zeichen seiner Liebe ohne Zahl.
Wenn wir solche Seligkeit festhalten wollen, müssen
wir in der Heiligung bleiben. Der Herr Jesus wird sein
Angesicht nicht vor uns verbergen, wenn wir unser Angesicht nicht vor ihm verbergen. Die Sünde verdunkelt
unsere Sinne wie eine Wolke; wenn wir wachsam und
gehorsam und ganz Gott geweiht sind, können wir im
Licht wandeln, wie Gott im Licht ist, und ebenso sicher in der Liebe Jesu bleiben, wie Jesus in der Liebe
des Vaters bleibt. Hier wird eine tröstliche Verheißung
mit einem ernsten »So« eingeleitet. Herr, gib mir dieses »So« in die Hand, denn wie ein Schlüssel öffnet es
dieses Juwelenkästchen.

2. September

**Dann werden wir acht darauf haben und
fleißig sein, dass wir den Herrn erkennen.**

Hosea 6,3

Nicht auf einmal, sondern allmählich werden wir zu
heiliger Erkenntnis gelangen, und es ist unsere Aufgabe, beharrlich Stück für Stück zu lernen. Wir brauchen
nicht zu verzweifeln, auch wenn es langsam vorangeht,
denn einmal werden wir erkennen. Der Herr, der unser
Lehrer geworden ist, will uns nicht aufgeben, wenn wir
auch noch so langsame Schüler sind; denn es würde ihm
nicht zur Ehre gereichen, wenn seine Geschicklichkeit
an menschlicher Torheit scheitern würde. Der Herr hat
Freude daran, die Einfältigen weise zu machen.

Unsere Pflicht ist es, uns an das Wichtigste zu halten
und uns nicht um diese oder jene ausgefallene Lehre,
sondern um die Erkenntnis unseres Herrn selbst zu bemühen. Vater, Sohn und Geist, den dreieinigen Gott, zu
erkennen, das ist das ewige Leben. Darum wollen wir
uns bemühen, denn auf diese Weise wird uns volle Erkenntnis zuteil. Wenn wir danach trachten, den Herrn
zu erkennen, wird uns Heilung zuteil, nachdem wir
verletzt wurden, werden wir verbunden, wo man uns
geschlagen hatte, und empfangen wir Leben, nachdem
wir tot waren. Die Erfahrung wird vollendet, wenn das
Herz dem Weg des allmächtigen Gottes folgt.

Meine Seele, halte dich nahe zu Jesus, bemühe dich,
Gott in Jesus zu erkennen, dann wird dir Erkenntnis
Christi zuteilwerden, die vorzüglichste aller Wissenschaften. Der Heilige Geist wird dich in alle Wahrheit
leiten.

**Ihr sollt erfahren, dass ich der Herr bin, wenn
ich eure Gräber geöffnet und euch, mein
Volk, aus denselben gebracht habe.**

Hesekiel 37,13

So ist es tatsächlich. Die aus dem Tod ins Leben gerufen wurden, werden in einer solchen Auferstehung gewiss die Hand des Herrn erkennen. Es ist die größte und bemerkenswerteste Veränderung, die ein Mensch erfahren kann, wenn er aus dem Grab des geistlichen Todes in das Licht und in die Freiheit geistlichen Lebens versetzt wird. Niemand kann das bewirken als der lebendige Gott allein, der Herr und Geber allen Lebens.

Wie gut erinnere ich mich der Zeit, als ich im Tal der Totengebeine lag, verdorrt wie alle anderen! Gesegnet sei der Tag, an dem die freie und unumschränkte Gnade den Mann Gottes schickte, der mich zum Leben rief! Ehre sei Gott für das Rauschen, das jenes Glaubenswort unter den dürren Gebeinen hervorbrachte! Noch gesegneter war der himmlische Atem der vier Winde, der mich lebendig machte. Nun kenne ich den lebendigen Geist des ewig lebenden Gottes. Der Herr ist wirklich der lebendige Gott, denn er hat mich lebendig gemacht! Mein neues Leben ist selbst unter Kummer und Schmerzen ein klarer Beweis für mich, dass der Herr töten und lebendig machen kann. Er allein ist Gott. Er ist alles, was groß, gnädig und glorreich ist, und meine lebendig gemachte Seele betet ihn an als den großen »Ich bin«. Seinem heiligen Namen sei alle Ehre! Solange ich lebe, will ich ihn preisen.

4. September

Ich will ihnen helfen durch den Herrn, ihren Gott; ich will ihnen aber nicht helfen durch Bogen, Schwert, Streit, Rosse oder Reiter.

Hosea 1,7

Köstliches Wort! Der Herr selbst will in seiner großen Barmherzigkeit sein Volk befreien. Aber er will das nicht mithilfe gewöhnlicher Mittel tun. Die Menschen geben nur zögernd Gott die Ehre, die seinem Namen gebührt. Wenn sie mit Schwert und Bogen in die Schlacht ziehen und den Sieg gewinnen, sollten sie Gott loben; aber sie tun es nicht, sondern beginnen, ihre starke Faust zu verherrlichen und sich ihrer Rosse und Reiter zu rühmen. Deshalb errettet unser Gott sein Volk sehr oft ohne die Mithilfe Dritter, damit ihm allein die Ehre zuteilwerde.

Sieh also, mein Herz, auf den Herrn allein und nicht auf Menschen! Erwarte, Gott umso klarer zu sehen, je weniger Menschen da sind, auf die du blicken kannst! Wenn ich keinen Freund, keinen Helfer, keine Stütze habe, will ich darum nicht weniger zuversichtlich sein, wenn ich nur spüre, dass der Herr selbst auf meiner Seite ist; ja, ich will froh sein, wenn er den Sieg ohne Schlacht gibt, wie das Wort anzudeuten scheint. Warum soll ich um Rosse und Reiter bitten, wenn der Herr selbst Erbarmen mit mir hat und seinen Arm zu meiner Verteidigung aufhebt? Wozu brauche ich Schwert oder Bogen, wenn Gott helfen will? Ich will vertrauen und mich nicht fürchten von heute an und allezeit. Amen.

Der Herr ist mit euch.

2. Chronik 20,17

Das war eine große Gnade für den König, denn ein starkes Heer war gegen ihn ausgezogen; und es wird eine große Gnade für mich sein, denn ich bin in großer Not und besitze weder Macht noch Weisheit. Wenn der Herr mit mir ist, macht es wenig aus, wer mich verlässt. Wenn der Herr mit mir ist, werde ich siegen im Kampf des Lebens, und je größer meine Prüfungen sind, desto herrlicher wird mein Sieg sein. Wie kann ich sicher wissen, dass der Herr mit mir ist?

Nun, er ist mit mir, wenn ich mit ihm bin. Wenn ich auf seine Treue baue, seinen Worten glaube und seinen Geboten gehorche, ist er ganz gewiss mit mir. Wenn ich auf Satans Seite bin, ist Gott gegen mich, es kann nicht anders sein; aber wenn ich lebe, um Gott zu ehren, so kann ich gewiss sein, dass er mich ehren wird.

Ich bin ganz gewiss, dass Gott mit mir ist, wenn Jesus mein einziger und alleiniger Heiland ist. Wenn ich meine Seele in die Hände des eingeborenen Sohnes Gottes gelegt habe, kann ich sicher sein, dass der Vater all seine Macht gebrauchen wird, mich zu bewahren, damit sein Sohn nicht entehrt werde.

Gib mir den Glauben, diesen kurzen, aber köstlichen Spruch für den heutigen Tag fest zu ergreifen! Herr, erfülle dieses Wort an deinem Knecht! Sei mit mir im Hause, auf der Straße, auf dem Feld, im Laden, in Gesellschaft und in der Einsamkeit! Und sei auch mit all den Deinen!

6. September

**Harre des Herrn, sei getrost, so wird er dein
Herz stärken; harre, sage ich, des Herrn!**

Psalm 27,14

Harre ohne Unterlass! Lass dein Harren ein Harren auf
den Herrn sein! Er ist es wert, dass du auf ihn harrst. Er
enttäuscht die harrende Seele nie.

Sei unverzagt, während du harrst! Erwarte Großes
von Gott und sei bereit, ihn dafür zu loben.

Die Verheißung, die dich ermutigen soll, steht in der
Mitte des Verses: »... so wird er dein Herz stärken.« Das
zielt genau auf die Stelle, wo du Hilfe nötig hast. Wenn
das Herz gesund ist, wird der ganze übrige Organismus
in Ordnung sein. Das Herz braucht Ruhe und Freude,
und beides wird kommen, wenn das Herz gestärkt ist.
Ein starkes Herz ruht und freut sich und schickt Kraft
in den ganzen Menschen hinein.

Niemand kann so nahe an diese geheime Quelle des
Lebens gelangen, dass er Kraft hineingeben kann. Er allein, der sie schuf, kann sie auch stark machen. Gott ist
voll Kraft und kann deshalb denen Kraft geben, die sie
nötig haben. Darum sei tapfer, denn der Herr wird dir
von seiner Kraft mitteilen, und du sollst ruhig sein im
Sturm und froh im Schmerz.

Der Verfasser dieses Büchleins kann mit David
schreiben: »Harre, sage ich, des Herrn!« Ich sage es in
der Tat. Ich weiß durch lange und tiefe Erfahrung, dass
es gut für mich ist, des Herrn zu harren.

**Es soll geschehen an dem Ort, da man zu ihnen
gesagt hat: »Ihr seid nicht mein Volk«, wird man zu
ihnen sagen: »O ihr Kinder des lebendigen Gottes!«**

Hosea 2,1

Die souveräne Gnade kann aus Fremden Kinder machen, und der Herr gibt hier seine Absicht bekannt,
so mit Empörern zu verfahren und sie wissen zu lassen, was er getan hat. Lieber Leser, der Herr hat das bei
mir getan, hat er es auch bei dir getan? Dann lass uns
gemeinsam Hände und Herzen zum Lob seines anbe-
tungswürdigen Namens erheben!

Manche von uns waren so entschieden ungläubig,
dass der Herr mit Recht zu unserem Gewissen und zu
unserem Herzen sagen konnte: »Ihr seid nicht mein
Volk.« Wenn wir im Haus Gottes oder in unserem eigenen Heim die Bibel lasen, hörten wir die Stimme des
Heiligen Geistes in unserer Seele: »Ihr seid nicht mein
Volk.« Ach, es war eine traurige, verdammende Stimme! Aber jetzt hören wir an denselben Orten, aus derselben Predigt und aus derselben Bibel eine Stimme, die
sagt: »Ihr seid Kinder des lebendigen Gottes.« Können
wir dafür dankbar genug sein? Ist das nicht wunderbar?
Gibt es uns nicht Hoffnung für andere? Gibt es überhaupt jemand, den die Gnade nicht erreichen kann?
Wie könnten wir irgendjemand aufgeben, nachdem der
Herr uns selbst so wunderbar verwandelt hat?

Er, der diese eine große Verheißung erfüllt hat, wird
alle anderen auch erfüllen. Lasst uns deshalb mit Liedern der Anbetung und der Zuversicht unseren Weg gehen!

8. September

Das zerstoßene Rohr wird er nicht zerbrechen, und den glimmenden Docht wird er nicht auslöschen.

Jesaja 42,3

Dann kann auch ich auf sanfte Behandlung durch meinen Herrn rechnen. Er wird mich nicht verstoßen, wenn ich auch so schwach, so biegsam, so wertlos bin wie ein Rohr. Jemand hat gesagt: »Ich gebe kein Binsenrohr um dich!« Das war ein unfreundliches Wort, aber es ist wahr. Ich bin ja schlimmer als ein Rohr, das am Fluss wächst; denn das Rohr kann wenigstens den Kopf aufrecht halten. Ich bin zerstoßen, jämmerlich zerstoßen. Kein Ton kommt aus mir; es ist eine Bruchstelle da, durch die alle Luft entweicht. Doch Jesus will mich nicht zerbrechen; wenn er es nicht will, so kümmert es mich wenig, was andere zu tun versuchen. Oh, du gnädiger und barmherziger Herr, ich flüchte mich unter deinen Schutz und vergesse meine Wunden!

Vielleicht kann man mich sehr gut mit dem glimmenden Docht vergleichen, der nur noch raucht und kein Licht mehr gibt. Ich fürchte, eher lästig als nützlich zu sein. Meine Furcht sagt mir, dass der Teufel mein Licht ausgeblasen und mich als schädlichen Rauch zurückgelassen hat und dass mein Herr bald den letzten glimmenden Rest abschneiden wird. Dennoch verzage ich nicht. Mein Erbarmer lebt! Sein Herz schlägt zu warm für mich! Mein Jesus kann mich nicht auslöschen. Wie macht mich das froh! Herr, zünde mich aufs Neue an und lass mich leuchten zu deiner Ehre!

Wohl dem, der Gott allewege fürchtet.

Sprüche 28,14

Die Furcht des Herrn ist der Anfang und die Grundlage aller wahren Anbetung. Ohne Ehrfurcht und Ehrerbietung vor Gott haben die tieferen und größeren Tugenden keinen Halt. Der Mensch, dessen Seele nicht Gott verehrt, wird nie ein Leben der Heiligung führen.

Der ist glücklich, der in heiliger Furcht darauf bedacht ist, kein Unrecht zu tun. Heilige Furcht gibt nicht nur acht, ehe sie einen Sprung tut, sondern ehe sie überhaupt eine Bewegung macht. Sie fürchtet sich, einem Irrtum zu verfallen, eine Pflicht zu vernachlässigen, eine Sünde zu begehen. Sie fürchtet schlechte Gesellschaft, loses Geschwätz und zweifelhafte Gepflogenheiten. Das macht einen Menschen nicht elend, sondern bringt ihm Glück. Der wachsame Posten ist glücklicher als der Soldat, der beim Wachestehen einschläft. Wer Unheil kommen sieht und ihm ausweicht, ist glücklicher als einer, der sorglos weitergeht und umkommt.

Die Gottesfurcht ist eine Gnade, die den Menschen auf einer sicheren Straße führt, von der geschrieben steht: »Es wird da kein Löwe sein und wird kein reißendes Tier darauf treten.« Furcht vor dem bloßen Schein des Bösen hat reinigende Wirkung, die den Menschen in die Lage versetzt, durch die Macht des Heiligen Geistes seine Kleider unbefleckt von der Welt zu erhalten. Salomo hat beides versucht, Weltlichkeit und heilige Furcht; in der einen fand er Eitelkeit, in der anderen das Glück.

10. September

Gesegnet wirst du sein, wenn du eingehst, gesegnet, wenn du ausgehst.

5. Mose 28,6

Die Segnungen des Gesetzes sind nicht aufgehoben. Jesus bestätigte die Verheißung, als er die Strafe auf sich nahm. Wenn ich die Gebote meines Herrn halte, darf ich mir diese Verheißung getrost aneignen.

Heute will ich eingehen in mein Haus ohne Furcht vor schlimmen Nachrichten, und ich will in meine Kammer gehen, gute Botschaft von meinem Herrn zu hören. Ich will mich nicht fürchten, durch Selbstprüfung in mein Inneres einzugehen oder durch gründliche Prüfung meines Verhaltens in mein Geschäft einzugehen. Ich habe eine ganze Menge drinnen in meiner eigenen Seele zu tun; wenn doch ein Segen auf alledem ruhte, der Segen des Herrn Jesus, der verheißen hat, bei mir zu bleiben!

Aber ich muss auch ausgehen. Die Schüchternheit lässt mich wünschen, dass ich daheimbleiben könnte und nie wieder in die sündige Welt hinausgehen müsste, um meinen Brüdern hilfreich und den Ungläubigen nützlich zu sein. Ich muss den Glauben verteidigen und das Böse bekämpfen. Wenn doch heute ein Segen auf meinem Ausgehen ruhte! Herr, lass mich gehen, wohin du führst, auf dein Geheiß, unter deinem Befehl und in der Kraft deines Geistes.

Herr Jesus, kehre bei mir ein und sei mein Gast! Und dann gehe aus mit mir und lass mein Herz brennen, während du mit mir auf dem Weg redest!

**Es ist ein köstlich Ding einem Mann, dass
er das Joch in seiner Jugend trage.**

Klagelieder 3,27

Das ist so gut wie eine Verheißung. Es ist gut für mich
gewesen, ist heute gut und wird auch in Zukunft gut
sein, das Joch zu tragen.

Früh im Leben bekam ich die Last der Sündenschuld
zu spüren, und seitdem hat sie sich als eine Bürde erwiesen, die die Seele reich macht. Hätte ich die Frohe
Botschaft so sehr geliebt, wenn ich nicht durch bittere Erfahrungen die Notwendigkeit der Errettung aus
Gnaden kennengelernt hätte? Jabez war herrlicher als
seine Brüder, weil seine Mutter ihn mit Kummer geboren hat, und Menschen, die viel leiden, wenn sie von
Neuem geboren werden, haben großen Glauben an die
unumschränkte Gnade Gottes.

Getadelt zu werden, ist ein lästiges Joch, aber es bereitet den Menschen für künftige Ehre vor. Wer nicht
Spießruten gelaufen ist durch die Gasse der Verachtung, der taugt nicht dazu, ein hohes Amt zu bekleiden. Menschen, die kampflos eine Höhe erreichen, tun
gewöhnlich einen tiefen Fall.

Wir sollen das Joch der Trübsal, der enttäuschten
Hoffnungen oder übermäßiger Anstrengungen gewiss
nicht suchen; wenn der Herr es uns aber in der Jugend
auferlegt, dient es häufig dazu, unseren Charakter so zu
entwickeln, dass er Gott Ehre und der Gemeinde Segen
bringt.

Komm, meine Seele, beuge deinen Nacken, nimm
dein Kreuz auf dich. Es tat dir gut, als du jung warst, es
wird dir auch jetzt nicht schaden.

12. September

**Glaube an den Herrn Jesus Christus,
so wirst du und dein Haus selig.**

Apostelgeschichte 16,31

Dieses Evangelium für einen Mann mit dem Messer an
der Kehle ist für mich. Es wäre das Rechte für mich,
wenn ich im Sterben läge, und es ist alles, was ich brauche, solange ich lebe. Ich sehe weg von meinem Ich
und von der Sünde und von allen Gedanken an persön-
liches Verdienst und vertraue dem Herrn Jesus als dem
Heiland, den Gott gegeben hat. Ich glaube an ihn, ich
verlasse mich auf ihn, ich nehme ihn als mein Ein und
Alles an. Ich bin gerettet, und ich werde in alle Ewigkeit gerettet sein, denn ich glaube an Jesus. Gelobt sei
sein Name dafür! Möchte ich täglich durch mein Leben
beweisen, dass ich von Selbstsucht und Weltlichkeit
und von jeder Form des Bösen gerettet bin!

Nun steht da noch etwas von meinem Haus. Ach
Herr, ich möchte nicht mit einer halben Verheißung da-
vonlaufen, wenn du eine ganze gibst! Ich bitte dich, rette all die Meinen! Rette meine Nächsten und Liebsten!
Bekehre meine Kinder und meine Enkel! Sei meinen
Knechten und Mägden gnädig und allen, die unter meinem Dach wohnen oder für mich arbeiten! Du gibst mir
diese Verheißung persönlich, wenn ich an den Herrn Jesus glaube; ich bitte dich, tue, wie du es zugesagt hast!

Ich möchte jeden Tag in meinem Gebet die Namen
all meiner Brüder und Schwestern, Eltern, Kinder,
Freunde, Verwandten und Angestellten nennen und dir
keine Ruhe lassen, bis das Wort erfüllt ist: »... und dein
Haus«.

Sein Himmel wird mit Tau triefen.

5. Mose 33,28

Was im Orient der Tau auf dem Gebiet der Natur ist, das ist der Einfluss des Geistes im Reich der Gnade. Wie sehr habe ich ihn nötig! Ohne den Geist Gottes bin ich ein trockenes und verdorrtes Geschöpf. Ich lasse den Kopf hängen, ich welke, ich sterbe. Wie wunderbar erfrischt mich dieser Tau! Wenn er einmal auf mich fällt, fühle ich mich glücklich, belebt, gekräftigt und erhoben. Mehr brauche ich nicht. Der Heilige Geist bringt mir das Leben und alles, was das Leben erfordert. Alles andere bedeutet mir ohne den Tau des Geistes weniger als nichts. Ich höre, ich lese, ich bete, ich singe, ich gehe zum Abendmahl, und ich finde dort keinen Segen, bis der Heilige Geist mich heimsucht. Aber wenn sein Tau auf mich fällt, gereicht jedes Gnadenmittel mir zum Trost und Nutzen.

Welch eine Verheißung wird mir hier gegeben! »Sein Himmel wird mit Tau triefen.« Die Gnade wird mich heimsuchen. Ich werde nicht der Dürre meines Wesens oder der brennenden Hitze der Welt oder dem wütenden Sturm der satanischen Versuchung ausgeliefert sein. Wenn ich doch in dieser Stunde den sanften, stillen, sättigenden Tau des Herrn spürte! Warum sollte ich ihn nicht spüren? Er, der mich dazu geschaffen hat zu leben, wie das Gras auf der Wiese lebt, wird mich behandeln, wie er das Gras behandelt; er wird mich von oben erquicken. Gewiss wird der Herr, der die Pflanze, die nicht beten kann, erquickt, seinem betenden Kind antworten.

14. September

**Selig ist der Mann, der die Anfechtung erduldet,
denn nachdem er bewährt ist, wird er die
Krone des Lebens empfangen, welche Gott
verheißen hat denen, die ihn lieb haben.**

Jakobus 1,12

Jawohl, er ist selig, während er die Anfechtung erduldet! Das kann kein Auge sehen, es sei denn mit himmlischer Augensalbe gesalbt. Aber er muss die Anfechtung ertragen und darf sich weder gegen Gott empören noch von seiner Lauterkeit ablassen. Selig ist der Mensch, der durch das Feuer hindurchgegangen ist, ohne von ihm verzehrt zu werden wie Flittergold.

Wenn die Probe vorüber ist, empfängt er das Siegel des göttlichen Beifalls, die Krone des Lebens. Es ist, als sagte der Herr: »Lasst ihn leben; er ist gewogen und nicht zu leicht befunden worden.« Sein Lohn ist das Leben, nicht bloßes Dasein, sondern heiliges, glückliches, wahres Leben, in dem das Ziel verwirklicht wird, das Gott für uns hat. Schon jetzt krönt eine höhere Form geistlichen Lebens und geistlicher Freude die Menschen, die durch die schlimmsten Anfechtungen hindurchgegangen sind.

Der Herr hat die Krone des Lebens denen verheißen, die ihn lieb haben. Nur solche Menschen werden in der Stunde der Versuchung fest stehen; die übrigen sinken oder schmollen oder schleichen zurück in die Welt. Liebst du deinen Herrn, mein Herz? Liebst du ihn wahrhaft, tief, uneingeschränkt? Dann wird diese Liebe geprüft; aber »viele Wasser werden sie nicht auslöschen, noch die Ströme sie ersäufen«. Herr, lass deine Liebe die meine stärken bis zum Ende.

Ein Mann wird sein wie eine Zuflucht vor dem Wind und wie ein Schirm vor dem Platzregen.

Jesaja 32,2

Wer dieser Mann ist, wissen wir alle. Wer könnte es anders sein als der zweite Mensch, der himmlische Herr, der Mann der Schmerzen, der Menschensohn! Welch eine Zuflucht ist er seinem Volk gewesen! Er setzt sich selbst der vollen Kraft des Windes aus und schützt so alle, die sich in ihm bergen. Wir sind so dem Zorn Gottes entronnen, und wir sollen dem Zorn der Menschen, den Sorgen dieses Lebens und den Schrecken des Todes entrinnen. Warum stehen wir im Wind, wenn wir uns doch so leicht und so sicher hinter unserem Herrn verbergen könnten?! Lasst uns heute zu ihm flüchten und in ihm tiefen Frieden genießen!

Oft erhebt sich der gewöhnliche Wind des Leidens zu seiner vollen Stärke und wird zum Sturm, der alles vor sich her fegt. Dinge, die fest und dauerhaft aussahen, schwanken im Windstoß, und viele unserer fleischlichen Zuversichten stürzen in sich zusammen. Unser Herr Jesus, der glorreiche Mann, ist ein Schirm, der niemals umgeweht wird. In ihm verborgen, sehen wir den Sturm vorüberrasen, aber wir selbst ruhen in christlichem Frieden.

So wollen wir uns heute in diesem Zufluchtsort bergen und unter dem Schirm unseres Heilands Loblieder singen. Liebster Herr Jesus! Du bist uns ein Schutz in Zeiten des Sturmes!

16. September

Wer dieser Geringsten einen nur mit einem Becher kalten Wassers tränkt in eines Jüngers Namen, wahrlich ich sage euch, es wird ihm nicht unbelohnt bleiben.

Matthäus 10,42

Nun, das kann ich tun! Ich kann einem Diener Gottes eine Freundlichkeit erweisen. Der Herr weiß, ich liebe sie alle, und es würde mir eine Ehre sein, ihre Füße zu waschen. Um ihres Meisters willen liebe ich die Jünger.

Wie gnädig vom Herrn, etwas so Unbedeutendes wie das Anbieten eines Bechers kalten Wassers zu lohnen! Das kann ich tun, und wenn ich noch so arm bin; das darf ich tun, und wenn ich noch so niedrig wäre; das will ich freudig tun. Seht, etwas, das uns so gering erscheint, wird von Gott beachtet! Er sieht es, wenn wir dem Geringsten seiner Diener den geringsten Dienst tun. Offenbar geht es ihm nicht um die Kosten noch um die Geschicklichkeit noch um die Größe, sondern um den Beweggrund unseres Tuns; das, was wir einem Jünger tun, weil er ein Jünger ist, beachtet sein Herr und vergilt es uns. Er belohnt uns nicht nach dem Wert dessen, was wir tun, sondern nach dem Reichtum seiner Gnade.

Ich gebe einen Becher kalten Wassers, und er lässt mich lebendiges Wasser trinken. Ich gebe es einem seiner Kinder, und er behandelt mich wie eins von ihnen. Jesus rechtfertigt seine Freigebigkeit mit dem, was seine Gnade mich tun ließ. Er sagt: »Es wird ihm nicht unbelohnt bleiben.«

Der Gerechte wird grünen wie ein Palmbaum; er wird wachsen wie eine Zeder auf dem Libanon.

Psalm 92,13

Diese Bäume werden nicht von Menschen gezogen und beschnitten; Palmen und Zedern sind Bäume des Herrn, und durch seine Pflege grünen sie. Ebenso ist es mit den Heiligen des Herrn. Er selbst sorgt für sie. Diese Bäume sind immer grün und schön zu allen Jahreszeiten. Gläubige sind nicht zuweilen geheiligt und zuweilen gottlos; sie stehen bei jedem Wetter in der Schönheit des Herrn da. Überall fallen diese Bäume auf; niemand kann eine Landschaft betrachten, in der Palmen oder Zedern stehen, ohne dass seine Aufmerksamkeit sich auf diese königlichen Gewächse richtet. Die Nachfolger Christi werden von vielen Augen beobachtet: Wie eine Stadt, die auf einem Berg liegt, können sie nicht verborgen bleiben.

Das Kind Gottes gedeiht wie ein Palmbaum, der mit all seiner Kraft nach oben strebt in einem aufrechten Stamm, ohne einen einzigen Zweig. Er ist wie ein Pfeiler mit einem herrlichen Kapitell. Er verzweigt sich nicht nach rechts oder nach links, sondern schiebt seine ganze Kraft himmelwärts und trägt seine Frucht so nahe an den Himmel heran wie möglich. Herr, bilde mich nach diesem Vorbild!

Die Zeder trotzt allen Stürmen und wächst in der Nähe des ewigen Schnees, der Herr selbst füllt sie mit einem Saft, der ihr Herz warm und ihre Zweige stark erhält. Herr, ich bitte dich, lass es auch mit mir so sein! Amen.

18. September

**Der Geliebte des Herrn wird sicher wohnen;
allezeit wird er über ihm halten und wird
zwischen seinen Schultern wohnen.**

5. Mose 33,12

Ja, es gibt keine größere Sicherheit als die, in der Nähe
Gottes zu wohnen. Der Herr kann keinen geschützteren Platz finden für die Menschen, die ihm am liebsten sind. Herr, lass mich immer unter deinem Schatten, nahe bei deiner verwundeten Seite bleiben! Näher
und näher möchte ich zu dir kommen, mein Herr; und
wenn ich dir einmal besonders nah bin, möchte ich für
immer dableiben.

Welch einen Schutz lässt der Herr seinen Erwählten
zuteilwerden! Nicht ein schönes Dach soll ihn bedecken noch ein bombensicheres Gewölbe, nicht einmal
die Flügel eines Engels, sondern der Herr selbst. Nichts
kann uns treffen, wenn wir so bedeckt sind. Diesen
Schutz will der Herr uns den ganzen Tag gewähren, so
lang er auch sei. Herr, lass mich am heutigen Tag spürbar unter diesem Baldachin der Liebe, diesem Zelt uneingeschränkter Macht bleiben!

Will der dritte Satz sagen, dass der Herr in seinem
Tempel zwischen den Hügeln seines Erwählten wohnen wollte oder dass er dort sein würde, wo ein Mann
seine Last trägt, oder will er sagen, dass wir selbst auf
den Schultern des Ewigen getragen werden? In jedem
Fall ist der Herr die Stütze und die Stärke seiner Heiligen. Herr, lass mir immer deine Hilfe zuteilwerden,
dann werden meine Arme nicht einschlafen.

Der Herr, dein Gott, ist bei dir, ein starker Heiland; er wird sich über dich freuen und dir freundlich sein und vergeben und wird über dir mit Schall fröhlich sein.

Zefanja 3,17

Welch ein Wort! Der Herr aller Herren ist bei seinem Volk in der ganzen Majestät seiner Macht! Diese Gegenwart allein genügt, uns Frieden und Hoffnung einzuflößen. Grenzenlose Macht ist in unserm Gott verborgen. Er wohnt in seiner Gemeinde, deshalb darf sein Volk vor Freude jauchzen.

Er ist nicht nur gegenwärtig, sondern er vollbringt sein großes Gnadenwerk mitten unter uns. »Er will retten.« Er rettet immer. Schon sein Name Jesus – Heiland – weist uns darauf hin! Lasst uns keine Gefahr fürchten, denn er hat die Macht zu retten!

Aber das ist nicht alles. Er bleibt für immer derselbe; er liebt. Er ruht in seiner Liebe, er wird nicht aufhören zu lieben. Seine Liebe macht ihm Freude. Er findet sogar Grund zum Singen in denen, die er liebt. Das ist ungemein wunderbar. Als Gott die Schöpfung vollendete, sang er nicht, sondern sprach einfach: »Es ist sehr gut«; aber als es zur Erlösung kam, empfand die heilige Dreieinigkeit eine Freude, die nur »mit Schalle« ausgedrückt werden konnte. Denkt staunend daran! Der Herr Jesus singt ein Hochzeitslied über seine erwählte Braut. Sie ist seine Liebe, seine Freude, seine Erholung, sein Lied. Herr Jesus, lehre uns durch deine unermessliche Liebe, dich wiederzulieben und dir das Lied unseres Lebens zu singen.

20. September

Nach deinem Sieg wird dir dein Volk willig opfern.

Psalm 110,3

Lob sei dem Gott der Gnade, dass es so ist! Er hat ein Volk, das er sich von alters her zum Eigentum ersehen hat. Die zu diesem Volk gehören, sind von Natur aus genauso eigenwillig wie die übrigen widerspenstigen Söhne Adams; aber wenn der Tag seiner Macht kommt und die Gnade ihre Allmacht offenbart, werden sie willig, Buße zu tun und an Jesus zu glauben. Niemand wird gegen seinen Willen gerettet, aber Gott wirkt so auf seinen Willen ein, dass er sich willig ergibt. Welch eine wunderbare Macht, die nie den Willen vergewaltigt und ihn dennoch lenkt. Gott zerbricht das Schloss nicht, sondern öffnet es durch einen Hauptschlüssel, den nur er handhaben kann.

Dann sind wir willig, zu sein, zu tun oder zu leiden, wie der Herr will. Sollten wir uns je einmal auflehnen, braucht er nur mit Macht zu uns zu kommen, und gleich laufen wir mit ganzem Herzen auf dem Weg seiner Gebote. Möchte dies ein Tag der Macht für mich sein, an dem ich zur Ehre Gottes und zum Wohl meiner Mitmenschen ein edles Werk vollbringe. Herr, ich bin bereit; darf ich nicht hoffen, dass dies ein Tag deiner Macht ist? Ich stehe dir ganz zur Verfügung, bereit, ja begierig, für deine heiligen Zwecke gebraucht zu werden. Herr, lass mich nicht rufen müssen: »Wollen habe ich wohl, aber Vollbringen das Gute finde ich nicht!«, sondern gib mir die Kraft, wie du mir den Willen gegeben hast!

Wir wissen, dass Trübsal Geduld bringt.

Römer 5,3

Das ist zwar nicht der Form, aber doch dem Wesen nach eine Verheißung. Wir haben Geduld nötig, und hier sehen wir den Weg, sie zu erlangen. Nur durch Erdulden lernen wir erdulden, wie man nur durch Schwimmen schwimmen lernen kann. Auf trockenem Land lernt niemand schwimmen, und niemand lernt leiden ohne Geduld. Ist es nicht der Mühe wert, Trübsal zu haben, um den schönen Gleichmut der Seele zu gewinnen, der sich ruhig in den Willen Gottes ergibt?

Dennoch spricht unser Text eine einzigartige Tatsache aus, die nicht natürlich, sondern übernatürlich ist. Die Trübsal wirkt an sich Ungeduld, Unglauben und Empörung. Nur durch die heilige Kunst der Gnade wirkt sie Geduld in uns. Wir dreschen den Weizen nicht, um den Staub zu binden, und doch tut der Flegel der Trübsal das auf Gottes Tenne. Wir schütteln einen Menschen nicht, um ihm Ruhe zu geben, und doch verfährt der Herr mit seinen Kindern so. Das ist wahrlich nicht der Menschen Art, sondern gereicht unserem allein weisen Gott zur höchsten Ehre.

Wenn ich doch die Gnade hätte, mir meine Prüfungen zum Segen werden zu lassen! Warum sollte ich mir wünschen, mich ihrer gnadenvollen Wirkung zu entziehen? Herr, ich bitte dich, meinem Leiden ein Ende zu machen, aber ich bitte dich zehnmal mehr, mich von meiner Ungeduld zu erlösen! Teurer Herr Jesus, grabe mir dein Kreuz, das Bild deiner Geduld, tief ins Herz!

22. September

Der Herr wird mächtig daselbst bei euch sein, gleich als wären da weite Wassergräben, darüber kein Schiff mit Rudern fahren noch Galeeren schiffen können.

Jesaja 33,21

Der Herr will unser höchstes Gut sein ohne einen der Nachteile, die notwendig mit den besten irdischen Dingen verbunden scheinen. Wenn eine Stadt breite Flüsse hat, kann sie leicht durch Galeeren mit Rudern und andere Kriegsschiffe angegriffen werden. Aber wenn der Herr das Übermaß seiner Güte mit diesem Bild darstellt, bannt er ausdrücklich die Furcht, die dieses Bild einflößen könnte. Gesegnet sei seine vollkommene Liebe!

Herr, wenn du mir einen Strom von Reichtum schickst, lass nicht eine Galeere mit Rudern heraufkommen in Gestalt von Weltlichkeit oder Stolz. Wenn du mir volle Gesundheit und ein fröhliches Gemüt schenkst, lass nicht das stattliche Schiff fleischlicher Bequemlichkeit die steigende Flut hinaufsegeln. Wenn meinem Dienst in der Gemeinde Erfolg zuteilwird, breit wie der stolze Rhein, lass mich nie der Galeere des Dünkels und des Selbstvertrauens auf den Wellen meiner Wirksamkeit begegnen. Sollte mir das große Glück beschieden sein, Jahr für Jahr dein Angesicht zu schauen, so lass mich doch nie deine schwächeren Heiligen verachten; lass auch nie zu, dass eitler Stolz über meine Vollkommenheit die breiten Ströme meiner Heilsgewissheit hinaufsegelt! Herr, gib mir den Segen, der reich macht und weder Schmerz zufügt noch Sünde fördert.

Der Satanas hat euer begehrt, dass er euch möchte sichten wie den Weizen; ich aber habe für dich gebeten, dass dein Glaube nicht aufhöre.

Lukas 22,31.32

Das Sichten dauert immer noch an. Wo wir auch hingehen, wir werden geworfelt und gesichtet. In allen Ländern wird Gottes Volk geprüft, wie man das Korn mit einem Sieb sichtet. Zuweilen hält der Teufel das Sieb und schüttelt uns gewaltig in dem ernsthaften Verlangen, uns für immer zu vernichten. Der Unglaube ist nicht faul, unser Herz und Gemüt mit seinen ruhelosen Befürchtungen hin und her zu werfen. Die Welt leiht eine willige Hand dazu und schüttelt uns mit großer Kraft nach rechts und links. Das Schlimmste ist, dass die Kirche, die zum großen Teil vom Herrn abgefallen ist, sich mit Macht an diesem Prozess der Sichtung beteiligt.

Nun gut! Mag es nur weitergehen! So wird die Spreu vom Weizen getrennt. Der Weizen wird von Staub und Spreu befreit. Und wie groß ist die Barmherzigkeit, die unser Wort uns zusagt: »Ich habe für dich gebeten, dass dein Glaube nicht aufhöre.« Alles soll bewahrt werden, was gut und wahr und anmutig ist. Nicht einer der geringsten Gläubigen soll verloren gehen, und ebenso wenig soll ein Christ etwas verlieren, was wirklich den Namen Verlust verdient. Wir sollen beim Sichten so bewahrt bleiben, dass es durch Jesus Christus zu einem echten Gewinn für uns wird.

24. September

**Ja, alles, was darin lebt und webt, dahin
diese Ströme kommen, das soll leben.**

Hesekiel 47,9

Das lebendige Wasser in der Weissagung des Propheten
floss ins Tote Meer und brachte Leben selbst in diesen
stehenden See. Wo die Gnade hinkommt, da ist geistliches Leben die unmittelbare und nie aufhörende Folge. Die Gnade strömt ungehindert nach Gottes Willen,
wie ein Fluss in allen seinen Windungen seinem eigenen Willen folgt; und wo sie hinkommt, da wartet sie
nicht darauf, dass das Leben zu ihr kommt, sondern sie
schafft Leben durch ihren eigenen belebenden Strom.
Wenn sie doch durch unsere Straßen fließen und die
kleinsten Gassen überfluten wollte! Wenn sie doch
jetzt in mein Haus käme und stiege, bis sie jede Kammer überschwemmt! Herr, lass das lebendige Wasser zu
meiner Familie und zu meinen Freunden fließen, und
lass es nicht an mir vorübergehen! Ich glaube ja, dass
ich schon davon getrunken habe; aber ich wünsche mir,
darin zu baden, ja, darin zu schwimmen. Mein Heiland,
ich habe reichlicheres Leben nötig! Komm zu mir, ich
bitte dich, bis jeder Teil meines Wesens mit aller Kraft
tätig ist! Herr, mein Gott, ich bitte dich, fülle mich mit
Leben von dir!

Ich bin ein armer, dürrer Stab, komm und mache
mich so lebendig, dass ich grüne, blühe und Frucht trage zu deiner Ehre! Belebe mich um meines Herrn Jesus
willen! Amen.

Wenn der Herr Lust hätte, uns zu töten, so hätte er das Brandopfer und Speisopfer nicht genommen von unsern Händen; er hätte uns auch nicht solches alles erzeigt.
Richter 13,23

Ja, so muss man Gottes Handeln verstehen und deuten! Hier wird aus sicheren Tatsachen ein richtiger Schluss gezogen. Es ist nicht wahrscheinlich, dass der Herr zu Manoah und seiner Frau von einem Sohn gesprochen hätte, wenn er entschlossen gewesen wäre, sie zu verderben. Die Frau folgerte richtig, und wir werden gut daran tun, von ihrer Art der Beweisführung zu lernen.

So hat unser himmlischer Vater das große Opfer von Golgatha angenommen und sein Wohlgefallen daran erklärt; wie könnte es ihm jetzt gefallen, uns zu töten? Warum ein Stellvertreter, wenn der Sünder doch noch umkommen müsste! Nein, das angenommene Opfer Jesu macht der Furcht ein Ende.

Der Herr hat uns unsere Erwählung, unsere Kindschaft, unsere Gemeinschaft mit Christus, unsere Vermählung mit seinem geliebten Sohn gezeigt: Wie kann er uns jetzt verderben? Die Verheißungen sind so voller Segen, dass wir notwendigerweise für das ewige Leben bewahrt werden müssen. Der Herr kann uns unmöglich verwerfen und dennoch seinen Bund halten. Die Vergangenheit macht uns dessen gewiss, und die Zukunft bestätigt es. Wir werden nicht sterben, sondern leben, denn wir haben Jesus gesehen und, vom Heiligen Geist erleuchtet, haben wir in ihm den Vater gesehen. Um dieses lebendig machenden Anblicks willen müssen wir leben.

26. September

**Siehe, das Volk wird besonders wohnen und
nicht unter die Heiden gerechnet werden.**

4. Mose 23,9

Wer möchte wohl unter den Heiden wohnen und zu ihnen gezählt werden? Aber auch wir, die wir unter lauter »Christen« wohnen, fühlen uns oft so unverstanden, dass wir am liebsten in die Wüste ziehen würden.

Der Herr will, dass sein Volk einen anderen Weg gehen soll als die Welt und sich entschieden und deutlich von ihr unterscheiden soll; das ist klar! Wir sind durch Gottes Ratschluss ausgesondert. Er hat uns erkauft und berufen, und unser inneres Erleben unterscheidet uns wesentlich von den Menschen der Welt. Deshalb ist unser Platz nicht auf dem Markt der Eitelkeit und auch nicht in der Stadt des Verderbens, sondern auf dem schmalen Pfad, auf dem alle wahren Pilger ihrem Herrn folgen müssen.

Das mag uns nicht nur mit der Kälte und dem Hohn der Welt aussöhnen, sondern sie uns sogar mit Freuden ertragen lassen als etwas, das zu unserem Bundesanteil gehört. Unsere Namen stehen nicht in demselben Buch, wir sind nicht von demselben Samen, wir wohnen nicht, wo sie wohnen, wir dienen auch nicht demselben Gesetz; deshalb ist es gut, dass die Welt uns verachtet und hasst und uns nicht zu den Ihren rechnet. Solange wir nur zu den Erlösten gezählt werden, sind wir es zufrieden, Außenseiter und Einsame zu sein.

Denn du wirst mein Licht anzünden.

Psalm 18,29

Es kann sein, dass meine Seele im Finstern sitzt; und wenn diese Finsternis geistlicher Art ist, kann keine menschliche Macht mir Licht bringen. Gelobt aber sei Gott! Er kann meine Finsternis erleuchten und mein Licht anzünden. Selbst wenn mich Finsternis umgäbe, die man mit Händen greifen kann, kann er doch das Dunkel durchbrechen und es gleich hell um mich her machen.

Das Gute ist, dass niemand das Licht ausblasen kann, wenn er es anzündet, und dass es auch nicht aus Mangel an Öl erlöschen oder im Laufe der Zeit von selber ausgehen wird. Die Lichter, die der Herr am Anfang der Welt anzündete, scheinen noch heute. Die Lampen des Herrn müssen vielleicht einmal gereinigt werden, aber er löscht sie niemals aus.

So lasst mich also wie die Nachtigall im Dunkeln singen! Die Erwartung wird mir eine Melodie schenken, und die Hoffnung soll den Grundton angeben. Bald werde ich mich über ein Licht freuen, das Gott angezündet hat. Im Augenblick bin ich in trüber Stimmung und verzagt. Vielleicht liegt es am Wetter oder an körperlicher Schwachheit oder an der Bestürzung, in die ein plötzliches Unglück mich versetzt hat; aber was die Finsternis auch verursacht hat: Gott allein kann Licht hineinbringen. Meine Augen schauen nur auf ihn. Bald wird das Licht des Herrn mich erleuchten; und später, zu der von ihm festgesetzten Zeit, werde ich dort sein, wo man keine Lampe und kein Sonnenlicht mehr nötig hat.

28. September

Dann ist noch eine Ruhe vorhanden dem Volke Gottes.

Hebräer 4,9

Gott hat eine Ruhe bereitet, und einige sollen in sie eingehen. Diejenigen, denen sie zuerst verkündigt wurde, konnten um ihres Unglaubens willen nicht hineinkommen, deshalb ist diese Ruhe für das Volk Gottes aufgehoben. Der Psalmist sang davon; aber er musste es leise tun, denn sein Volk verwarf die Ruhe Gottes. Josua konnte sie nicht geben und Kanaan sie nicht gewähren; sie ist den Gläubigen vorbehalten.

Kommt also, wir wollen uns nach dieser Ruhe ausstrecken. Lasst uns aufhören, uns mit der Sünde und dem Ich zu plagen. Lasst uns kein Vertrauen mehr auf irgendwelche Werke setzen, nicht einmal auf die, von denen man sagen könnte: »Sie sind sehr gut!« Haben wir solche Werke aufzuweisen? Lasst uns trotzdem ruhen von unseren Werken wie Gott von den seinen! Lasst uns nur in dem vollendeten Werk unseres Herrn Jesus Trost finden! Es ist alles vollbracht; die Gerechtigkeit verlangt nicht mehr. In Jesus Christus wird uns großer Friede zuteil.

Was nun das Gnadenwerk in der eigenen Seele und das Wirken Gottes in den Seelen anderer betrifft, so wollen wir diese Last auf den Herrn werfen und in ihm ruhen. Wenn der Herr uns ein Joch zu tragen gibt, so tut er es, damit wir unter diesem Joch Ruhe finden. Im Glauben bemühen wir uns, in die Ruhe Gottes einzugehen, und entsagen aller Ruhe der Selbstzufriedenheit und der Trägheit. Jesus selbst ist die vollkommene Ruhe, in ihm werden wir mit Ruhe erfüllt.

**Derselbe wird mich verklären; denn von dem
Meinen wird er's nehmen und euch verkündigen.**

Johannes 16,14

Der Heilige Geist kann den Herrn Jesus nicht besser
verklären als damit, dass er uns zeigt, wer Christus ist.
Jesus ist die beste Empfehlung für sich selbst.

Der Tröster zeigt uns das, was er von unserem Herrn
Jesus empfangen hat. Wir sehen nie etwas richtig, bevor
er es offenbart. Er hat die Fähigkeit, unseren Geist zu
öffnen und die Schrift aufzutun, und auf diesem zwei-
fachen Wege stellt er uns den Herrn vor Augen. Es gehört viel Kunst dazu, eine Sache richtig darzustellen,
und diese Kunst beherrscht der Geist der Wahrheit in
höchstem Maße. Er zeigt uns, wie die Dinge wirklich
sind. Das ist ein großes Vorrecht, wie alle wissen, denen diese heilige Schau zuteilgeworden ist.

Lasst uns nach der Erleuchtung des Geistes streben,
nicht, um unsere Neugierde zu befriedigen, auch nicht,
um uns persönlich Trost zu holen, sondern um den
Herrn Jesus verklärt zu sehen. Wenn doch unsere Gedanken seiner würdig wären! Niedrige Vorstellungen
entehren unseren teuren Herrn. Wenn uns doch seine
Gestalt, sein Werk und seine Herrlichkeit so lebendig
würden, dass Herz und Geist vor Freude jauchzen müssten. Wo ein Herz durch die Unterweisung des Heiligen
Geistes reich geworden ist, da wird auch der Heiland
auf unbeschreibliche Weise verklärt. Komm, Heiliger
Geist, himmlisches Licht, zeige du uns Jesus, unsern
Herrn.

30. September

Tue deinen Mund weit auf, lass mich ihn füllen!

Psalm 81,11

Welch eine Aufforderung zum Gebet! Von unseren menschlichen Vorstellungen her würden wir um geringe Dinge bitten, weil wir so wenig vorzuweisen haben. Aber der Herr will, dass wir um großen Segen bitten. Beten sollte für uns so einfach sein wie den Mund auftun; das Gebet sollte natürlich und ungezwungen über unsere Lippen kommen. Wenn es einem Menschen ernst ist, tut er seinen Mund weit auf, und unser Text drängt uns, von ganzem Herzen zu bitten und zu flehen.

Zugleich sagt er uns aber auch, dass wir kühn vor Gott hintreten und viele und große Segnungen von ihm erbitten sollen. Lest den ganzen Vers und seht, wie das begründet wird: »Ich bin der Herr, dein Gott, der dich aus Ägyptenland geführt hat. Tue deinen Mund weit auf, lass mich ihn füllen.« Weil der Herr uns so viel gegeben hat, fordert er uns auf, um mehr zu bitten und mehr zu erwarten. Seht euch die jungen Vögel in ihren Nestern an: Sie scheinen ganz und gar Schnabel zu sein, wenn die Mutter kommt, sie zu füttern. Bei uns soll es genauso sein! Wir wollen die Gnade durch alle Türen hereinholen. Wir wollen sie trinken, wie ein Schwamm das Wasser aufsaugt, in dem er liegt. Gott ist bereit, uns zu füllen, wenn wir nur bereit sind, uns füllen zu lassen. Unsere Bedürfnisse sollen uns zwingen, den Mund weit aufzutun; unsere Schwäche soll uns anspornen, laut um Hilfe zu rufen, unsere Angst soll uns bewegen, wie ein Kind zu Gott zu schreien. Gott selbst wird unseren Mund füllen.

**Er gibt Speise denen, die ihn fürchten; er
gedenkt ewiglich an seinen Bund.**

Psalm 111,5

Wer Gott fürchtet, braucht keinen Mangel zu fürchten.
All die langen Jahre hindurch hat der Herr immer Speise für seine Kinder gefunden, ob sie in der Wüste waren oder am Bach Krith, ob sie gefangen waren oder Teuerung über sie hereinbrach. Auch uns hat der Herr bisher täglich unser Brot gegeben, und wir zweifeln nicht daran, dass er es tun wird, bis wir keine Speise mehr nötig haben.

Niemals aber wird er aufhören, uns mit den höheren und größeren Segnungen des Gnadenbundes zu versorgen, wie wir sie nötig haben. Er denkt daran, dass er einen Bund mit uns geschlossen hat, und handelt nie, als bereue er das. Er vergisst den Bund auch dann nicht, wenn wir ihn reizen, uns zu verderben. Er vergisst nicht, uns zu lieben, zu schützen und zu trösten, wie er es uns zugesagt hat. Er hält sich an jeden Strich und jedes Pünktchen seiner Verpflichtungen und lässt keins seiner Worte auf die Erde fallen.

Wir denken leider wenig an unseren Gott, aber er denkt gnädig an uns. Er kann weder seinen Sohn vergessen, der Bürge des Bundes ist, noch seinen Heiligen Geist, durch dessen Wirken der Bund geschlossen wurde, noch seine Ehre, die eng mit dem Bund verknüpft ist. Deshalb steht der Grund Gottes fest, und keinem Glaubenden geht das göttliche Erbteil verloren, das ihm durch einen solchen Bund verbürgt ist.

2. Oktober

**Ich sterbe, und Gott wird euch heimsuchen
und aus diesem Land führen.**

1. Mose 50,24

Menschen, die wir liebhaben und die für unsere Entwicklung viel bedeuteten, sterben. Und mit ihnen sterben tausend Freuden, die unserem Leben Glanz und Schönheit gaben. Ägypten war nach Josephs Tod für seine Brüder nie wieder das, was es früher gewesen war. Und die Welt kann für manche von uns nie wieder das sein, was sie war, als unsere Lieben noch lebten.

Aber seht, wie Gott den Schmerz über diesen traurigen Tod linderte! Die Brüder Josephs hatten die Verheißung, dass der lebendige Gott sie besuchen, sie »heimsuchen« würde. Eine Heimsuchung des Herrn – welch ein Vorrecht, welch ein Trost, welch ein Himmel auf Erden! Herr, suche uns heute heim, wenn wir gewiss auch nicht würdig sind, dass du in unser Haus kommst.

Aber noch mehr war ihnen verheißen: Der Herr wollte sie ausführen. In Ägypten würde man sie schlecht behandeln, ja das Land würde ein Haus der Knechtschaft für sie werden. Aber das sollte nicht immer so bleiben; Gott würde sie befreien und in das verheißene Land führen. Wir werden hier nicht immer weinen. Wir sollen heimgeführt werden in das Land der Herrlichkeit und dort mit unseren Lieben vereint sein. So tröstet einander nun mit diesen Worten!

Ich aber will schauen dein Antlitz in Gerechtigkeit; ich will satt werden, wenn ich erwache, an deinem Bilde.

Psalm 17,15

Der Besitz gewöhnlicher Menschen dient ihren irdischen Bedürfnissen und bereichert ihre Kinder, aber der Reichtum der Glaubenden ist anderer Art. Die Menschen dieser Welt haben ihren Schatz in der Welt, aber die Menschen der künftigen Welt schauen höher und weiter. Unser Besitz ist ein zweifacher. Wir erfreuen uns hier der Gegenwart Gottes und werden dort in sein Bild hineingestaltet. Hier schauen wir das Antlitz des Herrn in Gerechtigkeit, denn wir sind in Jesus Christus gerecht gemacht. Welch eine Freude, das Antlitz eines versöhnten Gottes zu schauen! Die Herrlichkeit Gottes im Angesicht Jesu Christi macht uns die Erde zum Himmel und wird uns droben der Himmel des Himmels sein.

Aber mit dem Sehen endet es nicht: Wir sollen in das verwandelt werden, was wir anschauen. Wir sollen eine Weile schlafen und dann aufwachen als Spiegel, der die Schönheiten unseres Herrn zurückstrahlt. Der Glaube schaut Gott mit einem verklärten Blick. Das Herz nimmt das Bild Jesu in sich auf, bis Jesu Wesen auf seinem Grunde eingeprägt ist. Das ist tiefste Befriedigung: Gott sehen und ihm gleich werden – was könnte ich mehr wünschen! Die feste Zuversicht des Psalmisten wird hier durch den Heiligen Geist zur Verheißung des Herrn. Ihr glaube ich. Was sie verheißt, erwarte ich. Herr, gewähre es mir! Amen.

4. Oktober

**Und ich, wenn ich erhöht werde von der
Erde, so will ich sie alle zu mir ziehen.**

Johannes 12,32

Kommt, ihr Boten Gottes, lasst euch Mut machen. Ihr
fürchtet, ihr könntet keine Hörer anziehen. Versucht
es mit der Predigt vom gekreuzigten, auferstandenen
und zum Himmel aufgefahrenen Heiland; sie »zieht«
mehr als alles andere, was je unter den Menschen verkündigt wurde. Was zog euch zu Christus als Christus?
Wenn irgendetwas anderes euch zum Glauben gezogen
hat, werdet ihr bald wieder von ihm weggezogen werden; aber Jesus hat euch gehalten und wird euch bis ans
Ende halten. Warum zweifelt ihr dann daran, dass er andere zu sich ziehen kann? Geht mit dem Namen Jesus
zu denen, die bisher widerspenstig waren, und seht, ob
er sie nicht zu sich ziehen wird.

Kein Mensch kann dieser ziehenden Macht widerstehen. Alte und Junge, Reiche und Arme, Unwissende
und Gelehrte, Verdorbene und Liebenswürdige – alle
Menschen werden diese Anziehungskraft spüren. Jesus
ist der große Magnet. Wir wollen uns nach keinem anderen umschauen. Musik wird ebenso wenig zu Jesus
ziehen wie Beredsamkeit, Logik, Ausstattung oder lau-
te Reklame. Jesus selber muss die Menschen zu sich
ziehen, und er kann das in jedem Falle tun. Lasst euch
nicht durch die Werbetricks der Gegenwart verführen,
sondern arbeitet als Boten des Herrn auf seine Weise
und zieht mit des Herrn Seilen. Zieht zu Christus und
zieht durch Christus, dann wird Christus durch euch
ziehen!

Es werden die Übrigen aus Jakob unter vielen Völkern sein wie ein Tau vom Herrn und wie die Tröpflein aufs Gras, das auf niemand harrt noch auf Menschen wartet.

Micha 5,6

Wir haben hier eine Verheißung, die dem gläubigen Volk Gottes eine hohe, ehrenvolle Stellung anweist und es zu einer Wohltat für seine Umgebung macht. Wenn Heilige das sind, was sie sein sollen, werden sie zu unermesslichem Segen für die, unter denen sie leben.

Sie sind wie der Tau; denn auf eine ruhige unaufdringliche Weise erfrischen sie alle, die in ihrer Nähe sind. Still, aber wirksam dienen sie dem Leben im Wachstum und der Freude derer, die mit ihnen zusammenwohnen. Frisch vom Himmel kommend und wie Diamanten in der Sonne schimmernd, kümmern sich gütige Männer und Frauen um die Armen und Geringen, bis jeder Grashalm seinen Tautropfen hat. Schwach als Einzelne, sind sie doch gemeinsam stark genug, das auszuführen, was Gottes Liebe durch sie wirken will. Unscheinbare Tautropfen erfrischen weite Äcker. Herr, lass uns werden wie der Tau!

Gottes Kinder können auch wie Schauer sein, die auf Gottes Geheiß kommen, ohne den Menschen um Erlaubnis zu fragen. Sie wirken für Gott, ob Menschen es wünschen oder nicht; sie fragen ebenso wenig nach Erlaubnis, wie der Regen es tut. Herr, mache uns kühn und schnell in deinem Dienst, wo du uns auch hinstellst!

6. Oktober

Wenn aber jener, der Geist der Wahrheit, kommen wird, der wird euch in alle Wahrheit leiten.

Johannes 16,13

Die Wahrheit ist wie ein weites Schloss, in das wir hineingehen möchten, obwohl wir nicht imstande sind, es ohne Führer zu durchwandern. Am Eingang ist noch alles klar und hell, aber wenn wir weitergehen und die innersten Räume durchforschen wollen, brauchen wir jemand, der uns leitet, sonst verirren wir uns. Der Heilige Geist, der alle Wahrheit vollkommen kennt, will allen Glaubenden diesen Dienst tun. Er führt sie je nach ihrem Fassungsvermögen von einer Kammer in die andere, sodass sie die »Tiefen Gottes« (1. Kor. 2,10) sehen und seine Geheimnisse erforschen können.

Welch eine köstliche Verheißung für den demütig suchenden Geist! Wir möchten die Wahrheit kennen und in sie eindringen. Wir wissen, wie leicht wir irregehen, und spüren, wie dringend notwendig wir einen Berater brauchen. Wir freuen uns, dass der Heilige Geist gekommen ist und bei uns bleibt. Er ist bereit, uns voranzugehen, und wir vertrauen uns dankbar seiner Führung an. Wir möchten alle Wahrheit kennenlernen, damit wir nicht einseitig werden und das Gleichgewicht verlieren. Wenn uns irgendein Teil der göttlichen Offenbarung unbekannt bliebe, könnten wir einen Segen verfehlen oder eine Sünde auf uns laden. Der Geist Gottes ist gekommen, um uns in alle Wahrheit zu leiten. Lasst uns gehorsamen Herzens auf seine Worte achten und seiner Führung folgen!

**Sagt es seinen Jüngern und Petrus, dass er vor
euch hingehen wird nach Galiläa; da werdet
ihr ihn sehen, wie er euch gesagt hat.**

Markus 16,7

Jesus wollte rechtzeitig an dem Ort sein, den er für die
Zusammenkunft mit seinen Jüngern bestimmt hatte.
Er hält sein Versprechen. Wenn er verheißt, uns am
Gnadenthron, im Gottesdienst oder bei den Sakramen-
ten zu begegnen, können wir uns darauf verlassen, dass
er dort sein wird. Wir mögen bereitwillig von dem ver-
einbarten Treffpunkt fernbleiben, er tut das niemals. Er
sagt: »Wo zwei oder drei versammelt sind in meinem
Namen, da bin ich mitten unter ihnen« – er sagt nicht:
»Da will ich sein«, sondern: »Ich bin schon da.«

Jesus ist immer der Erste in der Gemeinschaft: »Er
geht vor euch hin.« Sein Herz ist bei den Seinen, er hat
Freude an ihnen, er zögert nie, ihnen zu begegnen. Er
geht immer vor uns hin.

Und dann offenbart er sich denen, die nach ihm kommen. »Da werdet ihr ihn sehen.« Freudiger Anblick!
Uns liegt nichts daran, berühmte Menschen zu sehen,
aber ihn sehen heißt, mit Freude und Frieden erfüllt
werden, und wir werden ihn sehen, denn er verheißt,
zu denen zu kommen, die an ihn glauben, und sich ihnen zu offenbaren. Seid gewiss, dass es geschehen wird,
denn er tut alles nach seinem Verheißungswort: »Wie
er euch gesagt hat.« Haltet dieses Wort fest und seid
überzeugt, dass er bis ans Ende an euch tun wird, »wie
er euch gesagt hat«.

8. Oktober

Man soll dich nicht mehr die Verlassene heißen.

Jesaja 62,4

»Verlassen« ist ein trauriges Wort. Es klingt wie eine Totenglocke. Es berichtet von tiefem Schmerz und verheißt schweres Leid. Ein Abgrund von Elend gähnt uns aus diesem Wort »verlassen« entgegen. Verlassen von einem, der sich mit seiner Ehre verbürgte! Verlassen von einem Freund, den wir so oft geprüft und dem wir so lange vertraut haben! Verlassen von einem lieben Verwandten! Verlassen von Vater und Mutter! Verlassen von allen! Das ist wirklich ein tiefer Schmerz, und doch können wir ihn ertragen, wenn der Herr uns aufrichtet.

Aber wie muss das sein, sich von Gott verlassen zu fühlen? Denkt an den bittersten aller Rufe: »Mein Gott, mein Gott, warum hast du mich verlassen?« Haben wir jemals etwas von der Bitterkeit dieses Verlassenseins geschmeckt? Wenn ja, lasst uns den Herrn bitten, uns vor der Wiederholung eines so unaussprechlichen Schmerzes zu bewahren. Wenn solche Finsternis doch niemals wiederkäme! Die Menschen sagten einmal von einem Heiligen: »Gott hat ihn verlassen; jagt ihm nach und ergreift ihn.« Aber das war immer falsch. Die liebende Gnade unseres Herrn wird unsere Feinde zwingen, ihre Worte zurückzunehmen oder wenigstens den Mund zu halten.

Das Gegenstück zu alledem ist das wunderbare Wort: »Der Herr hat Lust an dir.« Dieses Wort verwandelt Weinen in Fröhlichkeit. Möchten alle, die sich verlassen fühlen, den Herrn sagen hören: »Ich will dich nicht verlassen noch versäumen!«

**Und soll von dem Blut tun auf die Hörner
des Räucheraltars, der vor dem Herrn
in der Hütte des Stifts steht.**

3. Mose 4,7

Der Räucheraltar ist der Ort, wo die Heiligen ihre Gebete und ihren Dank darbringen; und es ist eine Freude, daran zu denken, dass er mit dem Blut des großen Opfers besprengt ist. Nur deswegen ist Gott unsere Anbetung angenehm; er sieht das Blut seines eingeborenen Sohnes und nimmt darum unsere Huldigung entgegen.

Es ist gut für uns, unser Augenmerk auf das Blut des einen Opfers für die Sünde zu richten. Die Sünde mischt sich sogar in unsere heiligen Dinge, und Gott könnte unsere ehrlichste Buße, unseren Glauben, unser Flehen und unseren Dank nicht annehmen, wenn das Verdienst des Versöhnungsopfers nicht da wäre. Viele verhöhnen das Blut; aber für uns ist es die Quelle des Trostes und der Hoffnung. Das Blut auf den Hörnern des Altars soll uns ganz deutlich vor Augen sein, wenn wir uns Gott nahen. Es gibt dem Gebet Kraft, und darum ist es auf den Hörnern des Altars. Es ist »vor dem Herrn«, und deshalb sollte es auch vor uns sein. Es ist auf dem Altar, ehe wir den Weihrauch darbringen; es ist da, um unsere Opfergabe zu heiligen.

So lasst uns zuversichtlich beten, weil das Opfer dargebracht und das Verdienst geltend gemacht wurde. Das Blut ist innerhalb des Vorhangs; und deshalb sind die Gebete der Gläubigen ein süßer Geruch vor dem Herrn.

10. Oktober

Siehe, ich habe vor dir gegeben eine offene Tür, und niemand kann sie zuschließen.

Offenbarung 3,8

Heilige, die der Wahrheit Gottes treu bleiben, haben eine offene Tür vor sich. Meine Seele, weil du entschlossen bist, auf das hin zu leben und zu sterben, was Gott in seinem Wort offenbart hat, steht diese Tür vor dir offen.

Ich will eintreten durch die offene Tür der Gemeinschaft mit Gott; wer soll es mir verwehren! Jesus hat meine Sünde hinweggenommen und mir seine Gerechtigkeit gegeben, deshalb darf ich frei eintreten. Herr, durch deine Gnade tue ich es.

Ich habe auch eine offene Tür in die Geheimnisse des Wortes vor mir. Ich darf eindringen in die tiefen Geheimnisse Gottes: Gnadenwahl, Gemeinschaft mit Christus, seine Wiederkehr – all das steht vor mir, und ich darf mich darüber freuen. Keine Verheißung und keine Lehre darf mir wieder verschlossen werden.

Im Kämmerlein steht mir die Tür des Zugangs zu Gott offen und in der Öffentlichkeit die Tür zu fruchtbarem Dienst. Gott will mich hören; Gott will mich gebrauchen. Durch eine offene Tür darf ich vorangehen in die Gemeinschaft der Heiligen droben und in die tägliche Gemeinschaft mit den Heiligen hier auf Erden. Vielleicht versuchen manche, mir den Mund zu verschließen oder mich auszuschließen, aber sie tun es vergeblich.

Bald werde ich die Himmelstür offen sehen: Das Perlentor wird mir aufgetan werden, und dann werde ich hineingehen zu meinem Herrn und König und ewig mit Gott eingeschlossen sein.

**Ich will sie stärken in dem Herrn, dass sie sollen
wandeln in seinem Namen, spricht der Herr.**

Sacharja 10,12

Ein Trost für kranke Heilige. Sie sind matt geworden
und fürchten, dass sie niemals von dem Lager des Zweifels und der Furcht aufstehen werden; aber der große
Arzt kann beides, die Krankheit heilen und die Schwäche wegnehmen, zu der er sie geführt hat. Er will die
Schwachen stärken, und zwar auf die bestmögliche
Weise, denn es soll »in dem Herrn« geschehen. Unsere Stärke liegt in dem Herrn und nicht in uns selbst.
Im Herrn führt sie zur Gemeinschaft mit ihm, in uns
selbst würde sie nur Hochmut zur Folge haben. In uns
selbst wäre sie auf traurige Weise beschränkt, aber in
Gott kennt sie keine Grenzen.

Wenn Stärke da ist, macht der Gläubige von ihr Gebrauch. Er steht auf und geht im Namen des Herrn umher. Wie schön ist es, nach einer Krankheit aufzuste-
hen, und wie herrlich, nach einer Zeit der Kraftlosig-
keit stark zu sein im Herrn. Der Herr schenkt den Seinen Freiheit, auf und ab zu wandeln, und innere Muße,
diese Freiheit zu gebrauchen. Er macht freie Menschen
aus uns; wir sind nicht Sklaven, die keine Ruhe kennen und nicht frei aufblicken dürfen, sondern haben
die Freiheit, im Land Immanuels umherzureisen, wie
es uns gefällt.

Komm, mein Herz, sei nicht mehr krank und trau-
rig! Jesus fordert dich auf, stark zu sein und in heiliger
Muße mit Gott zu wandeln. Folge seiner liebevollen
Aufforderung!

12. Oktober

Ich will das steinerne Herz aus eurem Fleisch wegnehmen und euch ein fleischernes Herz geben; ich will meinen Geist in euch geben und will solche Leute aus euch machen, die in meinen Geboten wandeln.

Hesekiel 36,26.27

Achtet darauf, wie diese Umwandlung geschieht. Der Herr selbst bringt sie zustande. Er allein kann unser Herz erfolgreich behandeln und seine Härte wegnehmen. Er kann bewirken, dass wir Gott von ganzem Herzen und von ganzer Seele lieben. Das ist ein Wunder der Gnade, das nur der Heilige Geist zuwege bringt. Wir müssen es von dem Herrn allein erwarten und uns nie mit weniger zufriedengeben.

Achtet darauf, wo diese Wandlung geschieht. Sie ist nicht vom Fleisch, sondern vom Geist. Sie ist das wesentliche Merkmal des Gnadenbundes. Das Zeugnis des Heiligen Geistes ist das Zeichen des erwählten Samens; durch dieses geheime Siegel wird dem Gläubigen die Gnadenwahl bestätigt. Wir müssen darauf achten, dass wir nicht auf äußerliche Zeremonien vertrauen, sondern durch das Wirken des Heiligen Geistes in unseren Herzen versiegelt werden.

Achte auf das Ergebnis: »... die in meinen Geboten wandeln.« Im Gehorsam gegen Gott erweist sich unsere innere Erneuerung. Möge der Herr, unser Gott, sein Gnadenwerk an unserem inwendigen Menschen vollenden, damit wir im vollsten und höchsten Sinn des Wortes in den Geboten des Herrn wandeln.

13. Oktober

Wenn mein Volk sich demütigt, das nach meinem Namen genannt ist, dass sie beten und mein Angesicht suchen und sich von ihren bösen Wegen bekehren werden: So will ich vom Himmel hören und ihre Sünde vergeben und ihr Land heilen.

2. Chronik 7,14

Wenn wir auch nach dem Namen des Herrn genannt werden, bleiben wir doch irrende Männer und Frauen. Welche Gnade ist es daher, dass unser Gott bereit ist zu vergeben! Lasst uns deshalb immer, wenn wir sündigen, eiligst zu Gott gehen und um Verzeihung bitten.

Wir sollen uns selbst demütigen. Ist nicht das schon eine Demütigung, dass wir immer noch sündigen, nachdem wir so viel Liebe empfangen haben? Herr, wir beugen uns vor dir in den Staub und bekennen dir unsere große Undankbarkeit! O Schande der Sünde! O siebenfache Schande für Menschen, die so viel Gnade erfuhren wie wir!

Und dann sollen wir um Barmherzigkeit, um Reinigung, um Befreiung von der Macht der Sünde bitten. Mit diesem Gebet sollen wir das Angesicht des Herrn suchen. Um unserer Vergehen willen hat er sich von uns abgewandt, und wir müssen ihn bitten, sich uns wieder zuzuwenden. Herr, schaue auf uns in deinem Sohn Jesus und sei deinen Knechten freundlich!

Gleichzeitig müssen wir selbst uns vom Bösen abwenden. Gott kann sich uns nicht zuwenden, wenn wir nicht von der Sünde lassen.

Zuletzt kommt die dreifache Verheißung des Hörens, der Vergebung und der Heiligung. Unser Vater, schenke sie uns heute um Jesu willen!

14. Oktober

Wer nun mich bekennet vor den Menschen, den will ich bekennen vor meinem himmlischen Vater.

Matthäus 10,32

Welch gnadenvolle Verheißung! Es ist eine große Freude für mich, meinen Herrn zu bekennen. So viele Schwächen ich auch haben mag, ich schäme mich meines Jesus nicht und fürchte mich auch nicht, die Lehre von seinem Kreuz zu verkünden. Herr, ich habe deine Gerechtigkeit nicht in meinem Herzen verborgen!

Herrlich ist die Aussicht, die der Herr mir hier eröffnet. Freunde verlassen mich und Feinde frohlocken, aber der Herr verleugnet seinen Knecht nicht. Zweifellos wird der Herr sich auch diesmal zu mir bekennen und mir meine Zeichen seiner Gunst geben. Aber es kommt ein Tag, an dem ich vor dem Vater stehen muss. Wie tröstlich ist der Gedanke, dass Jesus sich dann zu mir bekennen will. Er wird sagen: »Dieser Mann vertraute mir und war bereit, um meines Namens willen Schmach zu leiden, und deshalb erkenne ich ihn als mein Eigentum an.« Es ist gewiss ein großer Tag im Leben eines Soldaten, wenn ihm vor versammelter Mannschaft ein Verdienstkreuz angeheftet wird; viel größer aber ist die Ehre, wenn der Herr Jesus sich in Gegenwart der göttlichen Majestät im Himmel zu uns bekennt. Möchte ich mich nie schämen, meinen Herrn zu bekennen! Möchte ich nie feige schweigen oder mich zu halbherzigen Zugeständnissen bereitfinden! Sollte ich erröten, ihn zu bekennen, der verheißt, mich zu bekennen?

Wie mich gesandt hat der lebendige Vater und ich lebe um des Vaters willen, also, wer mich isset, der wird auch leben um meinetwillen.

Johannes 6,57

Wir leben aus der Gemeinschaft mit dem Sohn Gottes. Als gottmenschlicher Mittler lebt der Herr Jesus durch den Vater, der in sich selber Leben hat, und in der gleichen Weise leben wir durch den Heiland, der uns lebendig gemacht hat. Er, der die Quelle unseres Lebens ist, erhält es auch. Was lebt, braucht Nahrung. Wir müssen das geistliche Leben mit geistlicher Speise nähren, und diese geistliche Speise ist der Herr Jesus. Nicht sein Leben oder Tod, sein Amt oder Werk oder Wort allein, sondern er selber, der all dies einschließt, ist unsere Nahrung.

Das wird uns beim Abendmahl des Herrn vor Augen geführt; aber wir erfahren es jedes Mal, wenn wir über unseren Herrn nachdenken, wenn wir mit ganzer Seele an ihn glauben, ihn liebend in uns aufnehmen und innerlich von ihm gestärkt werden. Wir wissen, was es ist, uns von Jesus zu ernähren, aber wir können es nicht ausdrücken oder beschreiben. Das Klügste ist, man tut es und isst es immer wieder. Wir werden aufgefordert, reichlich zu essen, und das wird uns unendlich guttun, wenn Jesus unsere Speise und unser Trank ist.

Herr, ich danke dir, dass dieses Bedürfnis meines geistlichen Lebens zugleich meine größte Freude ist. Deshalb nähre ich mich auch heute wieder von dir.

16. Oktober

**Alle Völker auf Erden werden sehen, dass
du nach dem Namen des Herrn genannt
bist, und werden sich vor dir fürchten.**

5. Mose 28,10

Also gibt es keinen Grund, dass wir uns vor ihnen
fürchten. Das verriete einen schwachen Geist und wäre
ein Zeichen von Unglauben.

Gott kann uns sich selbst so ähnlich machen, dass
die Menschen nicht leugnen können, dass wir seinen
Namen zu Recht tragen und wahrhaftig dem Herrn aller
Herren angehören. Wenn uns doch diese Gnade zuteilwürde! Der Herr möchte sie uns schenken!

Seid versichert, dass gottlose Menschen sich vor wahren Christen fürchten. Sie hassen sie, aber sie fürchten
sie auch. Der Böse zittert selbst, wenn er den Frommen
zu verderben sucht. Ja, der Hass der Gottlosen kommt
oft aus einer Furcht, die sie stolz verbergen. Lasst uns
ohne Zittern und Zagen den Weg der Wahrheit und der
Aufrichtigkeit gehen! Furcht ist nicht unsere Sache,
sondern Sache derer, die Böses tun und gegen den Herrn
der Heerscharen kämpfen. Wenn wir wirklich nach
dem Namen des ewigen Gottes genannt sind, kann uns
nichts geschehen; denn wie im Altertum ein Römer nur
zu sagen brauchte: »Romanus sum« (»Ich bin ein Römer«) und dann den Schutz aller Legionen des großen
Reiches beanspruchen konnte, so steht jedem, der ein
Mann Gottes ist, die Allmacht Gottes als Schutzwache
zur Verfügung. Der Herr wird eher den Himmel ohne
Engel lassen als einem Heiligen den Schutz verwehren.
Kämpft tapferer als Löwen für das Recht, denn Gott ist
mit euch!

Wer aber das Gebot fürchtet, dem wird's vergolten.

Sprüche 13,13

Wie schrecklich, dass es so wenig Ehrfurcht vor dem Worte Gottes gibt! Die Menschen halten sich für klüger als das Wort des Herrn und sitzen über es zu Gericht. »Ich tat aber nicht also um der Furcht Gottes willen.« Wir nehmen das von Gott eingegebene Buch als Quelle und Richtschnur unseres Lebens an und beweisen unsere Ehrfurcht durch unseren Gehorsam. Uns flößt das Wort Gottes keinen Schrecken, sondern kindliche Ehrfurcht ein. Wir fürchten seine Strafen nicht, weil wir Furcht vor seinen Geboten haben.

Aus dieser heiligen Furcht vor dem Gebot kommt die Ruhe der Demut, die süßer ist als die Kühnheit des Stolzes. Sie geleitet uns auf unseren Wegen, als Hemmschuh, wenn wir bergab gehen, und als Sporn, wenn wir bergauf steigen müssen. Vor dem Bösen bewahrt und durch unsere Ehrfurcht auf dem rechten Weg geleitet, haben wir ein ruhiges Gewissen. Wir fühlen uns frei, und das ist wie Leben aus dem Tode; wir sind gewiss, Gott zu gefallen, und das ist wie der Himmel auf Erden. Die Gottlosen mögen unsere Ehrfurcht vor dem Wort des Herrn verlachen; was tut das schon? Das Kleinod unserer himmlischen Berufung ist genug Trost für uns. Der Lohn des Gehorsams lässt uns die Verachtung der Verächter verachten.

18. Oktober

Die mit Tränen säen, werden mit Freuden ernten.

Psalm 126,5

Zeiten des Weinens eignen sich zum Säen; wir dürfen den Boden nicht zu trocken werden lassen. Samen, der in Tränen ernster Sorge eingeweicht ist, wird umso eher sprießen. Das Salz der Gebetstränen wird dem guten Samen eine Würze geben, die ihn vor dem Wurm bewahrt. Wahrheit, die in tiefem Ernst gesprochen wird, ist doppelt lebendige Wahrheit. Statt also mit dem Säen innezuhalten, solange wir weinen, wollen wir unsere Anstrengung verdoppeln, weil die Zeit so günstig ist.

Es wäre nicht recht, unseren himmlischen Samen lachend auszusäen. Tiefer Schmerz und aufrichtige Sorge um die Seelen anderer Menschen stimmen besser zusammen mit göttlicher Unterweisung als irgendwelche leichtfertigen Töne. Wir haben von Männern gehört, die leichten Herzens in den Krieg zogen, aber sie wurden geschlagen; und so geht es denen oft, die leichten Herzens säen.

Komm denn, mein Herz, säe weiter unter Tränen, denn dir ist eine frohe Ernte verheißen. Du selbst sollst den Erfolg deiner Arbeit sehen. Du sollst ihn in so hohem Maße sehen, dass du dich freuen wirst, wie du dich über eine armselige, verdorrte und kärgliche Ernte nie freuen könntest. Wenn deine Augen blind von silbernen Tränen sind, denke an das goldene Korn. Ertrage freudig die gegenwärtige Mühe und Enttäuschung, denn der Tag der Ernte wird dich reich belohnen.

Züchtigen aber will ich dich mit Maßen.

Jeremia 30,11

Ungezüchtigt zu bleiben wäre ein verhängnisvolles Zeichen; es würde bedeuten, dass der Herr gesagt hat: »Er hat sich zu den Götzen gesellt; so lass ihn hinfahren!« Gott gebe, dass uns das niemals widerfährt! Ununterbrochenes Wohlergehen müsste uns mit Furcht und Zittern erfüllen. Wen Gott lieb hat, den straft und züchtigt er; wer ihm nichts bedeutet, dem erlaubt er, sich ohne Furcht zu mästen wie Ochsen für die Schlachtbank. Aus Liebe gebraucht der himmlische Vater die Rute bei seinem Kinde.

Aber seht, er tut es mit Maßen. Liebe gibt er uns ohne Maß, aber Züchtigung mit Maßen. Wie unter dem alten Gesetz niemand mehr als »vierzig Streiche weniger einen« empfangen konnte, womit sorgfältiges Zählen und ein bestimmtes Strafmaß gesichert waren, so ist es bei jedem leidenden Mitglied im Haushalt des Glaubens; jeder Streich wird gezählt. Unsere Züchtigung wird bestimmt durch das Maß der Weisheit, des Mitgefühls und der Liebe. Es sei ferne von uns, uns gegen so göttliche Bestimmungen aufzulehnen. Herr, wenn du dabeistehst und die bitteren Tropfen in meinen Kelch hineinzählst, so geziemt es mir, diesen Kelch fröhlich aus deiner Hand zu nehmen, ihn nach deiner Anweisung zu trinken und zu sagen: »Dein Wille geschehe!«

20. Oktober

Er wird sein Volk erretten von ihren Sünden.

Matthäus 1,21

Herr, rette mich von meinen Sünden! Dein Name, Herr Jesus, macht mir Mut, so zu beten. Errette mich von meinen vergangenen Sünden, damit mich sündige Gewohnheit nicht gefangen hält! Errette mich von meinen Temperamentssünden, dass ich nicht Sklave meiner Schwachheiten werde! Errette mich von den Sünden, die beständig unter meinen Augen geschehen, damit ich nicht das Grauen vor ihnen verliere! Errette mich von verborgenen Sünden, die ich aus Mangel an Licht nicht wahrnehme! Errette mich von plötzlichen und überraschenden Sünden; lass mich nicht in einem ungestümen Anlauf der Versuchung den Boden unter den Füßen verlieren! Errette mich, Herr, von jeder Sünde! Lass kein Unrecht die Herrschaft über mich haben!

Du allein kannst das tun. Ich kann meine inneren Ketten nicht zerbrechen und meine inneren Feinde nicht erschlagen. Du kennst die Versuchung, denn du wurdest versucht. Du kennst die Sünde, denn du trugst ihre Last. Du weißt mir zu helfen in der Stunde meines Kampfes. Du kannst mich vor der Sünde bewahren und mir zurechthelfen, wenn ich gesündigt habe. Schon durch deinen Namen ist verheißen, dass du es tun willst, und ich bitte dich, lass mich heute die Wahrheit dieser Weissagung erfahren! Lass mich nicht dem Jähzorn, dem Stolz, der Verzagtheit oder irgendeiner anderen Form des Bösen nachgeben, sondern errette mich für ein geheiligtes Leben, damit dein Name in mir verherrlicht werde!

Aus dem Kleinsten sollen tausend werden und aus dem Geringsten ein mächtiges Volk. Ich, der Herr, will solches zu seiner Zeit eilend ausrichten.

Jesaja 60,22

Gottes Taten beginnen oft mit kleinen Dingen und sind darum doch nicht gering. Schwachheit lehrt glauben, treibt in Gottes Nähe und gewinnt Ehre für seinen Namen. Schätzt die Verheißung des Wachstums hoch ein! Das Senfkorn ist das kleinste unter den Samen, und doch wird es zu einer baumähnlichen Pflanze mit Zweigen, in denen die Vögel des Himmels wohnen. Wir mögen mit einem, noch dazu mit »dem Kleinsten« beginnen, und doch sollen tausend aus ihm werden. Der Herr beherrscht das Einmaleins. Wie oft hat er seinem einsamen Diener gesagt: »Ich will dich vermehren!« Vertraut dem Herrn, ihr, die ihr allein oder zu zweit seid; denn er will unter euch sein, wenn ihr in seinem Namen zusammenkommt.

»Ein Kleiner.« Was könnte verächtlicher sein in den Augen derjenigen, die Köpfe zählen und Kräfte wägen. Doch ist dieser eine der Kern eines großen Volkes. Zunächst leuchtet nur ein Stern am Abend, aber bald ist der Himmel mit unzähligen Sternen besät.

Wir brauchen auch nicht zu glauben, dass die Zunahme in weiter Ferne liegt, denn die Verheißung lautet: »Ich, der Herr, will solches zu seiner Zeit eilend ausrichten.« Es wird keine hastige Eile sein, wie wir sie in aufgeregten Versammlungen beobachten; es wird dies zur rechten Zeit geschehen.

22. Oktober

Denn du, Herr Herr, hast's geredet, und
mit deinem Segen wird deines Knechtes
Haus gesegnet werden ewiglich.

2. Samuel 7,29

Dies ist eine Verheißung, die vor Gott geltend gemacht wird, und deshalb ist sie doppelt lehrreich für uns. Wir sollen allem, was Gott der Herr gesagt hat, fest vertrauen und uns dann vor dem Thron der Gnade darauf berufen.

Wie tröstlich ist es, sich auf das berufen zu können, was unser Herr selbst gesagt hat. Wie köstlich, ein »denn« gebrauchen zu können, wie David es in diesem Vers tut. Wir beten nicht, weil wir zweifeln, sondern weil wir glauben. Ungläubig beten ziemt sich nicht für Gottes Kinder. Nein, Herr, wir können nicht an dir zweifeln; wir sind überzeugt, dass jedes deiner Worte ein sicherer Grund für die kühnsten Erwartungen ist. Wir kommen zu dir und sagen: »Tue, wie du gesagt hast!« Segne das Haus deines Knechtes! Heile unsre Kranken; rette unsre Verzagten; bringe die Verirrten zurück, kräftige die, die dich fürchten! Herr, gib uns Nahrung und Kleidung nach deinem Wort! Segne unser Tun; lass vor allem unsre Bemühungen gelingen, dein Evangelium unseren Nachbarn weiterzusagen! Mache unsere Diener zu deinen Dienern, unsere Kinder zu deinen Kindern! Lass den Segen weiterströmen zu den kommenden Generationen, und solange einer aus unserem Geschlecht auf dieser Erde ist, lass ihn dir treu bleiben! Herr, unser Gott, lass deines Knechtes Haus gesegnet werden!

**Licht ist gesät für die Gerechten und
Freude für die aufrichtigen Herzen.**

Psalm 97,11

Gerechtigkeit ist oft eine teure Sache für den, der um jeden Preis an ihr festhält, aber am Ende zahlt sie sich aus und bringt unendlichen Gewinn. Ein frommes Leben ist wie das Aussäen von Samen; viel wird ausgeworfen und wird offenbar von der Erde zugedeckt, um nie wieder eingesammelt zu werden. Es wäre falsch, eine sofortige Ernte zu erwarten; aber der Irrtum ist verständlich, denn es scheint unmöglich, Licht zu begraben. Und doch sagt der Text, dass Licht »gesät« wird. Es liegt verborgen; niemand kann es sehen, es ist gesät. Wir sind gewiss, dass es eines Tages offenbar werden muss.

Ganz gewiss sind wir, dass der Herr einen Tag der Ernte angesetzt hat für alle, die Licht gesät haben, und dass sie ernten werden, jeder für sich. Dann ist ihre Freude da. Garben der Freude für Samen des Lichts! Ihr Herz war aufrichtig vor dem Herrn, wenn die Menschen das auch nicht glauben wollten und sie sogar tadelten. Sie waren gerecht, während man sie der Kleinlichkeit beschuldigte. Sie mussten abwarten, wie der Bauer auf die köstlichen Früchte der Erde wartet. Aber das Licht war für sie gesät, und der Herr der Ernte war dabei, Freude für sie zu bereiten.

Mut, Brüder! Wir brauchen uns nicht zu übereilen. Wir wollen unsere Seelen in Geduld fassen, denn bald soll ihnen Licht und Freude zuteilwerden!

24. Oktober

Denn ich habe dich wider dies Volk zur festen, ehernen Mauer gemacht; ob sie wider dich streiten, sollen sie dir doch nichts anhaben; denn ich bin bei dir, dass ich dir helfe und dich errette, spricht der Herr.

Jeremia 15,20

Standhaftigkeit in der Furcht Gottes und im Glauben wird einen Mann einer ehernen Mauer gleichmachen, die niemand niederreißen oder zerbrechen kann. Nur der Herr kann solche Männer schenken; aber wir haben sie bitter nötig in der Gemeinde und in der Welt, ganz besonders aber auf der Kanzel.

Dieses Zeitalter der Unechtheit streitet mit aller Gewalt gegen Männer der Wahrheit, die keine Zugeständnisse machen. Nichts scheint den Satan und seinen Samen so zu ärgern wie Entschlossenheit. Sie greifen heilige Standhaftigkeit an, wie die Assyrer befestigte Städte belagerten. Aber wir freuen uns, dass sie denen nichts anhaben können, die Gott stark gemacht hat in seiner Stärke. Manche, die von jedem Wind der Lehre umgeworfen werden, braucht man nur anzublasen, und weg sind sie; aber die, die die Lehren der Gnade lieben, weil sie die Gnade der Lehren besitzen, stehen wie Felsen im tobenden Meer.

Woher kommt diese Standhaftigkeit? »Ich bin bei dir, spricht der Herr«; das ist die Antwort. Der Herr will treue Menschen von allen Angriffen des Gegners erretten und befreien. Heere stehen gegen uns, aber der Herr der Heerscharen ist mit uns. Wir wagen keinen Zentimeter breit zu weichen, denn der Herr selbst hält uns an unserem Platz, und da wollen wir bleiben.

Trachtet am Ersten nach dem Reich Gottes und nach seiner Gerechtigkeit, so wird euch solches alles zufallen.
Matthäus 6,33

Achtet darauf, wie die Bibel beginnt: »Am Anfang ... Gott.« Lasst euer Leben ebenso beginnen! Trachtet mit ganzer Seele zuerst und vor allem danach, dass ihr Bürgerrecht habt im Reiche Gottes und dass seine Gerechtigkeit eurem ganzen Leben ihren Stempel aufprägt. Das Übrige wird vom Herrn selber kommen, ohne dass ihr euch ängstlich darum sorgt. Alles, was zum Leben und für einen gottesfürchtigen Wandel nötig ist, soll uns zufallen.

Welch eine wunderbare Verheißung! Nahrung, Kleidung, Obdach usw. will Gott uns zufallen lassen, während wir ihn suchen. Wir sorgen für seine Sache, und er wird für die unsere sorgen. Papier und Bindfäden bekommt man dazu, wenn man wichtigere Waren einkauft; ebenso soll uns alles, was wir an irdischen Dingen nötig haben, zugleich mit dem Reich Gottes zuteilwerden. Wer Erbe des Reiches ist, soll nicht Hungers sterben; wer seine Seele mit der Gerechtigkeit Gottes bekleidet, dessen Körper wird der Herr nicht nackt lassen. Weg mit der nagenden Sorge! Sucht den Herrn von ganzer Seele! Geldgier ist Armut, und Ängstlichkeit ist Elend. Vertrauen auf Gott ist ein Besitz, und Ähnlichkeit mit Gott ist ein himmlisches Erbe. Herr, ich suche dich, lass dich von mir finden!

26. Oktober

Um der Auserwählten willen werden die Tage verkürzt.
Matthäus 24,22

Um seiner Auserwählten willen hält der Herr viele Gerichte ganz zurück und verkürzt andere. In großen Heimsuchungen würde das Feuer alle verzehren, wenn der Herr nicht aus Rücksicht auf seine Erwählten die Flammen dämpfte. Während er seine Erwählten um Jesu willen rettet, erhält er zugleich auch das Menschengeschlecht um seiner Erkorenen willen.

Welch eine Ehre wird damit den Auserwählten zuteil! Wie fleißig sollten sie diesen Einfluss bei ihrem Herrn geltend machen! Er will ihre Gebete für die Sünder hören und ihre Bemühungen um deren Heil segnen. Er segnet die Glaubenden, damit sie denen, die im Unglauben sind, zum Segen werden. Mancher arme Sünder lebt um der Gebete einer Mutter, einer Frau oder einer Tochter willen, die der Herr in Gnaden ansieht.

Haben wir diese einzigartige Macht, die der Herr uns anvertraut, reichlich gebraucht? Beten wir für unser Land, für andere Länder und für unsere Zeit? Stehen wir in Zeiten des Krieges, des Hungers und der Krankheit als Fürbitter da und flehen darum, dass die Tage verkürzt werden möchten? Beklagen wir vor dem Herrn die Ausbrüche des Unglaubens, der falschen Lehre und Zügellosigkeit und flehen wir den Herrn Jesus an, die Herrschaft der Sünde dadurch zu verkürzen, dass er seine herrliche Wiederkehr beschleunigt? Lasst uns auf die Knie fallen und nicht ruhen, bis Christus erscheint.

Seine Knechte werden ihm dienen und sehen sein Angesicht; und sein Name wird an ihren Stirnen sein.

Offenbarung 22,3.4

Drei köstliche Segnungen werden uns im Land der Herrlichkeit zuteilwerden.

»Seine Knechte werden ihm dienen.« Keine anderen Herren sollen uns bedrücken, kein anderer Dienst soll uns beschweren. Wir sollen Jesus allezeit, vollkommen, ohne Ermüdung und ohne Irrtum dienen. Das ist für ein Gotteskind der Himmel, in allen Dingen dem Herrn Jesus zu dienen und von ihm als sein Knecht anerkannt zu werden.

»Und sie werden sehen sein Angesicht.« Das macht uns den Dienst zur Freude; ja, es ist der greifbare Lohn des Dienstes. Wir sollen unseren Herrn kennen, denn wir sollen ihn sehen, wie er ist. Das Angesicht Jesu sehen, ist das größte Vorrecht, um das der treueste Knecht des Herrn bitten kann. Gibt es etwas Größeres, worum wir bitten könnten, als »lass mich deine Herrlichkeit sehen!«?

»Und sein Name wird an ihren Stirnen sein.« Sie schauen ihren Herrn so lange an, bis sein Name auf ihren Stirnen zu lesen ist. Sie sind von ihm anerkannt, und sie erkennen ihn an. Das geheime Zeichen der inwendigen Gnade wird zum öffentlichen Erkennungszeichen einer besiegelten Verbindung.

Herr, lass diese drei Dinge schon hier für uns beginnen, damit wir sie in deiner himmlischen Wohnung einmal in ihrer Fülle besitzen!

28. Oktober

Es soll ihnen vergeben sein, denn es ist eine Unwissenheit.

4. Mose 15,25

Aus Unwissenheit nehmen wir unsere Sünden der Unwissenheit gar nicht völlig wahr. Aber wir können gewiss sein, dass sie zahlreich sind, die Tatsünden wie auch die Unterlassungssünden. Wir mögen in aller Aufrichtigkeit meinen, Gott einen Dienst zu tun mit etwas, das er nie geboten hat und nie annehmen kann.

Der Herr kennt alle diese Sünden der Unwissenheit. Das kann uns durchaus erschrecken, weil er in seiner Gerechtigkeit diese Übertretungen von unserer Hand fordern muss; aber auf der anderen Seite erspäht der Glaube darin einen Trost, denn Gott wird dafür sorgen, dass auch die Flecken, die wir nicht wahrnehmen, weggewaschen werden. Er sieht die Sünde, damit er aufhören kann, sie zu sehen, indem er sie hinter sich wirft.

Unser großer Trost ist der, dass Jesus, der wahre Priester, eine Versöhnung zustande gebracht hat für die ganze Gemeinde der Gläubigen. Diese Versöhnung sichert die Vergebung auch unbekannter Sünden. Sein teures Blut reinigt uns von aller Sünde. Ob unsere Augen sie gesehen und darüber geweint haben oder nicht, Gott hat sie gesehen, Christus hat sie gesühnt, der Heilige Geist bezeugt die Vergebung, und so haben wir einen dreifachen Frieden.

Himmlischer Vater, ich preise dein göttliches Wissen, das nicht nur meine Missetaten sieht, sondern auch eine Sühne vorgesehen hat, die mich von ihrer Schuld befreit, noch ehe ich weiß, dass ich schuldig bin!

Ich will eine Scheidung setzen zwischen meinem und deinem Volk, morgen soll das Zeichen geschehen.

2. Mose 8,19

Pharao hat ein Volk, und der Herr hat ein Volk. Sie mögen zusammenwohnen, und es mag scheinen, dass es ihnen gleich ergeht; aber es ist eine Scheidung zwischen ihnen, die wird der Herr offenbar machen. Nicht für immer soll dasselbe Geschick sie alle treffen, sondern es soll ein großer Unterschied sein zwischen der Welt und dem auserwählten Volk Gottes.

Das kann in Zeiten des Gerichts geschehen, in denen der Herr zum Heiligtum der Seinen wird. Sehr deutlich erkennbar ist es bei der Bekehrung der Glaubenden, wenn ihre Sünde fortgenommen wird, während die Ungläubigen verurteilt bleiben. Von diesem Augenblick an werden sie zu einem besonderen Volk, kommen unter eine neue Zucht und empfangen neue Segnungen. Ihre Häuser sind von nun an frei von den lästigen Plagen, von denen die Ägypter verunreinigt und gequält werden. Sie werden bewahrt vor der Befleckung der Lust, dem Biss der Sorge, der Fäulnis der Falschheit und der grausamen Qual des Hasses, von denen viele Familien verschlungen werden.

Sei versichert, du angefochtener Christ, dass du trotz all deiner Leiden bewahrt wirst vor dem Ansturm schlimmerer Leiden, die die Häuser und Herzen der Diener des Fürsten dieser Welt verseuchen. Der Herr hat eine Scheidung gesetzt; sieh zu, dass du diese Scheidung aufrechterhältst in deinem Geist, in deinen Zielen, in deinem Charakter und in deinem Umgang!

30. Oktober

Ich will reines Wasser über euch sprengen, dass ihr rein werdet; von all eurer Unreinigkeit und von allen euren Götzen will ich euch reinigen.

Hesekiel 36,25

Welch übergroße Freude! Er, der uns durch das Blut Jesu erlöst hat, will uns heiligen durch das Wasser des Heiligen Geistes. Gott hat es gesagt, und darum wird es geschehen: »Ihr sollt rein sein.« Herr, wir spüren und betrauern unsere Unreinheit, aber es macht uns so froh, aus deinem Mund die Versicherung zu hören, dass wir rein werden sollen. Wenn du das doch bald geschehen ließest!

Er will uns von unseren schlimmsten Sünden befreien. Die Auflehnung des Unglaubens, die fleischlichen Lüste, die wider die Seele streiten, die schändlichen Gedanken des Stolzes und die Eingebungen Satans, den heiligen Namen zu lästern, all das soll so hinweggetan werden, dass es niemals wiederkehrt.

Er will uns auch von all unseren Götzen, den goldenen und den irdenen, reinigen. Unsere unreine Liebe und unsere unmäßige Liebe zu dem, was an sich rein ist, soll uns aus dem Herzen gerissen werden und von dem, was wir vergöttert haben, will er uns losreißen.

Gott selbst sprach hier von dem, was er tun will; deshalb ist dieses Wort begründet und gewiss, und wir dürfen kühn erwarten, was er uns verbürgt. Die Reinigung ist ein Segen des Bundes, den Gott mit uns geschlossen hat, und dieser Bund ist in allen Dingen wohlgeordnet und sicher.

**Ich werde nicht sterben, sondern leben
und des Herrn Werke verkündigen.**

Psalm 118,17

Eine stärkende Gewissheit! Sie gründete sich ohne Zweifel auf eine Verheißung, die dem Psalmisten leise ins Herz geflüstert wurde und die er freudig in Anspruch nahm. Darf ich reden wie er? Bin ich niedergedrückt, weil der Feind mich beleidigt? Stehen große Heere gegen mich und nur wenige auf meiner Seite? Gebietet der Unglaube mir, mich niederzulegen und in Verzweiflung zu sterben, weil ich ein besiegter, entehrter Mensch bin? Fangen meine Feinde an, mir das Grab zu schaufeln?

Was soll ich tun? Soll ich den Einflüsterungen der Furcht folgen, den Kampf und damit alle Hoffnung aufgeben? Auf keinen Fall! Noch ist Leben in mir! »Ich werde nicht sterben.« Die Kraft wird wiederkehren, und meine Schwäche wird schwinden. »Ich werde leben.« Der Herr lebt, und ich werde auch leben. Mein Mund soll wieder aufgetan werden. »Ich werde das Werk des Herrn verkünden.« Ja, ich werde von den gegenwärtigen Leiden sprechen als von einem neuen Beispiel der wunderwirkenden Treue und Liebe des Herrn, meines Gottes. Die Leute, die gerne Maß für meinen Sarg nehmen möchten, täten besser, ein wenig zu warten; denn »der Herr züchtigt mich wohl, aber er gibt mich dem Tode nicht preis«. Ehre sei seinem Namen ewiglich! Ich werde nicht sterben, bis mein Werk getan ist. Bis der Herr es will, kann keine Gruft sich über mir schließen.

1. November

Getreu ist er, der euch ruft; er wird's auch tun.

1. Thessalonicher 5,24

Was will er tun? Er will uns ganz heiligen. Schaut den vorhergehenden Vers an! Er wird das Werk der Reinigung fortsetzen, bis wir in jeder Beziehung vollkommen sind. Er wird bewahren »unseren Geist ganz, samt Seele und Leib, unsträflich auf die Zukunft unseres Herrn Jesus Christus«. Er wird es nicht zulassen, dass wir aus der Gnade fallen oder unter die Herrschaft der Sünde kommen. Welch große Gnade! Wir haben alle Ursache, den Geber so unaussprechlicher Gaben anzubeten.

Wer will das tun? Der Herr, der uns berufen hat, aus der Finsternis zu seinem wunderbaren Licht, aus dem Tod in der Sünde zum ewigen Leben in Christus Jesus. Nur er kann es tun; eine so vollkommene Bewahrung kann nur vom Gott aller Gnade kommen.

Warum will er es tun? Weil er treu ist, treu seiner eigenen Verheißung, die die Rettung des Glaubenden verbürgt; treu seinem Sohn, dessen Lohn es ist, dass sein Volk ihm fehlerlos übergeben wird; treu dem Werk, das er durch unsere Berufung in uns angefangen hat. Die Kinder Gottes bauen nicht auf ihre eigene Treue, sondern auf die Treue des Herrn.

Komm, meine Seele, hier ist ein großartiges Fest, um einen trüben Monat zu beginnen! Mögen draußen Nebel ziehen, drinnen soll die Sonne scheinen!

**Er wird kein Gutes mangeln lassen
denen, die aufrichtig wandeln.**

Psalm 84,12

Der Herr mag uns manches Angenehme mangeln lassen, aber kein Gutes. Er weiß am besten, was für uns gut ist. Manche Dinge sind zweifellos gut, und wir können sie haben, wenn wir durch Jesus Christus, unsern Herrn, um sie bitten. Heiligung ist etwas Gutes, und er will sie in uns wirken. Er wird uns gern den Sieg über böse Neigungen, Heftigkeit des Temperaments und schlechte Gewohnheiten schenken, und wir sollten freimütig darum bitten.

Volle Heilsgewissheit will er gewähren und innige Gemeinschaft mit ihm; er will uns in alle Wahrheit führen und uns mit zuversichtlicher Kühnheit vor den Gnadenthron treten lassen. Wenn wir das alles nicht haben, so liegt das daran, dass uns der Glaube zum Empfangen fehlt, nicht Gott die Bereitschaft zum Geben. Himmlische Ausgeglichenheit, große Geduld und innige Liebe, das alles will er denen geben, die ernsthaft danach verlangen.

Beachtet auch, dass wir »aufrichtig wandeln müssen«. Wir dürfen keine krummen Wege gehen, nicht heucheln und betrügen. Wenn wir unredlich sind, kann Gott uns nicht beschenken, denn damit würde er die Sünde belohnen. Lauterkeit ist der Weg zum himmlischen Reichtum, und dieser Reichtum schließt alles Gute ein.

Auf welch eine Verheißung darf sich unser Gebet berufen! Lasst uns auf die Knie fallen!

3. November

Die Weissagung wird ja noch erfüllt werden zu seiner Zeit und wird endlich frei an den Tag kommen und nicht ausbleiben. Ob sie aber verzieht, so harre ihrer: sie wird gewiss kommen und nicht verziehen.

Habakuk 2,3

Es mag so aussehen, als ließe die Barmherzigkeit lange auf sich warten, aber sie kommt gewiss. Gott hat in unfehlbarer Weisheit eine Zeit für sein gnädiges Eingreifen gesetzt, und Gottes Zeit ist die beste Zeit. Wir haben es eilig; der Gedanke an den kommenden Segen vertieft unser Verlangen und erhöht unsere Ungeduld; aber der Herr ist pünktlich. Er kommt nie zu früh und nie zu spät.

Hier ist vom Wort Gottes als von etwas Lebendigem die Rede, das sprechen kann und kommen wird. Es ist niemals ein toter Buchstabe, wie wir versuchten zu glauben, wenn wir lange auf seine Erfüllung warten müssen. Das lebendige Wort ist unterwegs von dem lebendigen Gott, und es hält sich nicht auf, wenn es manchmal auch so scheint. Gottes Zug hat keine Verspätung. Mit ein wenig Geduld werden wir uns bald von der Treue des Herrn überzeugen können. Keine seiner Verheißungen soll unerfüllt bleiben. Keine soll im Schweigen untergehen; sie soll sprechen. Wie viel Trost wird sie dem Gläubigen zusprechen! Gott wird keine seiner Verheißungen erneuern müssen wie einen Wechsel, der nicht am Fälligkeitstag bezahlt werden konnte.

Kannst du nicht auf deinen Gott warten, meine Seele? Ruhe in ihm und sei stille in unaussprechlichem Frieden!

**So spricht der Herr: Macht hier und da Gräben
an diesem Bach! Denn so spricht der Herr:
Ihr werdet keinen Wind noch Regen sehen;
dennoch soll der Bach voll Wasser werden, dass
ihr und euer Gesinde und euer Vieh trinket.**

2. Könige 3,16.17

Drei Heere waren nahe daran zu verdursten; da griff der Herr ein. Er schickte weder Wolken noch Regen und versorgte sie doch reichlich mit Wasser. Er ist nicht von gewöhnlichen Mitteln abhängig, sondern kann sein Volk durch neue Wege der Weisheit und Macht überraschen. Auf diese Weise sehen wir das Eingreifen Gottes deutlicher, als es bei dem gewöhnlichen Hergang der Fall gewesen wäre. Wenn der Herr uns auch nicht so erscheint, wie wir es erwarten oder wünschen oder voraussetzen, will er doch auf die eine oder andere Art für uns sorgen. Es ist ein großer Segen für uns, wenn unser Blick von den natürlichen Ursachen abgelenkt und auf das Angesicht des großen ersten Urhebers gerichtet wird.

Haben wir heute die Gnade, Gräben zu ziehen, in denen der göttliche Segen fließen kann? Allzu oft legen wir keinen wahren und praktischen Glauben an den Tag! Lasst uns heute nach Gebetserhörungen Ausschau halten! Wie das Kind, das einen Regenschirm zur Versammlung mitnahm, in der um Regen gebetet werden sollte, so lasst uns wahrhaft und praktisch erwarten, dass der Herr uns segnen wird. Lasst uns viele Gräben ziehen, damit sie alle gefüllt werden!

5. November

**Ich will nicht immerdar hadern und nicht ewiglich
zürnen; sondern es soll von meinem Angesicht
ein Geist wehen, und ich will Odem machen.**

Jesaja 57,16

Unser himmlischer Vater möchte uns unterweisen. Er
will nicht unsern Untergang. Er hadert in freundlicher
Absicht mit uns. Er will nicht immer mit uns streiten.
Wir meinen, die Züchtigung des Herrn daure lange;
aber das liegt daran, dass unsere Geduld so kurz ist. Seine Barmherzigkeit währt ewig, nicht sein Hader. Die
Nacht mag sich ermüdend lange hinziehen, aber endlich muss sie einem heiteren Tag weichen. Wie der Hader nur eine Zeit lang anhält, so dauert der Zorn, der ihn
verursacht hat, nur einen kleinen Augenblick. Der Herr
liebt seine Erwählten zu sehr, als dass er ständig zornig
auf sie sein könnte. Wenn er immer so mit uns umgin-
ge, wie er es zuweilen tut, würden wir völlig zusam-
menklappen und hoffnungslos ins Grab sinken. Mut,
liebes Herz, der Herr wird nicht mehr lange schelten.
Trage es, denn der Herr will dich tragen und hindurchtragen. Der dich geschaffen hat, weiß, wie schwach du
bist und wie wenig du tragen kannst. Er wird zart mit
denen umgehen, die er als gebrechliche Wesen geschaffen hat. Sei nicht bange wegen der schmerzvollen Gegenwart, denn sie eilt einer glücklichen Zukunft entgegen! Der dich schlug, wird dich heilen; seinem kleinen
Zorn werden große Gnaden folgen.

**Habe deine Lust am Herrn; der wird dir
geben, was dein Herz wünscht.**

Psalm 37,4

Freude an Gott hat verwandelnde Kraft und hebt den
Menschen über die groben Wünsche der gefallenen Natur hinaus. Freude am Herrn ist nicht nur süß an sich,
sondern sie verwandelt das ganze Sehnen des Herzens
so, dass der Herr sicher verheißen kann, es zu erfüllen.
Ist das nicht eine erhabene Lust, die unsere Wünsche
formt, bis sie den Wünschen Gottes gleich sind?

Unsre törichte Art ist es, uns etwas zu wünschen und
uns dann daranzumachen, uns das Gewünschte zu verschaffen. Wir gehen nicht nach Gottes Art vor, das heißt
wir trachten nicht zuerst nach ihm und erwarten dann,
dass alles andere uns zufalle. Wenn wir unsere Herzen
mit Gott füllen lassen, bis sie vor Freude überfließen,
dann wird der Herr selbst dafür sorgen, dass uns nichts
Gutes fehlt. Statt in der Ferne nach Freude zu suchen,
wollen wir daheim bei Gott bleiben und aus unserer
eigenen Quelle trinken. Er kann mehr für uns tun als
alle unsre Freunde. Es ist besser, sich mit Gott allein
zufriedenzugeben, als umherzulaufen und dem armseligen Kleinkram der Zeit und der Welt nachzulaufen.
Eine Zeit lang mögen wir Enttäuschungen erleben; aber
wenn diese uns dem Herrn näherbringen, sollten wir
unendlich dankbar dafür sein, denn sie werden uns zuletzt die Erfüllung all unsrer lauteren Wünsche bringen.

7. November

Wer sich selbst erhöht, der wird erniedrigt werden.

Lukas 18,14

Es sollte uns nicht schwerfallen, uns zu demütigen; denn was haben wir, worauf wir stolz sein könnten? Wir sollten den niedrigsten Platz einnehmen, ohne dass uns das erst gesagt werden müsste. Wenn wir vernünftig und ehrlich sind, werden wir in unseren eigenen Augen klein sein. Besonders wenn wir im Gebet zu Gott kommen, haben wir nichts aufzuweisen. Wir können nicht von Verdienst sprechen, denn wir haben keines; wir können uns auf nichts anderes berufen als auf die Barmherzigkeit: »Gott, sei mir Sünder gnädig!«

Hier ist ein tröstliches Wort vom Thron Gottes. Wir sollen vom Herrn erhöht werden, wenn wir uns demütigen. Für uns führt der Weg nach oben abwärts. Wenn wir das eigene Ich abgelegt haben, werden wir mit Demut bekleidet, und das ist die beste Tracht. Der Herr will uns erhöhen in Frieden und Fröhlichkeit des Herzens; er will uns erhöhen zur Erkenntnis seines Wortes und zur Gemeinschaft mit ihm; er will uns erhöhen zur Freude an der gewissen Vergebung und Rechtfertigung. Der Herr gibt denen Ehre, die sie zur Verherrlichung des Gebers tragen können. Er gibt Ansehen und Einfluss denen, die dadurch nicht aufgeblasen, sondern erniedrigt werden. Weder Gott noch Menschen werden gern einen Mann erhöhen, der sich selbst erhebt; aber beide tun sich zusammen, um Bescheidenheit zu ehren.

Herr, erniedrige mich in mir, damit ich in dir erhoben werde!

Lass dir an meiner Gnade genügen; denn meine Kraft ist in den Schwachen mächtig.

2. Korinther 12,9

So lässt sich also auch über unsre Schwachheit etwas Gutes sagen: Durch sie wird die göttliche Kraft groß gemacht. Wir hätten vielleicht nie die Macht der Gnade erkannt, wenn wir die Schwachheit der menschlichen Natur nicht gespürt hätten. Gelobt sei der Herr für den Pfahl im Fleisch und den Boten Satans, wenn sie uns zur Kraft Gottes treiben!

Hier haben wir ein köstliches Wort aus dem Munde unseres Herrn. Es hat den Schreiber dieser Zeilen mit großer Freude erfüllt. Gottes Gnade ist genug für mich. Das sollte ich wohl meinen! Ist nicht der Himmel genug für den Vogel und der Ozean genug für den Fisch? Der Allgenugsame genügt für meine größten Bedürfnisse. Er, der für Erde und Himmel genügt, ist gewiss imstande, für einen armen Wurm wie mich zu sorgen.

So wollen wir auf unsern Gott und seine Gnade vertrauen. Wenn er unsern Kummer nicht von uns nimmt, wird er uns fähig machen, ihn zu tragen. Seine Kraft soll uns zuteilwerden, bis der Wurm die Berge dreschen und ein Nichts Sieger sein wird über alle Hohen und Mächtigen. Es ist besser für uns, Gottes Kraft zu haben als unsere eigene; denn wenn wir tausendmal so stark wären, wie wir es sind, so würde das im Angesicht des Feindes nicht ins Gewicht fallen; und wenn wir schwächer wären, als wir sind – das kaum möglich ist –, so vermögen wir doch alles durch den, der uns mächtig macht, Jesus Christus.

9. November

**Ich will unter euch wandeln und will euer
Gott sein; so sollt ihr mein Volk sein.**

3. Mose 26,12

Dass der Herr ein Volk hat, ist ein köstlicher Gedanke; aber zu wissen, dass wir es sind, ist ungemein tröstlich. Es ist eine Sache, zu hoffen, dass Gott bei uns ist, und eine andere Sache, es zu wissen. Der Glaube rettet uns, aber die Heilsgewissheit macht uns glücklich. Wir nehmen Gott als unsern Herrn an, wenn wir an ihn glauben; aber die Freude in ihm erfahren wir erst, wenn wir wissen, dass er unser ist und dass wir sein sind. Kein Christ darf sich mit Hoffen und Meinen zufriedengeben, er sollte den Herrn bitten, ihm völlige Heilsgewissheit zu geben, sodass sich das Hoffen in Wissen verwandelt.

Wenn uns die Segnungen des Heils zuteilwerden und wir unsern Herrn Jesus im Glauben als unseren Mittler erfassen, erkennen wir Gottes große Barmherzigkeit. Nicht durch das Gesetz, sondern durch die Gnade lernen wir, dass wir sein Volk sind. Unser Blick muss immer auf die freie Gnade gerichtet sein. Glaubensgewissheit kommt nie durch Werke des Gesetzes. Sie ist eine Kraft, die aus dem Evangelium stammt, und sie kann uns nur durch das Evangelium zuteilwerden. Lasst uns nicht in uns hineinschauen, sondern allein auf den Herrn blicken! In dem Maß, wie wir Jesus erkennen, werden wir unser Heil schauen. Herr, schicke uns eine solche Hochflut deiner Liebe, dass wir über allen Schlamm des Zweifels und der Furcht emporgetragen werden!

Er wird deinen Fuß nicht gleiten lassen.

Psalm 121,3

Wenn der Herr es nicht zulässt, können weder Menschen noch Teufel es bewerkstelligen. Wie sehr würden sie sich freuen, wenn sie uns schmachvoll zu Fall bringen, uns aus unsrer Stellung vertreiben, uns begraben und unser Andenken auslöschen könnten! Das könnten sie nach Herzenslust tun, gäbe es nicht ein Hindernis, und nur dieses eine: Der Herr wird es nicht geschehen lassen; und wenn er es nicht leidet, werden wir es nicht erleiden.

Unser Lebensweg gleicht einer Reise in die Alpen. Auf den Bergpfaden ist man ständig in Gefahr auszugleiten. Führt der Weg hoch hinauf, wird der Kopf leicht schwindelig, und die Füße gleiten schnell. Es gibt Stellen, die glatt sind wie Eis, und andere, wo das Geröll locker sitzt, und so ist ein Fall schwer zu vermeiden. Wer das ganze Leben hindurch imstande gewesen ist, sich aufrecht zu halten und ohne Straucheln zu gehen, hat allen Grund zur Dankbarkeit. Bei den vielen Fallgruben und Schlingen, schwachen Knien, müden Füßen und schlauen Feinden könnte kein Kind Gottes auch nur eine Stunde lang fest stehen, wäre nicht die treue Liebe da, die seinen Fuß nicht gleiten lassen will.

»Ob tausend Schlingen mich umgeben,
mich hält und hütet deine Hand;
die wird mich führen durch das Leben,
die teure Hand – des Heilands Hand!«

11. November

**Denn die Sünde wird nicht herrschen können
über euch, sintemal ihr nicht unter dem
Gesetze seid, sondern unter der Gnade.**

Römer 6,14

Die Sünde will herrschen, sie gibt sich mit keinem
geringeren Platz als dem Thron des Herzens zufrieden. Manchmal fürchten wir, dass sie uns überwinden
könnte, und dann rufen wir zum Herrn: »Lass kein
Unrecht über mich herrschen!« Hier ist seine tröstliche Antwort: »Die Sünde wird nicht herrschen können
über euch.« Sie mag euch angreifen, sie mag euch verwunden, aber sie soll nie die Herrschaft über euch gewinnen.

Wären wir unter dem Gesetz, so würde die Sünde
Kraft sammeln und über uns Macht gewinnen, denn
die Strafe der Sünde besteht darin, dass der Mensch unter die Macht der Sünde gerät. Da wir aber unter dem
Gnadenbund leben, bewahrt uns die sichere Zusage des
Bundes davor, den lebendigen Gott zu verlassen. Uns
ist Gnade verheißen, durch die wir von unsern Irrwe-
gen zurückgebracht, von unsern Unreinheiten gereinigt
und von den Ketten übler Gewohnheiten befreit werden. Vielleicht würden wir uns verzweifelt niederlegen
und uns damit abfinden, »den Ägyptern zu dienen«,
wenn wir wie Sklaven arbeiten müssten, um das ewige
Leben zu verdienen; aber da wir die Freien des Herrn
sind, fassen wir Mut, gegen unsere Verderbtheit und
unsere Versuchungen anzukämpfen, in der Gewissheit,
dass die Sünde uns nie wieder in ihre Gewalt bringen
soll. Gott selbst gibt uns den Sieg durch unsern Herrn
Jesus Christus; dem sei Ehre von Ewigkeit zu Ewigkeit.
Amen.

Mein Volk soll zufrieden sein mit meiner Güte, spricht der Herr.

Jeremia 31,14

Beachtet das zweimalige »Mein«: »Mein Volk soll zufrieden sein mit meiner Güte.« Die Menschen, die mit Gott zufrieden sind, werden hier als Gottes Eigentum bezeichnet. Er hat an ihnen Gefallen, denn sie haben an ihm Gefallen. Sie nennen ihn ihren Gott, und er nennt sie sein Volk; er bekennt sich gern zu ihnen, und sie bekennen sich gern zu ihm. Es ist eine wechselseitige, froh machende Gemeinschaft zwischen dem Volk Gottes und dem Gott seines Volkes.

Diese Menschen sind zufrieden. Das ist etwas Großes. Wenige Menschenkinder sind je zufrieden, wie es ihnen auch geht; sie haben einen Blutegel verschluckt, und der schreit unaufhörlich: »Gib! Gib!« Nur geheiligte Seelen sind zufriedene Seelen. Gott selber muss uns bekehren und uns Zufriedenheit schenken.

Es ist kein Wunder, dass das Volk des Herrn mit der Güte seines Herrn zufrieden ist. Es ist Güte ohne Beimischung, Freigebigkeit ohne Einschränkung, Barmherzigkeit ohne Hadern, Liebe ohne Wandel, Wohlwollen ohne Vorbehalt. Wenn Gottes Güte uns nicht zufrieden macht, was sollte dann dazu imstande sein? Seufzen wir immer noch? Dann ist gewiss ein unrechter Wunsch in unserm Herzen, den Gottes Güte nicht zufriedenstellen darf.

Herr, ich bin zufrieden! Gelobt sei dein Name!

13. November

**Er umfing ihn und hatte acht auf ihn; er
behütete ihn wie seinen Augapfel.**

5. Mose 32,10

Der Herr ist der Hüter seines Volkes. Der Augapfel
ist eins unserer Organe, das am empfindlichsten ist;
so peinlich, wie wir auf ihn achten, will Gott auf uns
achten. Er hört nie auf, das Haus und das Herz seines
Volkes zu bewachen. Das ist für uns Grund genug, in
vollkommenem Frieden zu ruhen. Alexander der Große sagte, er schliefe, weil sein Freund Parmenio wache;
wie viel mehr dürfen wir schlafen, weil unser Gott unsre Wache ist.

Lasst uns dieser tröstlichen Wahrheit unsre ganze Aufmerksamkeit schenken und ohne Sorge ruhen.
Wenn niemand uns verteidigt, will der Herr selbst unser Haupt bedecken.

Der Herr behütet sein Volk, wie ein reicher Mann seinen Schatz behütet, wie ein Befehlshaber seine Stadt
mit einer Besatzung behütet, wie eine Schildwache ihren Herrscher bewacht. Niemand kann denen schaden,
die in solcher Hut sind. So will ich meine Seele in seine
teuren Hände legen. Er vergisst uns nie, hört nie auf, für
uns zu sorgen. »Hast du nicht dieses verspüret?«

Mein Herr, behüte mich weiter, damit ich mich nicht
verirre oder falle oder umkomme! Halte mich, damit
ich deine Gebote halte! Durch deine unermüdliche Sorge verhüte, dass ich schlafe wie der Faule und umkomme wie die, die den Todesschlaf schlafen.

**Was ihr bitten werdet in meinem
Namen, das will ich tun.**

Johannes 14,14

Welch eine weitreichende Verheißung! »Was« steht da:
Ob groß oder klein, alle meine Bedürfnisse sind in diesem »Was« enthalten. Komm, meine Seele, fühle dich
frei vor dem Gnadenthron und höre deinen Herrn zu
dir sagen: »Tue deinen Mund weit auf, lass mich ihn
füllen!«

Welch eine weise Verheißung! Wir sollen immer im
Namen Jesu bitten. Das ermutigt uns, und zugleich ehrt
es ihn. Das ist ein unverbrüchlicher Rechtsanspruch.
Zuweilen ist ein Rechtsanspruch verdunkelt, besonders wenn es sich um unser Verhältnis zu Gott oder um
unsre Erfahrung seiner Gnade handelt; aber auch dann
ist Jesu Name so mächtig wie eh und je am Thron Gottes, dass wir ihn mit voller Zuversicht geltend machen
können.

Welch eine lehrreiche Verheißung! Ich darf nicht um
etwas bitten, unter das ich nicht Christi eigenes Siegel
setzen kann. Ich darf nicht wagen, den Namen meines
Herrn bei einer selbstsüchtigen oder eigenwilligen Bitte zu gebrauchen. Ich darf ihn nur bei Gebeten benutzen, die er selber beten würde, wenn er an meiner Stelle wäre. Es ist ein hohes Vorrecht, ermächtigt zu sein,
im Namen Jesu zu bitten, als wenn Jesus selber es täte.
Aber unsere Liebe zu ihm wird uns nie erlauben, seinen
Namen unter etwas zu setzen, worunter er selbst ihn
nicht gesetzt hätte.

Bitte ich um das, was Jesus billigt? Darf ich sein Siegel unter mein Gebet drücken? Dann ist mir das sicher,
worum ich den Vater bitte.

15. November

Mein Gott wird erfüllen alle eure Notdurft nach seinem Reichtum in der Herrlichkeit in Christo Jesu.

Philliper 4,19

Der Gott des Paulus ist unser Gott, er will all unsre Notdurft erfüllen. Paulus war dessen gewiss im Blick auf die Philipper, und wir sind dessen gewiss in Bezug auf uns selbst. Gott will es tun, denn das entspricht seinem Wesen. Er liebt uns, er freut sich, uns zu segnen, und es wird ihn verherrlichen, wenn er es tut. Sein Mitleid, seine Macht, seine Liebe, seine Treue, alles wirkt zusammen, damit wir keinen Mangel leiden.

Mit welchem Maßstab misst der Herr? »Nach seinem Reichtum in der Herrlichkeit in Christo Jesu.« Der Reichtum seiner Gnade ist groß, aber was sollen wir vom Reichtum seiner Herrlichkeit sagen? Und nun erst sein Reichtum in der Herrlichkeit in Christus Jesus, wer kann seine Fülle ermessen? Nach diesem unendlichen Maß will Gott den Abgrund unserer Notdurft füllen. Er macht den Herrn Jesus zum Behälter und zum Kanal seiner Fülle, und dann schenkt er uns den Reichtum seiner Liebe in ihrer höchsten Form.

Der Schreiber dieser Zeilen weiß, was es heißt, im Werk des Herrn geprüft zu werden. Treue ist mit Zorn belohnt worden, und freigebige Helfer haben ihre Beiträge eingestellt; aber der, den sie zu unterdrücken suchten, ist deshalb keinen Pfennig ärmer geworden, eher noch reicher, denn die Verheißung hat sich als wahr erwiesen: »Mein Gott wird erfüllen alle eure Notdurft.« Gottes Versorgung ist sicherer als alle Banken.

Einer jeglichen Waffe, die wider dich zubereitet wird, soll es nicht gelingen; und alle Zunge, so sich wider dich setzt, sollst du im Gericht verdammen.

Jesaja 54,17

In den Schmieden und Werkstätten der Feinde hört man ein großes Gerassel. Sie schmieden Waffen, um die Kinder Gottes damit zu schlagen. Aber nicht einmal das könnten sie tun, wenn der Herr es ihnen nicht erlaubte; denn er hat den Schmied geschaffen, der die Kohlen im Feuer anbläst. Aber seht, wie geschäftig sie arbeiten! Wie viele Schwerter und Speere sie herstellen! Lasst sie nur, denn auf der Klinge jeder Waffe könnt ihr die Inschrift lesen: »Es soll nicht gelingen.«

Aber jetzt horcht auf ein anderes Geräusch: Es ist der Streit der Zungen. Zungen sind schlimmere Werkzeuge als die, die mit Hammer und Amboss gemacht werden können, und das Übel, das sie verursachen, ist gefährlicher und verbreitet sich schneller. Was wird jetzt aus uns werden? Verleumdung, Falschheit, Verdächtigung, Spott sind ihre vergifteten Pfeile; wie können wir uns vor ihnen schützen? Der Herr, unser Gott, verheißt uns, dass, wenn wir sie nicht zum Schweigen bringen können, wir wenigstens nicht von ihnen zugrunde gerichtet werden sollen. Sie verdammen uns für den Augenblick, aber wir werden sie zuletzt für immer verdammen. Den Lügnern soll der Mund gestopft werden, und ihre Falschheiten sollen für die Guten, die unter ihnen gelitten haben, in Ehre verwandelt werden.

17. November

**Denn der Herr wird sein Volk nicht
verstoßen noch sein Erbe verlassen.**

Psalm 94,14

Nein, er wird auch nicht einen von ihnen verstoßen.
Die Menschen haben ihre Ausgestoßenen, Gott hat keine, denn seine Wahl ist unabänderlich und seine Liebe
ewig. Niemand kann einen Menschen finden, den Gott
verlassen hat, nachdem er sich ihm offenbart hatte.

Der Psalm erwähnt diese große Wahrheit, um das
Herz der Betrübten froh zu machen. Der Herr züchtigt
die Seinen, aber er verlässt sie nie. Die Anwendung von
Gesetz und Rute dient uns zur Unterweisung, und die
Frucht dieser Unterweisung ist eine Beruhigung des
Geistes, eine Besonnenheit der Seele, aus der Friede
kommt. Die Gottlosen bleiben sich selbst überlassen,
bis die Grube gegraben ist, in die sie fallen und in der
sie gefangen werden; aber die Gottesfürchtigen werden
in die Schule geschickt, damit sie für ihre herrliche zukünftige Bestimmung vorbereitet werden. Das Gericht
wird zurückkehren und sein Werk an den Empörern
vollenden; aber es wird auch zurückkehren, um die
Aufrichtigen und Gottesfürchtigen zu rechtfertigen.
Deshalb lasst uns die Rute der Züchtigung mit gelassener Unterwerfung tragen; sie bedeutet nicht Zorn,
sondern Liebe.

»Gott stäupet sie als Sünder
und liebt sie doch als Kinder;
er macht sie voller Schmerz,
er schlägt zu manchen Stunden
in ihre Seele Wunden
und heilt doch ihr verwundtes Herz.«

**Der Herr ist mein Licht und mein Heil; vor wem
sollte ich mich fürchten! Der Herr ist meines
Lebens Kraft; vor wem sollte mir grauen!**

Psalm 27,1

Eine der besten Methoden des Herrn, sein Volk zu verteidigen, ist die, dass er es innerlich stark macht. Männer sind besser als Mauern, und der Glaube ist stärker als Burgen.

Der Herr kann den Schwächsten unter uns nehmen und ihn wie David zum Helden seines Volkes machen. Herr, tue das mit mir! Verleihe mir deine Kraft und fülle mich mit heiligem Mut, dass ich dem Riesen im Vertrauen auf dich mit Schleuder und Stein entgegentrete!

Der Herr kann seine stärksten Kämpfer noch mächtiger machen, als sie sind. Er selbst will ihre Stärke sein. Er will ihnen nicht nur Kraft geben, nein, er selbst will ihr Licht und ihre Kraft sein! Herr, tue das mit unseren führenden Männern! Zeige uns, wozu du fähig bist, nämlich deinen treuen Dienern einen Grad von Gnade und Heiligkeit zu verleihen, die mehr als menschlich ist.

Herr, wohne in deinen Kindern, und sie werden dir ähnlich sein; erfülle sie mit deiner Kraft, und sie werden jenen Weisen gleichen, die vor Gottes Angesicht wohnen. Lass diese Verheißung in unseren Tagen um Jesu willen an deiner ganzen Gemeinde Wirklichkeit werden.

19. November

Von diesem Tag an will ich Segen geben.

Haggai 2,19

Zukünftige Dinge sind vor uns verborgen. Aber hier ist ein Spiegel, in dem wir die ungeborenen Jahre sehen können. Der Herr sagt: »Von diesem Tag an will ich Segen geben.«

Es lohnt, den Tag zu beachten, auf den diese Verheißung sich bezieht. Es hatte Missernten, Dürre und Brandkorn gegeben, und das alles um der Sünde des Volkes willen. Nun sah der Herr, dass die Gezüchtigten anfingen, seinem Wort zu gehorchen und seinen Tempel zu bauen, und deshalb sprach er: »Von dem Tag, da der Tempel des Herrn gegründet ist, schauet darauf ..., von diesem Tag an will ich Segen geben.« Wenn wir in einer Sünde gelebt haben und der Heilige Geist uns dahin führt, uns von ihr loszusagen, können wir auf den Segen des Herrn rechnen. Er wird sein Wohlgefallen, seinen Geist, seine Gnade, die vollere Offenbarung seiner Wahrheit in immer größeren Wellen über uns ausgießen. Vielleicht werden wir um unserer Treue willen stärkeren Widerstand von Menschen erfahren, aber wir sollen erhoben werden in innigere Gemeinschaft mit dem Herrn, unserem Gott, und deutlicher erkennen, dass er uns angenommen hat.

Herr, ich bin entschlossen, dir treuer zu sein und deine Lehren und Vorschriften sorgfältiger zu befolgen; deshalb bitte ich dich durch Jesus Christus, mein tägliches Leben heute und allezeit zu segnen!

**Er sättigt die durstige Seele und füllt
die hungrige Seele mit Gutem.**

Psalm 107,9

Es ist gut, Sehnsucht zu haben. Je inniger sie ist, desto besser. Der Herr will das Sehnen der Seele sättigen, so groß und überwältigend es auch sein mag. Lasst uns viel Sehnsucht haben, denn Gott will viel geben! Wir sind nie im rechten Seelenzustand, wenn wir mit uns zufrieden und frei von Sehnsucht sind. Das Verlangen nach mehr Gnade und das unaussprechliche Seufzen sind die Schmerzen des Wachstums, und wir sollten uns wünschen, sie immer mehr zu spüren. Heiliger Geist, lehre uns seufzen und rufen nach besseren Dingen und noch mehr nach den besten Dingen!

Hunger ist eine keineswegs angenehme Empfindung. Doch selig sind, die da hungert und dürstet nach der Gerechtigkeit. Gott will den Hunger solcher Menschen nicht mit ein wenig Speise lindern, sondern er will sie sättigen. Sie sollen nicht mit irgendeiner derben Kost vollgestopft werden, sondern ihre Speise wird ihres guten Herrn würdig sein, denn sie werden mit der Güte des Herrn selbst gespeist werden.

Kommt, lasst uns nicht klagen, weil wir schmachten und hungern, sondern lasst uns die Stimme des Psalmisten vernehmen, wie auch er sich sehnt und danach verlangt, Gott erhöht zu sehen! Die Menschen sollen dem Herrn danken für seine Güte und für seine Wunder, die er an den Menschenkindern tut!

21. November

Blickt auf mich, so werdet ihr errettet, all ihr Enden der Erde; denn ich bin Gott, und keiner mehr.

Jesaja 45,22

Das ist die Verheißung der Verheißungen. Sie bildet die Grundlage unseres geistlichen Lebens. Die Errettung kommt durch einen Blick auf ihn, der ein gerechter Gott und Heiland ist. Wie einfach ist die Anweisung: »Blickt auf mich!« Wie vernünftig ist diese Forderung! Ganz recht, das Geschöpf sollte auf den Schöpfer blicken. Wir haben lange genug woanders hingeguckt, nun ist es Zeit, dass wir auf ihn allein blicken, der uns hoffen lässt und verheißt, uns unser Heil zu geben.

Nur ein Blick! Wollen wir nicht unverzüglich auf ihn blicken?

Wir sollen nichts bringen, sondern aufblicken zu unserem Herrn auf seinem Thron, wohin er vom Kreuz erhöht wurde. Ein Blick braucht keine Vorbereitung, keine gewaltsame Anstrengung. Weder Witz noch Weisheit, weder Reichtum noch Kraft sind dazu nötig. Alles, was uns nottut, ist in dem Herrn, unserm Gott, vorhanden, und wenn wir alles von ihm erwarten, soll es uns zuteilwerden, und wir sollen gerettet sein.

Kommt, ihr Fernstehenden, blickt hierher! Ihr Enden der Erde, wendet eure Augen zu ihm. Wie von den entlegensten Gegenden die Menschen die Sonne sehen und sich ihrer freuen können, so könnt ihr, die ihr am Rande des Todes, dicht vor den Pforten der Hölle liegt, durch einen Blick das Licht Gottes empfangen, das Leben des Himmels, die Errettung des Herrn Jesus Christus, der Gott ist und deshalb retten kann.

**Ich vertilge deine Missetaten wie eine Wolke
und deine Sünden wie den Nebel. Kehre
dich zu mir; denn ich erlöse dich.**

Jesaja 44,22

Das ist in der Tat ein herrliches Wort. Welch eine vollkommene Vergebung ist hier dem sündigen Menschen verheißen! Die Sünde soll völlig hinweggenommen werden, dass sie nicht mehr zu finden ist, wie der Nebel von der Sonne verjagt wird, dass keine Spur von ihm zurückbleibt.

Satan sucht nach Sünden, die er uns zur Last legen kann, unsere Feinde suchen sie, um uns zu tadeln, und sogar unser eigenes Gewissen sucht sie mit krankhaftem Eifer. Aber wenn der Herr sie mit seinem teuren Blut zudeckt, fürchten wir uns nicht vor irgendwelchem Nachsuchen, denn es wird keine Sünde da sein, keine wird gefunden werden. Der Herr hat dafür gesorgt, dass die Sünden seines Volkes verschwunden sind. Er hat den Übertretungen ein Ende gemacht und die Sünde getilgt. Das Opfer Jesu hat unsere Sünde tief ins Meer geworfen. Das erfüllt unsere Herzen mit Jubel.

Der Grund für diese Austilgung der Sünde liegt darin, dass Gott seinen Erwählten vergibt. Sein Gnadenwort ist nicht nur königlich, sondern göttlich. Er spricht den Freispruch aus, und wir sind freigesprochen. Er bringt die Versöhnung zustande, und von der Stunde an sind wir von aller Furcht der Verdammnis frei. Gelobt sei der Name des sündetilgenden Gottes!

23. November

**Er, der Herr, dein Gott, wird diese Leute
ausrotten vor dir, einzeln nacheinander.**

5. Mose 7,22

Wir dürfen nicht erwarten, mit einem einzigen Streich
Siege für den Herrn Jesus zu gewinnen. Böse Grundsätze und Gewohnheiten sterben schwer. An manchen Orten gehört jahrelange Arbeit dazu, um auch nur eins der
vielen Laster auszurotten, die die Einwohner beflecken.
Wir müssen den Krieg mit all unserer Kraft fortsetzen,
auch wenn uns nur wenig sichtbarer Erfolg zuteilwird.

Unsere Aufgabe in dieser Welt besteht darin, die Welt
für Jesus zu erobern. Wir sollen keine Vergleiche schließen, sondern Übel ausrotten. Wir sollen nicht Beliebt-
heit suchen, sondern unaufhörlich mit dem Bösen Krieg
führen. Unglaube, Trunksucht, Unzucht, Bedrückung,
Weltlichkeit, Irrtum – all das muss ausgerottet werden.

Das aber kann allein der Herr, unser Gott, vollbringen. Er wirkt durch seinen treuen Diener; und, gelobt
sei sein Name, er verheißt, dass er so wirken will. »Der
Herr, dein Gott, wird diese Leute ausrotten vor dir.«
Er wird das allmählich tun, damit wir Beharrlichkeit
lernen, im Glauben wachsen, ernstlich wachen und
fleischliche Sicherheit meiden. Lasst uns Gott danken
für jeden kleinen Erfolg und um mehr bitten! Aber lasst
uns nicht das Schwert in die Scheide stecken, bevor das
ganze Land für Jesus gewonnen ist!

Mut, mein Herz! Gehe Schritt für Schritt weiter,
denn viele Schritte machen am Ende eine große Entfer-
nung aus.

24. November

Er wird nicht immer hadern noch ewiglich Zorn halten.
Psalm 103,9

Er wird zuweilen hadern, sonst wäre er kein weiser Vater für arme, irrende Kinder, wie wir es sind. Sein Hadern ist sehr schmerzlich für alle, die es treu meinen, denn sie fühlen, wie sehr sie es verdienen und wie unrecht es von ihnen ist, ihn zu betrüben. Wir wissen, was dieses Hadern bedeutet, und wir beugen uns vor dem Herrn und trauern darüber, dass wir ihm Anlass gegeben haben, uns zu zürnen.

Aber wie tröstlich sind diese Zeilen! Nicht immer will er hadern. Wenn wir Buße tun und uns zu ihm wenden mit einem Herzen, das gebrochen ist um der Sünde willen und ihr entsagt hat, wird er sofort freundlich gegen uns sein. Es macht ihm keine Freude, denen, die er von ganzem Herzen liebt, ein strenges Antlitz zu zeigen; ihn freut es, wenn unsere Freude vollkommen ist.

Kommt, lasst uns sein Angesicht suchen! Es ist kein Grund da zum Verzweifeln, nicht einmal zum Verzagen. Lasst uns einen zürnenden Gott lieben! Nicht lange, und wir werden singen: »Dein Zorn hat sich gewendet, und du tröstest mich.« Hinweg, ihr düstren Ahnungen, ihr Raben der Seele! Herein, ihr schlichten Hoffnungen und dankbaren Erinnerungen, ihr Tauben des Herzens! Er, der uns als Richter längst begnadigt hat, will uns wieder als Vater vergeben, und wir sollen uns seiner innigen, unwandelbaren Liebe freuen.

25. November

**Wer bist du, du großer Berg, der doch vor Serubabel
eine Ebene sein muss? Und er soll aufführen den ersten
Stein, dass man rufen wird: Glück zu! Glück zu!**

Sacharja 4,7

Es mag heute ein Berg von Schwierigkeiten, von Traurigkeit oder Not auf unserem Wege liegen, und die natürliche Vernunft mag keinen Pfad über ihn hinweg
oder durch ihn hindurch oder um ihn herum erblicken
können. Dann lasst den Glauben hereinkommen, und
gleich wird der Berg verschwinden und zu einer Ebene
werden. Aber der Glaube muss erst das Wort des Herrn
hören: »Es ist nicht durch Heer oder Kraft, sondern
durch meinen Geist geschehen, spricht der Herr.« Diese große Wahrheit muss im Mittelpunkt stehen, wenn
wir den großen Schwierigkeiten des Lebens entgegentreten wollen.

Ich sehe ein, dass ich nichts tun kann und dass alles
Vertrauen auf Menschen eitel ist. Es geschieht nicht
durch Heer oder Kraft. Ich sehe ein, dass ich mich auf
keine sichtbaren Mittel verlassen kann, sondern dass
die Macht in dem unsichtbaren Geist ist. Gott allein
muss wirken, und Menschen und Mittel dürfen nicht
gelten. Wenn aber der allmächtige Gott die Angelegenheiten seines Volkes in die Hand nimmt, dann sind große Berge nichts. Er kann Welten bewegen, wie Knaben
Bälle werfen. Diese Macht kann er mir verleihen. Wenn
der Herr mich einen Berg bewegen lässt, so kann ich es
durch seinen Namen tun. Es mag ein großer Berg sein,
aber selbst vor meiner Schwachheit soll er eine Ebene
werden, denn der Herr hat es gesagt.

Und der Herr wird König sein über alle Lande. Zu der Zeit wird der Herr nur einer sein und sein Name nur einer.

Sacharja 14,9

Herrliche Aussicht! Das ist nicht der Traum eines Schwärmers, sondern der Ausspruch des unfehlbaren Gotteswortes. Alle Völker sollen den Herrn kennen und jedes Menschengeschlecht seine gnädige Herrschaft anerkennen. Heute sind wir noch weit davon entfernt. Wo beugen sich Menschen vor dem großen König? Wie viel Empörung gibt es noch? Wie viele Götter und wie viele Herren gibt es auf Erden! Wie viele verschiedene Vorstellungen von ihm und seinem Evangelium finden wir sogar unter denen, die sich Christen nennen! Eines Tages aber soll ein König sein, ein Gott und ein Name für den lebendigen Gott. Herr, lass das bald sein! Wir rufen täglich: »Dein Reich komme!«

Wir wollen nicht die Frage erörtern, wann das sein wird, damit wir nicht den Trost der Gewissheit verlieren, dass es sein wird. So gewiss der Heilige Geist durch seine Propheten redete, so gewiss soll die ganze Erde voll werden der Herrlichkeit des Herrn. Jesus starb nicht vergeblich. Die ewigen Ratschlüsse des Vaters sollen nicht vereitelt werden. Hier, wo Satan triumphierte, soll Jesus gekrönt werden, und Gott der Herr, der Allmächtige, soll herrschen. So lasst uns unsern Weg zu unserm täglichen Werk und Kampf gehen, stark gemacht im Glauben!

27. November

**Er sprach: Mein Angesicht soll vorangehen
und dich zur Ruhe bringen.**

2. Mose 33,14

Köstliche Verheißung! Herr, mache mich fähig, sie mir
anzueignen!

Wir müssen hin und wieder unseren Wohnplatz ändern, denn wir haben hier keine bleibende Statt. Es geschieht oft, dass wir plötzlich weggerufen werden, wenn
wir uns an einem Ort so recht heimisch fühlen. Hier ist
ein Mittel gegen diese Krankheit. Der Herr selbst will
uns vorangehen. Seine Gegenwart, die seine Gunst, seine Gemeinschaft, seine Fürsorge und seine Macht einschließt, soll bei jeder neuen Veränderung mit uns sein.
Das bedeutet sehr viel mehr, als es sagt; ja, es bedeutet
alles. Wenn Gott bei uns ist, gehören der Himmel und
die Erde uns. Gehe mit mir und dann befiehl mir zu
gehen, wohin du willst!

Aber wir hoffen, an einem Ort Ruhe zu finden. Der
Text verheißt es. Wir sollen Ruhe haben, die Gott selber
gibt, schafft und bewahrt. Seine Gegenwart wird uns
Ruhe geben, selbst wenn wir auf dem Marsch sind, ja,
sogar mitten in der Schlacht. Ruhe! Dreimal gesegnetes
Wort! Kann ein Sterblicher sie je erfahren? Ja, hier ist sie
uns verheißen, und durch den Glauben berufen wir uns
auf diese Verheißung. Ruhe kommt von dem Tröster,
vom Friedensfürsten und von dem himmlischen Vater,
der am siebenten Tage ruhte von allen seinen Werken.
Bei Gott sein, das heißt ruhen im höchsten Sinn des
Wortes.

Der Herr wird gebieten dem Segen, dass er mit dir sei in deinem Keller und in allem, was du vornimmst.

5. Mose 28,8

Wenn wir dem Herrn, unserm Gott, gehorchen, will er segnen, was er uns gibt. Reichtum ist kein Fluch, wenn der Herr ihn segnet. Wenn die Menschen mehr haben, als sie für ihre Bedürfnisse brauchen, und anfangen, es in Vorratskammern aufzubewahren, folgt leicht der Brand des Geizes oder Mehltau der Hartherzigkeit auf dieses Anhäufen; wenn aber Gottes Segen dabei ist, ist das anders. Die Klugheit ordnet dann das Sparen, die Freigebigkeit leitet dann das Spenden, die Dankbarkeit treibt zum Geben für des Herrn Sache, und das Lob Gottes versüßt den Genuss. Es ist ein großes Gut, Gottes Segen im Geldschrank oder auf dem Bankkonto zu haben.

Welch eine Gunst wird uns in dem letzten Satz zuteil: »Der Herr wird dich segnen in allem, was du vornimmst!« Wir möchten unsere Hand nicht auf etwas legen, auf das wir nicht Gottes Segen herabrufen dürfen, und ebenso wenig möchten wir ohne Gebet und Glauben darangehen. Welch ein Vorrecht, bei jedem Unternehmen des Herrn Hilfe erwarten zu dürfen! Manche reden von »Glück haben«; der Segen des Herrn ist besser als Glück. Die Gunst der Großen ist nichts gegenüber der Gunst Gottes. Der Segen des Herrn ist unendlich mehr als alle Früchte menschlichen Wissens und Könnens und Habens.

29. November

Wer glaubt, der soll nicht eilen.

Jesaja 28,16

Er soll eilen, des Herrn Gebote zu halten. Aber er soll nicht eilen in einem ungeduldigen oder ungehörigen Eifer.

Er soll nicht eilen davonzukommen, denn er soll sich nicht von der Furcht, die zur Panik führt, übermannen lassen. Wenn andere hierhin und dorthin fliehen, als wenn sie von Sinnen wären, soll der Glaubende ruhig, gelassen und entschieden bleiben und auf diese Weise fähig sein, in der Stunde der Prüfung klug zu handeln.

Er soll nicht eilen in seinen Erwartungen, indem er das Gute sofort und auf der Stelle verlangt, sondern Gottes Zeit abwarten. Manche haben es verzweifelt eilig, den Sperling in der Hand zu halten; denn sie sehen die Verheißung des Herrn als eine Taube auf dem Dach an, die sie wahrscheinlich nicht erlangen werden. Glaubende können warten.

Er soll nicht eilen, indem er rasch zu unrechten oder zweifelhaften Maßnahmen greift. Der Unglaube muss etwas tun und wirkt so zum eigenen Verderben; aber der Glaube übereilt sich nicht und ist deshalb nicht gezwungen, reumütig den Weg zurückzugehen, den er kopflos zu weit lief.

Wie steht es nun mit mir? Glaube ich und bleibe ich deshalb bei dem ruhigen Schritt des Glaubenden, dem Wandeln mit Gott? Sei doch still, du unruhige Seele! Ruhe im Herrn und harre geduldig auf ihn und fange unverzüglich damit an.

Der Herr aber, der selber vor euch hergeht, der wird mit dir sein und wird die Hand nicht abtun noch dich verlassen. Fürchte dich nicht und erschrick nicht.

5. Mose 31,8

Wenn eine schwere Arbeit oder ein großer Kampf vor uns liegt, sollte uns dieser Spruch helfen, unsere Rüstung anzulegen. Wenn der Herr selber vor uns hergeht, muss es leicht sein zu folgen. Wer kann unseren Vormarsch hindern, wenn der Herr selber in der Vorhut ist? Kommt, ihr Mitkämpfer, lasst uns rasch vorrücken! Warum zaudern wir, zum Sieg zu schreiten?

Aber der Herr ist nicht nur vor uns, er ist mit uns. Über, unter, um uns, in uns ist der Allmächtige, Allgegenwärtige. Allezeit, bis in die Ewigkeit hinein, will er mit uns sein, wie er mit uns gewesen ist. Wie uns das stark machen sollte! Stürmt kühn voran, ihr Streiter des Kreuzes, denn der Herr der Heerscharen ist mit uns!

Da er vor uns und mit uns ist, wird er uns seine Hilfe nie entziehen. Seine Hand kann an sich nicht ermatten, und sie wird auch an uns nicht ermatten. Er wird uns weiter helfen, wie wir es nötig haben, bis an das Ende. So wie er seine Hand nicht von uns abtun will, will er uns auch nicht verlassen. Er wird immer fähig und auch willig sein, uns Kraft und Beistand zu geben, bis der Kampf vorüber ist.

So wollen wir uns nicht fürchten und nicht erschrecken; denn der Herr der Heerscharen wird mit uns in die Schlacht ziehen, die Hitze des Gefechts ertragen und uns den Sieg verleihen.

1. Dezember

Wer aufrichtig wandelt, der wandelt sicher.

Sprüche 10,9

Er mag langsam vorankommen, aber er ist sicher. Wer schnell reich werden will, wird weder unschuldig noch sicher sein; aber Ausdauer in Lauterkeit wird, wenn sie keine Reichtümer bringt, ganz sicher Frieden bringen. Wenn wir tun, was recht und gerecht ist, gleichen wir dem Mann, der auf fester Straße geht; denn wir haben die Zuversicht, dass wir bei jedem Schritt soliden und festen Grund unter uns haben. Andererseits wird auch der größte Erfolg zweifelhafter Unternehmungen immer hohl und trügerisch bleiben, und der Mann, der ihn erlangt hat, muss immer fürchten, dass ein Tag der Rechenschaft kommt und sein Gewinn ihn dann verdammt.

Lasst uns bei der Wahrheit und der Gerechtigkeit bleiben! Lasst uns durch Gottes Gnade unsern Herrn und Meister nachahmen, in dessen Mund kein Betrug gefunden wurde. Wir wollen uns nicht davor fürchten, arm zu sein oder verächtlich behandelt zu werden! Niemals, unter keinen Umständen sollen wir etwas tun, das unser Gewissen nicht rechtfertigen kann! Wenn wir den inneren Frieden verlieren, verlieren wir mehr, als ein Vermögen erkaufen kann. Wenn wir auf dem Weg des Herrn bleiben und nie gegen unser Gewissen sündigen, ist unser Weg gesichert. Wer könnte uns denn schaden, wenn wir dem folgen, was gut ist? Narren mögen uns für Narren halten, wenn wir in unserer Lauterkeit fest bleiben; aber da, wo ein unfehlbares Urteil gesprochen wird, werden wir Recht erhalten.

Ich habe den Herrn allezeit vor Augen; denn er ist mir zur Rechten, so werde ich fest bleiben.

Psalm 16,8

So sollen wir leben. Wenn Gott uns immer vor Augen ist, werden wir die beste Gesellschaft, das heiligste Beispiel, den süßesten Trost und den mächtigsten Einfluss haben. Das muss aus einem festen Entschluss der Seele kommen: »Ich habe mich ihm gestellt!«, und als etwas ein für alle Mal Entschiedenes gelten. Immer ein Auge auf des Herrn Winke haben und ein Ohr für des Herrn Stimme, das ist das rechte Verhalten eines Glaubenden. Sein Gott ist ihm nahe; wo immer er hinschaut, sieht er Gott. Er leitet ihn auf seinem Lebensweg, er ist das Thema seines Nachdenkens. Wie viel Eitelkeiten würden wir vermeiden, wie viel Sünden besiegen, wie viel Tugenden beweisen, wie viel Freuden empfinden, wenn wir uns tatsächlich allezeit den Herrn vor Augen stellten! Warum tun wir es nicht?

Das ist die Art und Weise, wie wir sicher sein können. Wenn wir den Herrn immer im Sinn haben, kommen wir dahin, Sicherheit und Gewissheit zu empfinden, weil er nahe ist. Er ist zu unserer Rechten, um uns zu führen und zu helfen; und deshalb kann uns nichts wankend machen, weder Furcht noch Gewalt, weder Betrug noch Zweideutigkeiten. Wenn Gott einem Menschen zur Seite steht, wird dieser gewiss fest stehen. Herbei, ihr Feinde der Wahrheit! Rennt gegen mich an wie ein wilder Sturm, wenn ihr wollt! Gott ist bei mir. Wen sollte ich fürchten?

3. Dezember

Ich will einen Bund des Friedens mit ihnen machen und alle bösen Tiere aus dem Lande ausrotten, dass sie in der Wüste sicher wohnen und in den Wäldern schlafen sollen.

Hesekiel 34,25

Es ist die Höhe der Gnade, dass der Herr mit dem Menschen, einem schwachen, sündigen und sterblichen Geschöpf, im Bunde steht. Aber der Herr hat feierlich einen Vertrag mit uns geschlossen, dass er diesem Bund nie untreu sein wird. Kraft dieses Bundes sind wir sicher. Wie Löwen und Wölfe von den Hirten vertrieben werden, so sollen alle schädlichen Einflüsse verscheucht werden. Der Herr will uns Ruhe vor den Störenfrieden und Zerstörern geben; die bösen Tiere sollen aus dem Land ausgerottet werden. Herr, erfülle diese Verheißung auch heute!

Das Volk des Herrn soll sicher leben, auch da, wo es größter Gefahr ausgesetzt ist; Wüsten und Wälder sollen wie Weiden und Hürden für die Herde Christi sein. Wenn der Herr uns nicht einen besseren Platz gibt, wird er es uns an diesem Platz besser ergehen lassen. Die Wildnis ist kein wohnlicher Ort, aber der Herr kann sie dazu machen; in den Wäldern ist einem eher nach Wachen als nach Schlafen zumute, aber der Herr lässt seine Freunde auch dort ruhig schlafen. Nichts von außen noch von innen kann dem Kind Gottes Furcht einflößen. Durch den Glauben kann die Wüste zum Vorort des Himmels werden und der Wald zur Vorhalle der Herrlichkeit.

**Er wird dich mit seinen Fittichen decken, und
deine Zuversicht wird sein unter seinen Flügeln.
Seine Wahrheit ist Schirm und Schild.**

Psalm 91,4

Welch ein liebenswertes Gleichnis! Wie die Henne ihre
Küken beschützt und ihnen erlaubt, sich unter ihre Flügel zu kuscheln, so wird der Herr die Seinen verteidigen
und ihnen erlauben, sich in ihm zu verbergen. Hast du
schon einmal gesehen, wie die kleinen Kindlein unter
den Flügeln ihrer Mutter hervorgucken? Hast du ihr
zartes Piepen zufriedener Freude schon einmal gehört?
Genauso sollen auch wir Schutz suchen in unserem
Gott und tiefen Frieden empfinden in dem Bewusstsein, dass er uns bewacht.

Solange der Herr uns deckt, fühlen wir uns geborgen.
Es wäre seltsam, wenn wir es nicht täten. Wie können
wir Misstrauen hegen, wenn der Herr selbst Leben und
Heimat, Zuflucht und Ruhe für uns wird!

Und dann ziehen wir in seinem Namen aus zum
Kampf und bleiben auch dabei unter seiner Obhut. Wir
brauchen Schirm und Schild; und wenn wir Gott unbedingt vertrauen, wie das Küchlein der Henne vertraut,
erleben wir es, dass seine Wahrheit uns von Kopf bis
Fuß beschirmt. Der Herr kann nicht lügen, er muss seinem Volk treu sein; seine Verheißung muss fest stehen.
Die sichere Wahrheit ist der einzige Schild, den wir
brauchen. Hinter ihm geborgen, trotzen wir den feuri-
gen Pfeilen des Feindes.

Komm, meine Seele, birg dich unter diesen großen
Flügeln, hülle dich ganz in diese weichen Federn ein!
Wie glücklich darfst du sein!

5. Dezember

**Der wird in der Höhe wohnen, und Felsen
werden seine Feste und Schutz sein. Sein Brot
wird ihm gegeben, sein Wasser hat er gewiss.**

Jesaja 33,16

Wem Gott die Gnade gegeben hat, ein reines Leben zu führen, der wohnt in vollkommener Sicherheit.

Er wohnt hoch über der Welt, außerhalb der Schussweite des Feindes und nahe beim Himmel. Er hat hohe Ziele und Beweggründe und findet hohen Trost und edle Gesellschaft. Er frohlockt in den Höhen der ewigen Liebe, in denen er seine Wohnung hat.

Seine Waffen sind Felsblöcke von ungeheurem Ausmaß. Es gibt ja nichts Festeres im Weltall als die Verheißungen des unwandelbaren Gottes. Sie sind die Leibgarde des gehorsamen Gläubigen.

Seine Versorgung ist gesichert durch die große Verheißung: »Sein Brot wird ihm gegeben.« Wie der Feind nicht die Burg erklimmen oder den Wall niederbrechen kann, so kann die Feste auch nicht durch Belagerung und Hunger eingenommen werden. Der Herr, der Manna in der Wüste regnen ließ, wird den Vorrat der Seinen ständig erneuern, auch wenn sie von Feinden umgeben sind, die sie aushungern möchten. Und wenn das Wasser fehlen sollte? Das kann nicht geschehen, denn »sein Wasser hat er gewiss«. Es gibt einen nie versiegenden Brunnen innerhalb der uneinnehmbaren Festung. Der Herr sorgt dafür, dass es an nichts mangelt. Niemand kann die Bürger der Stadt anrühren. Mag der Feind noch so grimmig sein, der Herr kann seine Erwählten bewahren.

**So du durch Wasser gehst, will ich bei dir sein,
dass dich die Ströme nicht sollen ersäufen; und
so du ins Feuer gehst, sollst du nicht brennen,
und die Flamme soll dich nicht versengen.**

Jesaja 43,2

Eine Brücke ist nicht da; wir müssen durchs Wasser gehen und die Gewalt des Stromes spüren; aber Gottes Gegenwart in der Flut ist besser als eine Fähre. Versucht müssen wir werden, aber wir sollen triumphieren, denn der Herr selber, der mächtiger ist als viele Wasser, wird mit uns sein. Wenn der Herr sonst auch seinem Volk einmal fern sein möchte, in Schwierigkeiten und Gefahren wird er ganz gewiss bei ihm sein. Kummer und Leid mögen sich zu Bergen türmen, aber Gott ist allem gewachsen.

Die Feinde Gottes können große Gefahren ersinnen und uns in den Weg legen, wie Verfolgungen und Spott, die wie ein feuriger Ofen sind. Was tut's? Wir werden unbeschadet durch das Feuer gehen. Wenn Gott bei uns ist, werden wir nicht brennen; ja, nicht einmal Brandgeruch soll man an uns wahrnehmen können.

Wunderbare Geborgenheit des aus Gott geborenen und zum Himmel wandernden Pilgers! Fluten können ihn nicht ersäufen und Feuer nicht verbrennen. Deine Gegenwart, Herr, ist der Schutz deiner Heiligen vor den mannigfachen Gefahren des Weges. Ich befehle mich dir im Glauben an, und mein Geist ist still zu dir.

7. Dezember

Der Herr wird seinem Volk Kraft geben; der Herr wird sein Volk segnen mit Frieden.

Psalm 29,11

Der Psalmist hat soeben die Stimme des Herrn in einem Gewitter gehört und seine Macht in einem Orkan gesehen, dessen Toben er beschreibt; und nun, in der kühlen Stille nach dem Sturm, empfängt er die Verheißung, dass diese überwältigende Macht, die Himmel und Erde erschüttert hat, die Kraft der Auserwählten sein soll. Er, der den Pfeil sicher ins Ziel schnellen lässt, will seinen Erlösten Adlers Flügel geben; er, dessen Stimme die Erde beben lässt, will die Feinde seiner Heiligen erschrecken und seinen Kindern Frieden geben. Warum sind wir schwach, wenn wir zur göttlichen Stärke fliehen können? Warum sind wir unruhig, wenn der Friede des Herrn unser ist? Jesus, der allmächtige Gott, ist unsere Kraft; lasst uns ihn anziehen und unseren Dienst antreten. Jesus, unser teurer Herr, ist auch unser Friede; lasst uns still in ihm ruhen und unserer Furcht ein Ende machen! Welch ein Segen, dass er unsere Kraft und unser Friede sein will, jetzt und allezeit!

Derselbe Gott, der im Ungewitter auf den Schwingen des Sturms daherfährt, wird auch dem brausenden Orkan unserer Trübsal Einhalt gebieten und uns bald Tage des Friedens schicken.

Für die Stürme sollen wir Kraft und für schönes Wetter fröhliche Lieder haben. Lasst uns gleich damit anfangen, dem Gott unserer Kraft und unseres Friedens zu singen. Weg mit den dunklen Gedanken! Kommt, Glaube und Hoffnung!

Wer mir dienen will, der folge mir nach; und wo ich bin, da soll mein Diener auch sein. Und wer mir dienen wird, den wird mein Vater ehren.

Johannes 12,26

Der höchste Dienst ist Nachfolge. Wenn ich Christi Diener sein will, muss ich sein Nachfolger sein. Zu handeln, wie Jesus handelte, ist der sicherste Weg, seinem Namen Ehre zu machen. Daran will ich täglich denken.

Wenn ich Jesus nachfolge, werde ich seine Gesellschaft haben. Wenn ich ihm gleich bin, werde ich bei ihm sein. Wenn ich hier auf Erden bemüht bin, ihm zu folgen, wird er mich zu seiner Zeit hinaufnehmen, dass ich droben bei ihm wohne. Vom Leiden führte der Weg unseres Herrn zum Thron, und ebenso sollen wir, nachdem wir eine Zeit lang hier mit ihm gelitten haben, in die Herrlichkeit eingehen. Der Ausgang seines Lebens soll der Ausgang des unseren sein; und wenn wir ihm in seiner Erniedrigung folgen, sollen wir auch in seiner Herrlichkeit bei ihm sein. Komm, meine Seele, fasse Mut und setze deinen Fuß in die mit Blut gezeichneten Fußstapfen, die dein Herr dir hinterlassen hat!

Lass mich nicht vergessen, dass der Vater die auch ehren will, die seinem Sohn folgen. Wenn er mich treu bei Jesus sieht, will er mir die Zeichen der Gnade und Ehre verleihen um seines Sohnes willen. Keine Ehre kann sich mit dieser messen. Fürsten und Kaiser verleihen nur Schatten der Ehre; die wahre Herrlichkeit kommt vom Vater. Darum, meine Seele, halte dich fester an deinen Herrn Jesus denn je!

9. Dezember

Jesus aber sprach zu ihm: Wenn du könntest glauben! Alle Dinge sind möglich dem, der da glaubt.

Markus 9,23

Der Unglaube ist das größte Hindernis auf unserem Weg. Ja, es gibt keine anderen wirklichen Schwierigkeiten für unser geistliches Vorankommen und Wohlergehen. Der Herr kann alles tun; aber wenn er verfügt, dass uns nach unserem Glauben geschehen soll, dann bindet unser Unglaube die Hände seiner Allmacht.

Ja, die Bündnisse des Bösen sollen gesprengt werden, wenn wir nur glauben können. Die verachtete Wahrheit will ihr Haupt erheben, wenn wir nur Vertrauen zu dem Gott der Wahrheit haben. Wir können die Last des Leidens tragen und ohne Scheu durch die Wellen der Trübsal gehen, wenn wir mit Händen des Vertrauens den Gürtel des Friedens anlegen.

Warum können wir nicht glauben? Ist denn alles eher möglich als der Glaube an Gott? Er ist immer wahrhaftig, warum glauben wir ihm nicht? Er steht immer treu zu seinem Wort, warum können wir ihm nicht vertrauen? Wenn unser Herz in der rechten Verfassung ist, kostet der Glaube keine Anstrengung; dann ist es für uns ebenso natürlich, uns auf Gott zu verlassen, wie für ein Kind, seinem Vater zu vertrauen.

Das Schlimme ist, dass wir Gott in Bezug auf alle andern Dinge vertrauen, nur da nicht, wo es um das gegenwärtige, drückende Leid geht. Wie töricht! Komm, meine Seele, schüttle diese Sünde ab und vertraue Gott die Last, die Mühe und Sehnsucht dieser Stunde an!

Wirst du aber seine Stimme hören und tun alles, was ich dir sagen werde, so will ich deiner Feinde Feind und deiner Widersacher Widersacher sein.

2. Mose 23,22

Christus, der Herr, soll in seinem Volk anerkannt und gehört werden. Er ist der Mitregent Gottes und spricht in des Vaters Namen, und es ist unsere Pflicht, unbedingt und unverzüglich zu tun, was er befiehlt. Wir werden die Verheißung verlieren, wenn wir das Gebot nicht beachten.

Wie groß ist der Segen, der dem vollen Gehorsam zugesichert wird! Der Herr geht ein Schutz- und Trutz-Bündnis mit seinem Volk ein. Er will alle segnen, die uns segnen, und denen fluchen, die uns fluchen. Gott will von ganzem Herzen und ganzer Seele mit seinem Volk gehen und sich mit tiefster Anteilnahme in seine Lage versetzen. Was für einen Schutz gewährt uns das! Wir brauchen uns wegen unserer Gegner nicht zu beunruhigen, wenn man uns versichert, dass sie die Gegner Gottes geworden sind. Wenn der Herr, unser Gott, unseren Kampf kämpfen will, können wir unsere Feinde seinen Händen überlassen.

Was unser eigenes Interesse angeht, haben wir keine Feinde, aber für die Sache der Wahrheit und Gerechtigkeit greifen wir zu den Waffen und ziehen aus zum Kampf. In diesem heiligen Krieg sind wir mit dem ewigen Gott verbündet, und wenn wir dem Gesetz unseres Herrn gewissenhaft gehorchen, hat er verheißen, alle Kraft für uns einzusetzen. Deshalb fürchten wir keinen Menschen.

11. Dezember

Traue auf den Herrn und tue Gutes, so sollst du in dem Land wohnen, und wahrlich, du sollst gespeist werden.
Psalm 37,3

Traue und tue sind Worte, die gut zusammengehen in der Reihenfolge, in die der Heilige Geist sie gestellt hat. Wir sollen Glauben haben, und dieser Glaube soll Werke tun. Vertrauen auf Gott treibt uns zu heiligem Tun an; wir erhoffen Gutes von Gott, und dann tun wir Gutes. Wir sitzen nicht vertrauensvoll still, sondern wir raffen uns auf und erwarten, dass der Herr durch uns wirkt.

Wir dürfen nicht sorgen und Böses tun, sondern müssen vertrauen und Gutes tun.

Die Gegner würden uns ausrotten, wenn sie könnten; aber durch Vertrauen und Tun wohnen wir in dem Land. Wir wollen nicht nach Ägypten ziehen, sondern bleiben im Land Immanuels, der Vorsehung Gottes, dem Reich unseres Herrn. Man kann uns nicht so leicht loswerden, wie die Feinde des Herrn meinen. Sie können uns nicht hinauswerfen und nicht hinausgraulen. Wo Gott uns einen Namen und einen Platz gegeben hat, da bleiben wir.

Aber wie steht es mit der Sorge für unsere irdischen Bedürfnisse? Der Herr hat ein »wahrlich« in diese Verheißung hineingelegt. So gewiss Gott wahr ist, sollen die Seinen gespeist werden. Es ist ihre Sache, zu trauen und zu tun, und es ist des Herrn Sache, nach ihrem Vertrauen zu handeln. Wenn er sie nicht durch Raben oder durch einen Obadja oder eine Witwe speist, so wird er sie doch irgendwie ernähren. Weg mit euch, ihr Sorgen!

12. Dezember

Durch Stillesein und Vertrauen würdet ihr stark sein.
Jesaja 30,15

Es ist immer Schwäche, sich zu plagen und zu quälen, zu zweifeln und zu misstrauen. Was können wir tun, wenn wir uns abquälen, bis wir nur noch Haut und Knochen sind? Gewinnen wir irgendetwas mit Fürchten oder Toben? Machen wir uns damit nicht unfähig zum Handeln und zerrütten unsern Geist, sodass wir keine ruhige Entscheidung mehr treffen können? Wir sinken, weil wir um uns schlagen, und könnten doch schwimmen, wenn wir glaubten.

Wenn wir die Gnade hätten, still zu sein! Warum laufen wir von Haus zu Haus und wiederholen die traurige Geschichte, die uns immer mehr niederdrückt, je öfter wir sie erzählen? Warum auch nur daheimbleiben und angstvoll über die traurigen Ahnungen seufzen, die sich vielleicht nie erfüllen? Es wäre gut, eine stille Zunge zu haben. Wenn wir doch still wären und wüssten, dass der Herr Gott ist!

Hätten wir doch die Gnade, auf Gott zu vertrauen! Der Herr, unser Gott, muss die Seinen verteidigen und befreien. Er kann seine feierlichen Erklärungen nicht zurücknehmen. Wir dürfen gewiss sein, dass jedes seiner Worte unwandelbar bleibt, wenn auch die Berge weichen sollten. Er verdient es, dass wir ihm trauen; und wenn wir im Vertrauen auf ihn stille würden, könnten wir so glücklich sein wie die Geister vor dem Thron. Komm, meine Seele, werde wieder ruhig in der Gegenwart deines Herrn!

13. Dezember

Und um den Abend wird es licht sein.

Sacharja 14,7

Es ist eine Überraschung, dass es so sein soll. Denn alle Anzeichen deuten darauf hin, dass es um den Abend dunkel sein wird. Gott aber ist gewohnt, in einer Weise zu wirken, die all unsere Hoffnungen und Befürchtungen so weit hinter sich lässt, dass wir staunen und seine grenzenlose Gnade preisen müssen. Nein, es soll nicht gehen, wie unser Herz es weissagt; das Dunkel wird sich nicht zur Mitternacht verfinstern, sondern sich plötzlich zum Tag erhellen. Lasst uns nie verzagen! In den schlimmsten Zeiten wollen wir dem Herrn vertrauen, der die Finsternis der Todesschatten in den lichten Morgen verwandelt! Wenn die Zahl der Ziegel verdoppelt wird, erscheint Mose, und wenn die Trübsal überhandnimmt, ist sie ihrem Ende am nächsten.

Diese Verheißung sollte unsere Geduld stärken. Das Licht kann nicht völlig kommen, ehe all unsere eigenen Wünsche und Erwartungen völlig geschwunden sind. Für den Gottlosen geht die Sonne unter, wenn es noch Tag ist; für den Gerechten geht die Sonne auf, wenn es noch Nacht ist. Können wir nicht geduldig warten auf das himmlische Licht, das lange auf sich warten lässt, dann aber gewiss zeigen wird, dass es sich gelohnt hat, darauf zu warten?

Komm, meine Seele, nimm dieses Gotteswort an und singe ihm, der dich im Leben und im Tode segnen will in einer Weise, wie wir es uns in unseren kühnsten Träumen nicht vorstellen können.

Und der auf dem Stuhl saß, sprach:
Siehe, ich mache alles neu!

Offenbarung 21,5

Ehre sei seinem Namen! Alle Dinge haben es nötig, neu gemacht zu werden, denn sie sind durch die Sünde schlimm zugerichtet und abgenutzt. Es ist Zeit, dass das alte Gewand beiseitegelegt wird und die Schöpfung ihr Festgewand anzieht. Aber niemand kann alles neu machen als der Herr selber, der es zuerst gemacht hat; denn es gehört ebenso viel Kraft dazu, aus dem Bösen etwas zu schaffen wie aus dem Nichts. Diese Aufgabe hat unser Herr Jesus übernommen, und er ist ihr durchaus gewachsen. Längst hat er mit der Arbeit begonnen und macht seit Jahrhunderten die Herzen der Menschen und die gesellschaftliche Ordnung neu. Allmählich wird er alles umgestalten, was die Menschen für so meisterhaft hielten. Die menschliche Natur soll durch seine Gnade verwandelt werden, und es soll ein Tag kommen, an dem sogar der Leib neu gemacht und, in der Auferweckung, seinem Leibe gleichgestaltet werden wird.

Welch eine Freude, einem Reich anzugehören, in dem alles durch den König selbst neu gemacht wird. Unser Leben endet nicht mit dem Tode. Wir eilen einem herrlichen Leben entgegen. Wenn die Mächte des Bösen auch Widerstand leisten, unser glorreicher Herr Jesus führt seine Absicht aus und macht uns und alles um uns her »neu« und voller Schönheit, wie es zuerst aus der Hand des Schöpfers kam.

15. Dezember

**Da werden sie ihre Schwerter zu Pflugscharen
und ihre Spieße zu Sicheln machen. Denn es wird
kein Volk wider das andere ein Schwert aufheben,
und werden hinfort nicht mehr kriegen lernen.**

Jesaja 2,4

Wenn diese glücklichen Zeiten doch schon da wären!
Gegenwärtig sind die Völker schwer gerüstet und erfinden immer schrecklichere Waffen, als könnte der
Hauptzweck des Menschen nur dadurch erfüllt werden,
dass er Tausende seiner Mitmenschen tötet. Aber eines
Tages wird Friede sein, ja, ein so gewaltiger und durch-
greifender Friede, dass die Werke der Zerstörung völlig
verwandelt und zu besseren Zwecken genutzt werden.

Wie wird das zustande kommen? Durch wirtschaft-
liche Entwicklung? Durch kulturellen Fortschritt?
Durch Verhandlungen und Verträge? Wir glauben es
nicht. Die Erfahrung der Vergangenheit verbietet uns,
so schwachen Mitteln zu trauen. Der Friede wird nur
durch die Herrschaft des Friedefürsten gegründet werden. Er muss die Menschen durch seinen Geist lehren.
Er muss ihre Herzen durch seine Gnade erneuern und
allein über sie herrschen. Dann werden sie aufhören,
zu verwunden und zu töten. Der Mensch ist ein Un-
geheuer, wenn sein Blut einmal in Wallung gerät, und
nur der Herr Jesus kann diesen Löwen in ein Lamm verwandeln. Durch die Umwandlung des Herzens werden
die blutdürstigen Leidenschaften weggenommen. Herr,
mache bald dem Krieg ein Ende und stifte Eintracht in
der ganzen Welt.

16. Dezember

**Fürchte dich nicht vor ihnen! Ihre Wagen
sollst du mit Feuer verbrennen.**

Josua 11,6

Es ist ein großer Ansporn zur Tapferkeit, wenn dem Kämpfer der Sieg zugesichert wird; dann zieht er zuversichtlich in den Streit und wagt sich dahin, wohin er zu gehen sich sonst gefürchtet hätte. Unser Kampf gilt dem Bösen in uns und um uns, und wir sollten überzeugt sein, dass wir imstande sind, den Sieg zu erlangen, und dass wir ihn im Namen des Herrn Jesus erlangen werden. Wir ziehen nicht aus, um zu fallen, sondern um zu gewinnen; und wir werden gewinnen. Die Gnade Gottes ist in ihrer Allmacht dabei, das Böse in jeder Form zu stürzen; von daher kommt die Gewissheit des Sieges.

Manche Sünden finden eiserne Wagen in unserem Temperament, in unseren früheren Gewohnheiten, unserem Umgang und unseren Beschäftigungen. Trotzdem müssen wir sie überwinden. Sie sind sehr stark, und im Vergleich zu ihnen sind wir sehr schwach; doch im Namen Gottes müssen wir sie bezwingen, und wir werden es tun. Wenn eine Sünde die Herrschaft über uns hat, sind wir nicht mehr die Freien des Herrn. Ein Mensch, der auch nur von einer Kette gehalten wird, ist immer noch ein Gefangener. Wir können nicht in den Himmel gehen, wenn eine Sünde in uns regiert; denn von den Heiligen heißt es: »Die Sünde wird nicht herrschen können über euch.« Auf denn und erschlagt jeden Feind und verbrennt jeden Wagen! Der Herr der Heerscharen ist mit uns, wer könnte seiner sündezerstörenden Macht widerstehen?

17. Dezember

Wir werden bei dem Herrn sein allezeit.

1. Thessalonicher 4,17

Während wir hier auf Erden sind, ist der Herr bei uns, und wenn wir abberufen werden, sind wir bei ihm. Es gibt keine Scheidung der gläubigen Seele von ihrem Heiland. Sie sind eins und müssen immer eins sein. Jesus kann ohne die Seinen nicht sein, denn dann wäre er ein Haupt ohne einen Leib. Ob wir entrückt werden in den Wolken oder im Paradies wohnen oder hier auf Erden leben, wir sind bei Jesus; wer sollte uns von ihm scheiden!

Wie viel Grund zur Freude! Unsere höchste Ehre, Ruhe, Tröstung, Wonne ist es, beim Herrn zu sein. Wir können uns nichts vorstellen, was diese göttliche Gesellschaft übertreffen oder auch nur ihr gleichgestellt werden könnte. Durch heilige Gemeinschaft haben wir teil an seiner Erniedrigung, Verwerfung und an seinen Leiden, und danach werden wir auch seine Herrlichkeit teilen. Bald werden wir in seiner Ruhe und in seinem Reich, in seiner Erwartung und seiner Erscheinung bei ihm sein. Es wird uns ergehen, wie es ihm ergeht, und wir werden triumphieren, wie er triumphiert.

Herr, wenn ich für immer bei dir sein soll, habe ich eine unvergleichliche Bestimmung! Ich will keinen Erzengel beneiden. Allezeit beim Herrn sein, das ist meine schönste Vorstellung vom Himmel. Nicht die goldenen Harfen, nicht die unverwelklichen Kronen, nicht das unverhüllte Licht ist für mich Herrlichkeit, sondern Jesus selber, mit mir in herzlicher Gemeinschaft vereint.

Unter dem Schatten deiner Flügel habe ich Zuflucht.

Psalm 57,2

Auf schnellen Flügeln eilt die Vogelmutter zum Schutz der Jungen herbei. Sie versäumt keine Zeit auf dem Weg, wenn sie kommt, um ihnen Futter zu bringen oder sie vor Gefahr zu schützen. So will der Herr wie auf Adlers Flügeln zur Verteidigung seiner Erwählten kommen, ja, er will auf den Fittichen des Windes daherkommen.

Mit ausgebreiteten Flügeln bedeckt die Mutter ihre Kleinen im Nest. Sie versteckt sie unter ihrem eigenen Körper. Die Henne leiht den Küchlein ihre Wärme und macht ihre Flügel zu einer Behausung, in der sie geborgen wohnen. So wird der Herr selbst zum Schutz seiner Erwählten. Er selbst ist ihre Zuflucht, ihre Bleibe, ihr Alles.

Wie der Vogel, der mit seinen Schwingen fliegt und zudeckt, will der Herr für uns sein, und zwar mit Erfolg und immer wieder. Wir sollen vor allem Übel bewahrt und beschirmt werden. Nicht mit den Schwächen der Flügel vergleicht der Herr sich, denn er ist der Herr der Heerscharen. Das soll unser Trost sein: Die allmächtige Liebe wird uns schnell zu Hilfe kommen und sicher bedecken. Der Flügel Gottes ist schneller und weicher als der eines Vogels, und wir wollen unter seinem Schatten fortan und für alle Zeit ruhen.

19. Dezember

**Er bewahrt ihm alle seine Gebeine, dass
deren nicht eines zerbrochen wird.**

Psalm 34,21

Die Verheißung bezieht sich nach dem Zusammenhang
des Textes auf den viel angefochtenen Gerechten: »Der
Gerechte muss viel leiden, aber der Herr hilft ihm aus
dem allen.« Er mag Hautwunden und Fleischwunden
davontragen, aber es soll ihm kein großer Schaden geschehen.

Das ist ein großer Trost für ein leidendes Kind Gottes, ein Trost, den ich anzunehmen wage; denn bis zu
dieser Stunde haben mir meine Schicksale keinen wirklichen Schaden zufügen können. Ich habe weder Glauben noch Hoffnung noch Liebe verloren. Nein, diese
Stützen meines Charakters sind nicht zerbrochen, sie
haben vielmehr an Kraft und Stärke zugenommen. Ich
habe mehr Erkenntnis, mehr Erfahrung, mehr Geduld,
mehr Festigkeit, als ich hatte, ehe die Leiden kamen.
Nicht einmal meine Freude ist vernichtet worden.
Manche Striemen habe ich durch Krankheit, Todes-
fälle, Niedergeschlagenheit, Verleumdung und Widerstand erhalten; aber die Striemen sind geheilt, und es
hat keinen komplizierten Knochenbruch, ja nicht einmal einen einfachen gegeben. Der Grund liegt auf der
Hand. Wenn wir auf den Herrn vertrauen, bewahren wir
alle unsere Gebeine; wenn er sie bewahrt, können wir
gewiss sein, dass nicht eins von ihnen zerbrochen wird.

Komm, mein Herz, sei nicht traurig! Du verspürst
Schmerzen, aber keins deiner Gebeine ist zerbrochen.
Ertrage den Druck und trotze der Furcht!

**Ich, ich bin euer Tröster. Wer bist du denn, dass
du dich vor Menschen fürchtest, die doch sterben,
und vor Menschenkindern, die wie Gras vergehen,
und vergissest des Herrn, der dich gemacht hat, der
den Himmel ausbreitet und die Erde gründet? Du
aber fürchtest dich täglich den ganzen Tag vor dem
Grimm des Wüterichs, wenn er sich vornimmt zu
verderben. Wo bleibt nun der Grimm des Wüterichs?**

Jesaja 51,12.13

Lasst den Text selbst als Abschnitt für den heutigen
Tag gelten! Es ist nicht nötig, ihn ausführlich auszu-
legen. Wer zittert, lese ihn, glaube ihn, nähre sich davon und mache ihn vor dem Herrn geltend! Der, den du
fürchtest, ist doch nur ein Mensch, während der, der
verheißt, dein Tröster zu sein, der Gott ist, der dich geschaffen hat. Hier ist unendlicher Trost, und die Gefahr
ist doch nur sehr beschränkt.

»Wo bleibt der Grimm des Wüterichs?« Er ist in des
Herrn Händen. Es ist nur der Grimm eines sterblichen
Geschöpfes – ein Grimm, der enden wird, sobald er auf-
gehört hat zu atmen. Warum sollen wir denn Furcht
haben vor einem, der so gebrechlich ist wie wir selber?
Lasst uns doch Gott nicht entehren, indem wir aus dem
armseligen Menschen einen Gott machen! Wir können
einen Menschen ebenso zum Götzen machen, indem
wir übermäßige Furcht vor ihm haben, wie dadurch,
dass wir unmäßige Liebe für ihn empfinden. Lasst uns
Menschen als Menschen behandeln und Gott als Gott;
dann werden wir ruhig weitergehen auf dem Weg der
Pflicht. Wir werden den Herrn fürchten und sonst niemand und nichts.

21. Dezember

Er wird sich wieder wenden, er wird sich unser erbarmen; er wird unsere Missetaten dämpfen und alle unsere Sünden in die Tiefe des Meeres werfen.

Micha 7,19

Gott wendet sich nie von seiner Liebe, aber er wendet sich bald von seinem Zorn ab. Die Liebe zu seinen Erwählten entspricht seinem Wesen, sein Zorn nur seinem Amt: Er liebt, weil er die Liebe ist, er zürnt, weil es zu unserem Besten notwendig ist. Er wird zurückkommen dahin, wo sein Herz ruht, nämlich in der Liebe zu den Seinen, und dann wird er sich unserer Schmerzen erbarmen und sie beenden.

Was ist das doch für eine köstliche Verheißung: »Er wird unsere Missetaten dämpfen!« Er wird sie überwinden. Sie versuchen, uns zu knechten, aber der Herr will uns durch seine Rechte Sieg über sie verleihen. Wie die Kanaaniter sollen sie geschlagen, unter das Joch gezwungen und schließlich getötet werden.

Was die Schuld unserer Sünden betrifft, wie herrlich ist sie weggenommen! »Alle ihre Sünden« – ja, das ganze Heer der Sünden; »du wirst werfen« – nur ein allmächtiger Arm kann solches Wunder vollbringen; »in die Tiefe des Meeres« – wo Pharao und seine Wagen versanken. Nicht in die seichten Stellen, wo sie von der Flut wieder freigespült werden könnten, sondern in die Tiefe sollen unsere Sünden geworfen werden. Sie sind nicht mehr vorhanden. Sie sanken auf den Grund wie ein Stein. Lob und Preis sei dem Herrn!

**Gott ist unsere Zuflucht und Stärke, eine
sehr gegenwärtige Hilfe in der Not.**

Psalm 46,2

Eine Hilfe, die nicht da ist, wenn wir sie brauchen, ist
wenig wert. Der Anker, der zu Hause gelassen wurde,
nützt dem Seemann nichts in der Stunde des Sturms;
das Geld, das er vorher einmal besaß, hat keinen Wert
für den Schuldner, wenn Klage wider ihn erhoben wird.
Nur wenige irdische Helfer können sehr gegenwärtig
genannt werden. Sie sind gewöhnlich fern, wenn man
sie sucht, fern, wenn man sie braucht, und noch ferner,
wenn man sie einmal gebraucht hat. Der Herr, unser
Gott, ist gegenwärtig, wenn wir ihn suchen, gegenwärtig, wenn wir ihn brauchen, und gegenwärtig, wenn uns
seine Hilfe schon einmal zuteilgeworden ist.

Er ist mehr als gegenwärtig, er ist sehr gegenwärtig:
gegenwärtiger, als es der nächste Freund sein kann,
denn er ist in uns in unserer Not; gegenwärtiger, als
wir es uns selber sind, denn uns fehlt es zuweilen an
Geistesgegenwart. Er ist immer gegenwärtig, wirksam
gegenwärtig, teilnehmend gegenwärtig, ganz und gar
gegenwärtig. Er ist auch heute gegenwärtig in dieser
ernsten trüben Zeit. Lasst uns auf ihn bauen! Er ist unsere Zuflucht, wir wollen uns in ihm verbergen; er ist
unsere Stärke, wir wollen uns mit ihm bekleiden; er ist
unsere Hilfe, wir wollen uns auf ihn stützen; er ist unsere sehr gegenwärtige Hilfe, lasst uns heute in ihm ruhen! Wir brauchen keinen Augenblick Sorge zu haben
und keine Minute Furcht. »Der Herr der Heerscharen
ist mit uns.«

23. Dezember

**Sein Land liegt im Segen des Herrn: Da
sind edle Früchte vom Himmel, vom Tau
und von der Tiefe, die unten liegt.**

5. Mose 33,13

Wir können reich sein an Dingen, wie unser Vers sie zusagt, und wir können sie in einem höheren Sinne besitzen. Wenn wir diese köstlichen Früchte doch besäßen! Einfluss bei Gott im Gebet und das Offenbarwerden der Kraft Gottes sind sehr köstlich. Wir möchten den Frieden Gottes genießen, die Freude des Herrn, die Herrlichkeit unseres Gottes. Den Segen der Dreieinigkeit in Liebe und Gnade und Gemeinschaft schätzen wir weit höher als das feinste Gold. Die irdischen Dinge sind nichts im Vergleich zu den himmlischen.

»Der Tau« – wie köstlich ist er! Wir sind dankbar und froh, wenn wir den Tau haben. Was für Erfrischung, was für Wachstum, was für Duft, was für Leben ist in uns, wenn Tau fällt! Als Pflanzen, die die Rechte des Herrn gepflanzt hat, haben wir vor allen anderen Dingen den Tau des Heiligen Geistes nötig.

»Die Tiefe, die unten liegt.« Sicher ist damit der unsichtbare, unterirdische Wasserreichtum gemeint, aus dem alle frischen Quellen entspringen, die die Erde beleben. Wie wunderbar, wenn sich uns die ewigen Quellen erschließen! Das ist ein unaussprechlicher Reichtum. Kein Glaubender soll ruhen, bis er ihn besitzt. Die Allgenügsamkeit des Herrn ist unser für immer. Lasst sie uns heute in Anspruch nehmen.

**Wer sich des Armen erbarmt, der leiht dem Herrn;
der wird ihm wieder bezahlen, was er gegeben hat.**
Sprüche 19,17

Wir sollen den Armen aus Erbarmen geben. Nicht um gesehen und gelobt zu werden, viel weniger, um Einfluss auf sie zu gewinnen, sondern aus reiner Teilnahme und Barmherzigkeit sollen wir ihnen helfen.

Wir dürfen nicht erwarten, irgendetwas von den Armen zurückzuerhalten, nicht einmal Dankbarkeit, sondern das, was wir getan haben, als etwas betrachten, das dem Herrn geliehen ist. Er übernimmt die Vergeltung, und wenn wir auf ihn sehen, können wir von anderen völlig absehen. Welch eine Ehre lässt der Herr uns angedeihen, wenn er sich herablässt, von uns zu borgen! Der Kaufmann, der den Herrn in seinen Büchern stehen hat, kann sich glücklich schätzen. Es ist fast zu viel, einen so großen Namen bei einer geringfügigen Kleinigkeit aufzuschreiben; lasst es erst eine große Summe werden! Dem nächsten Bedürftigen, der uns über den Weg kommt, wollen wir wieder helfen.

An eine Rückzahlung sollten wir gar nicht denken, und doch haben wir hier des Herrn Zusage. Gelobt sei sein Name! Seine Verheißung zu zahlen, ist besser als Gold und Silber. Sind wir etwa durch die schlechten Zeiten in Verlegenheit gekommen? Wir dürfen demütig diesen Wechsel bei der Glaubensbank präsentieren. Ist vielleicht einer unserer Leser hart gegenüber den Armen? Arme Seele! Der Herr möge ihm vergeben!

25. Dezember

**Und die Hirten kehrten wieder um, priesen
und lobten Gott um alles, was sie gehört und
gesehen hatten, wie denn zu ihnen gesagt war.**
Lukas 2,20

Worum ging es beim Lob der Hirten? Sie lobten Gott
auch für das, was sie gesehen hatten. Welch eine herrliche Musik ist das doch – was wir erfahren, was wir
inwendig gefühlt, was wir uns zu eigen gemacht haben:
»Mein Herz dichtet ein feines Lied, ich will singen von
einem König.« Es ist nicht genug, dass wir von Jesus
erzählen hören; das Gehör stimmt wohl die Harfe, aber
die Finger des lebendigen Gottes müssen die Saiten rühren. Wenn ihr den Herrn Jesus mit dem gottgeschenk-
ten Blick des Glaubens geschaut habt, dann lasst keine
Spinnweben mehr an den Saiten eurer Harfen hängen,
sondern lasst Psalter und Harfen zu lautem Lob der unendlichen Gnade klingen. Die Hirten priesen Gott auch
dafür, dass das, was sie gehört und gesehen hatten, so
genau übereinstimmte. Achtet gut auf den letzten Satz:
»Wie denn zu ihnen gesagt war.« Jesus hat versprochen,
euch Ruhe zu geben für eure Seelen; habt ihr in ihm
nicht tiefen Frieden gefunden? Sind nicht seine Wege
herrliche Pfade des Friedens? Darum lasst uns Gott loben und preisen für einen so wunderbaren Heiland, der
all unser Verlangen stillt.

Jauchzet, ihr Himmel, freue dich, Erde, lobet, ihr Berge, mit Jauchzen! Denn der Herr hat sein Volk getröstet und erbarmt sich seiner Elenden.

Jesaja 49,13

So süß sind die Tröstungen des Herrn, dass nicht nur die Heiligen selber davon singen, sondern sogar der Himmel und die Erde in den Gesang einstimmen sollen. Es gehört etwas dazu, einen Berg singen zu machen; doch ruft der Prophet einen ganzen Chor von ihnen auf. Libanon und Sirion und die hohen Berge von Basan und Moab möchte der Prophet singen lassen von der Gnade des Herrn gegenüber seinem Volk. Sollten nicht auch die Berge der Schwierigkeiten, des Leides, der Dunkelheit und der Arbeit uns veranlassen, unseren Gott zu loben? »Lobt, ihr Berge, mit Jauchzen!«

Mit diesem Wort der Verheißung, dass unser Gott sich seiner Elenden erbarmen will, ist ein ganzes Glockenspiel verbunden. Achtet auf die Klänge: »Jauchzet!« »Freue dich!« »Lobt mit Jauchzen!« Der Herr will, dass sein Volk sich über seine nie ermüdende Liebe freut. Er will uns nicht traurig und verzagt sehen; er erwartet von uns, dass wir ihn mit gläubigem Herzen verehren. Er kann uns nicht im Stich lassen; warum sollten wir seufzen und stöhnen, als wenn er es täte? Wenn wir doch eine so gut gestimmte Harfe hätten! Wenn wir Stimmen hätten wie die Cherubim vor dem Thron!

27. Dezember

Denn es sollen wohl Berge weichen und Hügel hinfallen; aber meine Gnade soll nicht von dir weichen, und der Bund meines Friedens soll nicht hinfallen, spricht der Herr, dein Erbarmer.

Jesaja 54,10

Eine der schönsten Eigenschaften der göttlichen Liebe ist ihre Unverbrüchlichkeit. Die Säulen der Erde mögen von ihrem Platz gerückt werden, aber die Gnade und der Bund unseres barmherzigen Herrn weichen nie von seinem Volk. Wie glücklich ist meine Seele in dem festen Glauben an diese göttliche Erklärung! Das Jahr ist fast vorüber, und die Jahre meines Lebens werden weniger; aber die Zeit verändert meinen Herrn nicht. Neue Lichter nehmen den Platz der alten ein, alles ändert sich ständig um mich her; aber unser Herr bleibt derselbe. Vulkanische Kräfte stürzen die Hügel um, aber keine erdenkliche Macht kann den ewigen Gott bewegen. Nichts in Vergangenheit, Gegenwart oder Zukunft kann den Herrn veranlassen, unfreundlich gegen mich zu sein.

Meine Seele, ruhe in der ewigen Gnade des Herrn, der dich behandelt wie jemand, der ihm nahesteht. Denke auch an den ewigen Bund! Gott denkt immer an ihn – wenn doch auch du an ihn dächtest! In Jesus Christus hat der ewige Gott sich verbürgt, dass er dein Gott sein und dich als einen der Seinen betrachten will. Gnade und Bund – halte dich an diese Worte als an sichere und bleibende Güter, die selbst die Ewigkeit dir nicht nehmen wird.

**Er hat gesagt: »Ich will dich nicht
verlassen noch versäumen.«**

Hebräer 13,5

Mehrere Male hat der Herr das in der Schrift gesagt. Er hat es oft wiederholt, um unsere Zuversicht doppelt gewiss zu machen. Lasst uns nie daran zweifeln! Die Verheißung selbst ist besonders nachdrücklich. Im Griechischen enthält sie fünf Verneinungen, und jede schließt entschieden die Möglichkeit aus, dass der Herr je eins seiner Kinder so allein lassen wird, dass es sich mit Recht von seinem Gott verlassen fühlen könnte. Dieser kostbare Spruch verheißt uns nicht nur Freiheit vom Leiden, er sichert uns auch gegen das Verlassensein. Wir mögen berufen sein, schwierige Wege zu gehen, aber immer soll uns des Herrn Gesellschaft, Beistand und Fürsorge zuteilwerden. Wir brauchen kein Geld zu begehren, denn wir werden immer unseren Gott haben, und Gott ist besser als Gold. Seine Gunst ist besser als Reichtum und Glück.

Wir sollten zufrieden sein mit dem, was wir haben; denn wer Gott hat, hat mehr als die ganze übrige Welt. Was können wir außer dem Unendlichen noch besitzen? Was können wir mehr wünschen als des Allmächtigen Güte?

Komm, mein Herz! Wenn Gott sagt, dass er dich nie verlassen noch versäumen will, so höre nicht auf, um Gnade zu bitten, dass du deinen Herrn nie verlassen und nie auch nur einen Augenblick von seinen Wegen abweichen möchtest!

29. Dezember

Ja, ich will euch tragen bis ins Alter und bis ihr grau werdet. Ich will es tun, ich will heben und tragen und erretten.

Jesaja 46,4

Das Jahr ist sehr alt geworden, und hier ist eine Verheißung für unsere greisen Freunde wie für uns alle, die das Alter beschleicht. Wenn wir lange genug leben, werden wir alle graue Haare bekommen; deshalb dürfen wir uns in der Vorschau des Glaubens dieser Verheißung freuen.

Wenn wir alt werden, wird unser Gott immer noch der »Ich bin« sein, der allezeit derselbe bleibt. Graue Haare mahnen uns, dass unsere Kraft abnimmt, aber seine Kraft nimmt nicht ab. Wenn wir keine Last mehr tragen können und kaum noch uns selber zu tragen vermögen, will der Herr uns tragen. So, wie er uns in unserer Jugend auf seinen Armen trug, wird er es tun, wenn wir alt und gebrechlich sind.

Er schenkte uns das Leben, er wird auch für uns sorgen. Wenn wir unseren Freunden und manchmal auch uns selbst eine Last werden, will doch der Herr uns nicht abschütteln, sondern uns mehr denn je heben und tragen und halten. Sehr oft schenkt der Herr seinen Knechten einen langen und stillen Feierabend. Sie haben den ganzen Tag schwer gearbeitet und sind in ihres Meisters Dienst alt und schwach geworden, und deshalb sagt er zu ihnen: »Nun ruht im Vorgefühl des ewigen Ruhetages, den ich euch bereitet habe!« Lasst uns das Alter nicht fürchten, sondern mit Anmut alt werden, weil der Herr selber in der Fülle seiner Gnade bei uns ist.

**Wie er hatte geliebt die Seinen, die in der
Welt waren, so liebte er sie bis ans Ende.**

Diese Tatsache ist im Grunde eine Verheißung, denn
was unser Herr war, ist er heute noch, und was er denen
war, mit denen er auf Erden lebte, wird er allen sein, die
er lieb hat, solange der Mond am Himmel steht.

»Wie er hatte geliebt« – hier war das Wunder. Dass
er überhaupt je einen Menschen liebte, ist zum Erstaunen. Was hatten seine armen Jünger aufzuweisen, dass
er sie liebte? Was habe ich aufzuweisen?

Aber wenn er einmal angefangen hat zu lieben, ist
es seine Natur, damit fortzufahren. Liebe machte die
Glaubenden zu den Seinen. Welch ein köstlicher Titel!
Er erkaufte sie mit Blut, und sie wurden sein Schatz.
Weil sie die Seinen sind, wird er sie nicht verlieren.
Weil sie seine geliebten Freunde sind, wird er nicht aufhören, sie zu lieben.

Der Text ist gut, so wie er dasteht: »... bis ans Ende.«
Selbst bis zum Tod erfüllte die heilige Leidenschaft der
Liebe zu den Seinen sein Herz. Es kann aber auch heißen: »bis aufs äußerste«. Er hätte sie nicht mehr lieben
können; er gab sich selbst für sie. Manche übersetzen
auch: »bis zur Vollkommenheit«. Ja, er liebte sie mit
einer vollkommenen Liebe, in der kein Makel und kein
Versagen, keine Torheit, keine Untreue und kein Vorbehalt waren.

So ist die Liebe Jesu zu einem jeden der Seinen. Lasst
uns singen von der Gnade des Herrn!

31. Dezember

**Du leitest mich nach deinem Rat und
nimmst mich endlich mit Ehren an.**

Psalm 73,24

Von einem Tag zum andern und von einem Jahr zum
andern hat mein Glaube der Weisheit und Liebe Gottes
vertraut, und ich weiß, dass ich auch in der Zukunft
nicht vergeblich glauben werde. Er hat nie etwas Gutes zurückgehalten, das er verheißen hatte, und ich bin
gewiss, dass keins von seinen Worten je auf die Erde
fallen wird.

Ich vertraue mich seiner Leitung auch für die Zukunft an. Ich weiß nicht, welchen Weg ich wählen soll.
Der Herr soll mein Erbe für mich wählen. Ich brauche
Rat und Beistand, denn meine Pflichten sind schwierig,
und meine Lage ist verworren. Ich suche den Herrn wie
der Hohepriester sein Licht und Recht befragte. Der Rat
des unfehlbaren Gottes bedeutet mir mehr als mein eigenes Urteil oder der Rat von Freunden. Herrlicher Heiland, du sollst mich leiten!

Bald wird das Ende kommen; noch ein paar Jahre, und
ich muss diese Welt verlassen und zum Vater gehen.
Mein Herr wird meinem Bett nahe sein. Er wird mich
an der Pforte des Himmels empfangen; er wird mich
willkommen heißen im Lande der Herrlichkeit. Ich
werde kein Fremder im Himmel sein; mein Gott und
Vater wird mich in seine ewige Seligkeit aufnehmen.

Ehre sei ihm, der mich hier leiten und dereinst annehmen will! Amen.

Verzeichnis der Bibelsprüche

Notizen

Notizen

Notizen

Notizen

Notizen